地方創生

―新たなモデルを目指して―

橋本行史［編著］

創成社

序　　文

政府は，地域活性化と人口減少対策を内容とする「地方創生」を政策スローガンに掲げて，地域活力の回復と早期の人口減少対策を促している。国の指導の下，全国の地方自治体も地方人口ビジョンと地方版総合戦略を策定して，地方創生に取り組んでいる。

また地方から東京への人口流出に対する地方自治の制度面からの対策として，2018年12月，地域経済の中心を担う中枢中核都市として政令指定都市や中核市など82市が選ばれ，周辺自治体を含めた当該地域から流出する人口をせき止めるダムの役割が期待されている。

しかしながら現在のところ，小さな成功例は別にして，地域活力を回復して地域全体の人口減少を食い止めたというような顕著な成功例は報告されていない。

現在の日本は，激変する経済情勢と人口減少の本格化によって，次の発展段階を臨む踊り場にあり，従来型の成長モデルでは国や地方の持続可能性に疑いがあることが認識されるようになってきた。国や地方が掲げるべき新しい理念は，成長一辺倒ではなく，現状の経済や生活のレベルを可能な限り維持しながら，量から質への体質の転換にあることが理解されている。しかしながら目指すべき肝心の将来像は依然として具体性を欠き曖昧なままで，中間目標点となるマイルストーンも見当たらず，何をどうしたら良いのかが不明でなかなか前に進めない。

政府・日銀は，グローバル化と人口減少の下に進む長期のデフレ不況から脱却することを目的に大規模な金融緩和を行い，日銀は年間約80兆円をめどとする国債買い入れと年間6兆円を超える上場投資信託（ETF）の買い入れを続けている。このような日銀頼みがいつまでも続くとも思えず，将来の経済や財政への不安は拭えない。

目を国から地方に転じると，2018年の外国人を含む総人口の都道府県別の転出入では，東京圏（埼玉，千葉，東京，神奈川）の4都県と愛知，滋賀，大阪，福岡の4府県の計8都府県で転入超過となっている。ただ4大都市圏では東京圏のみが転入超過であり，しかも前年に比べ1万4,338人多い13万9,868人の転入超過で，人口減少下の東京一極集中が続いていることを数値の上ではっきりと裏付けている。もっとも地方の課題は裏を返せば東京の課題でもある。表面的には直面する課題が異なるように見えても根元では共通する部分も多い。日本全体として地域活力の回復と人口減少対策に取り組まなければならない。

人口減少時代において，まち・ひと・しごとの創生を目的として策定された地方版総合戦略（第一次）は2019年度を最終年度とするが，引き続き検討されるべき重要なテーマとなっている。目指すべき将来像は未だ具体化されていないが，我々は多面的な理論研究，数多くの事例研究を通じて，その姿を少しずつ明らかにしていく必要がある。

本研究は，上記の趣旨の下，先行する6名の研究チーム（第1章～第6章を担当）に研究意図を同じくする新たな4名の研究者（第7章～第10章を担当）の参加を得て，『地方創生―新たなモデルを目指して―』として，その研究成果をまとめて公刊するものである。

※本取組の一部は，関西大学教育研究高度化促進費（2015年度～2016年度）において，課題「地方創生に向けた政策研究の拠点形成」として助成を受け，その成果を公表するものである。

2020年3月

執筆者代表　橋本行史

目　次

《著者紹介》（執筆順）

橋本行史（はしもと・こうし） 担当：第１章
※編著者紹介参照。

奥　和義（おく・かずよし）担当：第２章
京都大学経済学部卒業，京都大学大学院経済学研究科博士課程後期課程中途退学
関西大学副学長／政策創造学部・ガバナンス研究科教授，博士（学術）

松元雅和（まつもと・まさかず）担当：第３章
慶応義塾大学法学部卒業，英国ヨーク大学大学院政治学研究科修士課程修了，慶応義塾大学法学研究科博士課程後期課程修了
日本大学法学部准教授，博士（法学）

林　宏昭（はやし・ひろあき）担当：第４章
関西学院大学経済学部卒業，関西学院大学大学院経済学研究科博士課程後期課程満期退学
関西大学経済学部・経済学研究科教授，博士（経済学）

羽原敬二（はばら・けいじ）担当：第５章
早稲田大学商学部卒業，関西大学大学院商学研究科博士課程後期課程満期退学
神戸大学海事科学部客員教授，関西大学名誉教授，商学修士

樋口浩一（ひぐち・こういち）担当：第６章
京都大学法学部卒業，関西大学大学院ガバナンス研究科博士課程後期課程修了，元神戸市職員
関西大学非常勤講師，大和大学政治経済学部非常勤講師，博士（政策学）

浦　和男（うら・かずお）担当：第７章
東京外国語大学外国語学部卒業，筑波大学博士課程文芸・言語研究科満期退学
関西大学人間健康学部准教授，国際学修士

今瀬政司（いませ・まさし）担当：第８章
法政大学経営学部卒業，元（株）大和銀総合研究所副主任研究員
愛知東邦大学経営学部准教授・NPO 法人市民活動情報センター代表理事

松本茂樹（まつもと・しげき）担当：第９章
神戸商科大学商経学部卒業
兵庫大学現代ビジネス学部長／教授　一般社団法人神戸ベンチャー研究会代表理事
特定非営利活動法人　ひょうご農業クラブ　理事

寺田耕治（てらだ・こうじ）担当：第10章
（株）フォーバル常務取締役・公益資本主義推進協議会会長補佐

第1章　地方創生と地域ビジョン
—地域ビジョンへの戦略論的アプローチ—

要　旨

これまで地方行政の多くは，国の意向に従うことによってモデル事業に採択されるか，国が定めた要件を満たすことによって事業を行うための補助金を受けるほか，国を通じて地方自治体間の財政調整を行って，国から出される行政指針に従いつつ運営されてきた。この事情を踏まえて地方自治は「国に従ってきただけ」[1)] という批判がなされることがある。

ただその一方で，大きな産業が存在しない地方において自主財源が困窮する中，国の支援がなければ手がつけられない事業が多いことも事実である。地方にも国の支援を受けられるように工夫したからこそ住民生活を守ってこれたとの自負がある。実際にも戦後70年間余，国主導の地方行政の仕組みに従うことによって，いかなる地域でも都心部とそう変わらない生活水準が達成されてきた。

地方自治が，住民福祉の増進（地方自治法第1条の2第1項）[2)] を地方自治体の基本的役割に置いている関係から，住民福祉の増進が図れるならば，目的を実現するための方法はこれまでさほど問題にされることはなかった。しかしながら日本経済の低成長と人口減少が構造化する中で，中央で均された政策を地方に画一的に適用しても効果は生まれず，従来の政策遂行の進め方の再考が迫られている。地方創生時代には，地方は政策的にも財政的にも自立が迫られ（国が決めた大枠の中でという意味では半自立ではあるが），地方自らが地域の未来図を描いて進むべき道を切り拓く必要が生まれている。

地方が自ら進路を決める際に，さまざまな環境変化の下で競争優位と持続可能性を追求する企業の経営戦略論の知見が参考になる。ただ地方には企業の全社戦略に比肩すべき未来図ともいうべき今後の地域の全体像を描いた地域ビジョンを欠くか，存在していても十分に機能していないことが多い。現在の地方には地域ビジョンに近い存在として総合計画・総合戦略の制度が存在し，民間による地域ビジョンの策定例もあるが，問題は形式ではなく実質にある。地方創生時代の地域ビジョンは，変化の激しい環境時に有効とされる創発型戦略・学習型戦略の理論フレームに従って，現場を熟知した策定者と実施段階で得られた知識や経験がフィードバックされる現場主導型の策定と改訂の仕組みが求められる。

1. はじめに

（1）問題意識

地方創生[3)]という誰もがその実現を期待するけれども誰もその具体的なイメージが掴めない，言わば極めて巧妙な政策スローガンが日本中に広がっている。国は，地域活力の回復を目指す地域活性化と，人口減少に歯止めをかける人口減少対策に地方創生のネーミングを与えているが，地方創生は総合政策であって漠然とした包括的な定義以外のものは提示できていない[4)]。

このような性質の政策スローガンが社会で受け入れられる背景に，長引く経済の低成長に加え，高齢化と人口減少という日本社会の先行きの不安材料があり，東京への一極集中によってそれらがもたらす負の影響が地方で増幅されている事実がある。地方の過疎衰退は，複合要因によって引き起こされ，構造化している。例えば人口増加か生業（なりわい）の復活かを見ても，両者は鶏と卵の関係にあるために単一の取り組みでは問題を解決することはできない。

地方創生に密接に関連しながら，格段採り上げられることがないテーマに，地域が目指すべき大きな絵ともいうべき地域の未来図を描く地域ビジョンの策定がある[5)]。実は日本社会はこのような中長期の将来ビジョンの作成があまり得意ではない。欧米の整然とした街並みと日本の雑然とした街並みとの比較に表れるように，融通無碍がアジア流あるいは日本流とされ，事前に１つのビジョンを打ち出してまちを作り上げるという欧米流のスタイルはなかなか日本に根付かない[6)]。

しかし困難な状況にあるときにこそ，地域が目指す方向を示すことが重要になる。先が見通せない不安と結果が出ない諦観が地方を覆う中，地域の未来図を拠り所に人々にしっかりと目指すべき進路を示すことは，地域住民を勇気付け，おそらくは効果が不確かな目先の施策を展開するよりも何倍か有効であろう。また将来の地域ビジョンを示して関係者の意識を統合することは，環境負担の軽減，事業の効率化，財政の無駄削減にも結びつく。

グローバル化による経済の低成長，高齢化と人口減少，そしてそれらがもたらす財政制約によって，国が繰り出す政策や財政支援に限界がある中，地方創生を実現するためには地方の自立が必要不可欠である。もっともその要（かなめ）となるべき地方自治体は，バブル崩壊以降の行財政改革によって徐々に余力を失って[7)]，本末転倒とも言うべき国の地方創生政策への依存を強める動きが見られるが，地方は何でも国任せにせず自ら地方創生に向けた政策を立案し，段取りを考えて実行していく必要がある。

地方自治体では，1990年代から効率性を重視する新公共経営（NPM）の考え方が広がり，その一環としてPDCAを取り入れた事務事業評価・施策評価が根付きつつあるが，せっかくの仕組みが地方創生に求められる政策形成能力の形成と必ずしも結びついていない。そこでは，個別の事務事業評価・施策評価は行われるものの，事務事業や施策の進行管理やその結果の評価のみで，評価を通じて地域の全体をどのような方向へ向かわせるかへのフィードバックが行われる例は少なく，企業の全社戦略に比肩されるべき地域の全体像の策定や改訂には手がつけられていない。

その理由として，組織，財政，国と地方の関係など，さまざまな要因があげられるが，最大の問題は，地方が目指すべき未来図がそもそも設けられていないか，用意されていたとしても曖昧・漠然とした内容で地域ビジョンとなりえていないか，あるいは実行段階で得られた知識や経験をフィードバックして地域の全体像を見直す仕組みが成立していないことにある。

（2）先行研究

利益追求を目的とする企業経営と，住民の暮らしの向上を目的とする自治体経営は同一とは言えないが，企業経営で得られた知見は自治体経営やその政策的展開であるまちづくりに応用できる部分はある。特にまちを一から創り上げるときや環境変化に合わせてまちの再生を進めるときは，組織の立ち上げや再生という点で共通する部分があるので参考になることが多い。

米国の著名な経営学者であるミンツバーグ（Minzberg：1987, 1994）は，企業経営における経営戦略を分析型戦略（analytical strategy）と創発型戦略（emergent strategy）の２つに分けて，環境変化が少ない時には分析型戦略が，環境変化が大きい時に創発型戦略が有効であるとする[8)]。分析型戦略は環境分析（SWOT分析）から自然に採用すべき戦略が導き出されるとされ，ポーター（Porter：1996）のポジショニング・アプローチやバーニー（Barney：2002）の内部資源論（Resource Based View）が分析型戦略に相当する。これに対して創発型戦略は，試行錯誤の取り組みの中でたまたま成功したものが組織内で支持されて戦略に位置付けられるとされ，ホンダが米国で当初販売しようとしていた大型バイクではなく，社員が乗っていた50ccのスーパーカブが市場に受け入れられた例がその代表例にあげられることも多い。

スタッフ部門が策定した計画ではなく現場の学習を重視する学習型戦略もこの創発型戦略に近い。アージリス（Argyris：1997, 1994）は，組織学習を２分類して，シングル・ループ学習とダブル・ループ学習に区別して，目標と結果に齟齬が起きた場合に目標を変えずに行動だけを修正する学習をシングル・ループ学習，従来のやり方では問題の解決が見通せない時に目標設定の前提となる価値や規範の修正を行って，行動だけでなく目標も変える学習をダブル・ループ学習に分類する。またセンゲ（Senge：1992）は，アージリスが提唱した「学習する組織」の理論を広めるとともに，組織を１つの有機体と考えるシステム思考に基づいて，複雑性が増して変化の激しい時代の競争優位は，個人と集団の継続的学習から生まれるとしている。

地方自治体の政策決定も安定した環境下では，国や上位機関の方針に従っておればよく，環境分析から行政計画の方向性も自然に決まってくる。しかし，環境が大きく変化し，国や上位機関も有効な方向性を示すことができない場合には，定例の手続きからは事態を大きく好転させるような方向性を打ち出すことができない。自治体経営においても，福岡県柳川市の堀割の埋め立て工事に反対して立ち上がった１名の市役所職員の活動が支持されて堀割の保存につながり，今では市の貴重な観光資源となっている例[9)]に見られるが如く，当初から戦略があったわけではなく，一部の突出した試みが次第に地域のコンセンサスを得てまちづくりの方向として決まることも多い。

（３）論述順序

国がデフレ（総需要減退）状況にあって，国の経済成長が長期間にわたって低迷を余儀なくされる状況下の地方創生は，地方自身が自ら政策を考え，取り組んで道を切り拓いていくしかない。そのために地域ビジョンが果たす役割は大きい。

企業経営では，経営理念や経営ビジョンの下に全社戦略として経営目標や経営計画が練られるが，利益追求を目標とせず多様な価値を追求する自治体経営では，地域の全体像を指し示す地域ビジョンは制度上存在しない。ただ地方自治体で策定される総合計画・総合戦略（地方版まち・ひと・しごと創生総合戦略）を地域ビジョンとして活用することができる。

もっとも企業経営と自治体経営は性質を異にする関係から，企業の全社戦略と地方自治体の地域ビジョンは同じではない。政策の試行錯誤は有権者である住民の不信を招きやすく，事前の説明と異なる政策変更は公約違反として議会の批判を受けやすい。また地方自治体は，経営責任を負えないが故に経済活性化の推進役を担うには限界がある。加えて府県は国（所管官庁は総務省），市町村は国と府県が上位の監督機関となってその指導に従うという制度上の特徴を持っている。さらに関係するステークホルダーは多岐にわたり，地域ビジョンの策定主体も地方自治体に限定されない。ただこれらのことは，地域ビジョンの必要性と有用性を否定することにはならない。

以上の認識の下，本稿は企業経営における経営戦略論の知見を参考にしつつ，地方創生時代の地方における地域ビジョンの意義とその策定のあり方を考察する。論述順序として，まず第1節で地域ビジョンを企業の経営戦略との対比で考察するとともに，第2節で地方の現状と地方創生政策の関係を扱う。第3節で地域ビジョンの機能と策定の困難性を論じ，第4節で地域ビジョンに近い地方自治体の総合計画制度について，国の計画行政の関わりの中での総合計画制度の意義，制定改廃の経緯と課題を考察する。第5節で地域ビジョンの例として京都府八幡市の総合計画・総合戦略と神戸商工会議所による経済ビジョンの2例を採り上げ，最後に第6節で結論を示す。

2．地方創生政策

（1）地方の現状

明治以降，資源に乏しく狭隘な平野部に多くの人口が集まる島国にありながら，多収穫を可能にする米作の発展と急速な工業化によって，日本は二度の世界大戦を経るも成長を続けることができた。

しかし1980年代半ばから日本経済を取り巻く環境は大きく変わり，ゲームのルールチェンジが起きている。まず原料輸入・製品輸出の輸出主導型経済が為替要因によって行き詰まり，1990年代にバブル崩壊と新たな経済潮流であるIT化とグローバル化に乗り遅れる。続いて2000年代に新興国が台頭して市場のニューフロンティアが失われると，日本経済の低成長は避けられないものとなった。2010年代には素材，部品，ロボット，モーターなど，円高が続いても輸出を減らさない産業が育ってきたが全体から見れば一部に過ぎない。

国内にはインバウンド（訪日外国人旅行客）以外に新たな成長エンジンを見つけることができず，次の発展パラダイムが見えてくるまでの間，新興国の成長のパイを分けてもらいながら，低成長を受け入れるしかない立場となっている。日本経済全体の低迷が続く状況下，国内各地が例外なく活性化することは難しい。国も地方もこのレトリックに気が付かないか，あるいは気付きつつも今は前を見て進むしかないとして地方創生への取り組みが続けられている。

さらに日本は他の先進諸国にも例がない急激な人口減少とそれに伴う国内市場の減少に直面している。人口減少の比率は中央よりも地方が大きく，世界都市化した東京を除いて地方の過疎衰退が加速している。かつて人手を要する第一次産業が多かった農山漁村は出生率も高く，その人口増が地域内にサービス業を生み，新しい就労の場を提供してきた。しかし今では人手を要した作業が機械化で人手を要しなくなり，人口減少はサービス業を衰退させ，就労の場が減って人口が流出するという悪循環が続いている[10)]。

農山漁村に限らず，地方都市が呈する様相は大きく様変わりしている。平成12（2000）年６月１日，「大規模小売店舗における小売業の事業活動の調整に関する法律」（略称「大店法」，昭和48（1973）年10月１日公布，昭和49（1974）年３月１日施行）が廃止され，まちづくり３法の１つとして，店舗面積の規模等からの商業調整を廃止した「大規模小売店舗立地法」（略称「大店立地法」，平成10（1998）年６月３日公布，平成12（2000）年６月１日施行）によって，地方都市ではロードサイドの大型店舗，巨大ショッピングモールの建設が進み，商店街のシャッター通り化が一般化した。また各種小売店舗のコンビニ化という小売業の業態の変化もシャッター通り化に拍車をかけている。今や駅前に残された店舗は全国チェーンの飲食店，ホテル，そして金融機関だけになりつつある。地方は軒並み過疎衰退に見舞われ，残された体力もじわじわと弱りつつある。

地方では，都市部と中山間地域の双方で培われてきた歴史と伝統が失われ，独自性・多様性の喪失，没個性化・均質化が進行している。若者はチャンスや刺激を求めて次々に東京を目指し，その人口流出が人々を惹きつける魅力の喪失を招くという負の連鎖に陥っている。郊外は高齢化が進んで人影がまばらになり，中心部でも賑わいが１カ所に集中して面的な広がりに欠けている。都市部でも交通不便な海岸部や谷間の集落では集落消滅の例が珍しくない。それでも行政機関が集まる県庁所在地など限られた都市への集中は見られるが，そんな地方中枢都市でさえも山裾や海岸縁には空き地や空き家を見ることが多くなっている。

（２）国主導の地方創生政策

政府によって，地方創生・１億総活躍・働き方改革と次々とキャッチコピーが繰り出され，政策の重点が次々に置き換わる中で，地方創生の重要性には変化がない。それどころか人口減少の顕在化によって，国と地方にとって地域活力の回復は一層重要になっている。

国の地方創生政策は，地方創生政策の司令塔たる内閣官房に置かれたまち・ひと・しごと推進本部事務局と国家戦略特区の窓口となる内閣府の地方創生推進事務局が中心的役割を担い，各省庁が個別政策を推進する形で進められている。確かに地方創生政策を国が提唱・誘導するという国主導の手法は，機動的な意思決定によって意見の積み上げに要する時間を節約すると同時に，財政支援によって事業の財政的な裏付けを満たし，スピード感を持った政策対応を可能にするが，その反面で，地方の国依存度をさらに高めるという地方創生と逆行する側面を持っている。

そうした中で政策・財政・人材の点で弱体化が進む地方からは，国主導の地方創生政策に従うことも止むなしという声が聞こえる。明治以降，日本は自然災害が多いこともあって防災工事や多額の費用を要するインフラ整備を国，都道府県・市町村で責任分担，役割共同の形で実行してきた。このような国と地方の融合関係から見れば，国が打ち出す地方創生施策は，過疎衰退に苦しむ地方にとって事宜を得たもので諸手を挙げて歓迎されるべきものと映りやすい。

しかし地域格差の是正を掲げる国が，全体のパイの増加が期待できない環境下で地方創生政策を主導することは，一方で限られたパイの獲得を巡って地方を競争させておいて[11)]，他方で地方の経済水準を均すという矛盾を抱えるものとなっている。

（3）中央依存の常態化

地方創生の成功例としてメディアに採り上げられる事例の多くは小規模自治体やコミュニティレベルの活動に限定されるか，一部の限られた成功局面が切り取られて伝えられており，地域経済全体を底上げしたと言える事例は少ない。これは地方創生の理念の必要性，正当性は別にして，実際の地方創生の難しさを示している。

事態を抜本的に変えるためには，地域の経済構造そのものを変える地域イノベーションとも言える取り組みが望まれるが，残念ながら未だ具体的な姿が見えてこない。議論の前提を顧みれば，産業を興すのは行政ではなく民間企業であって，行政ができることは，産業振興のための基盤整備，アイデア・技術の提供，起業のアドバイス，一時的な資金援助等にとどまり，民間企業が主体的役割を担う地域イノベーションの個別具体的な取り組みに無力であることを自覚するほかない。

また地方創生は，経済活性化とともに人口減少対策の側面を持つが，後者においても行政が果たす役割はそう大きくない。地方自治体は，自然減と社会減の双方から進む人口減少への対策として，子育て支援，Ｉターン・Ｊターン，移住・定住[12]，観光振興による交流人口の増加，二地域居住などの方法で地域や地域の人々と多様に関わる関係人口の増加などの施策を推進しているが，出生率の低下は，地方自治体が住民に強制できる問題でないとともに，育児環境，子女への高等教育への欲求，就労の場の少なさなどの複合要因から発生しており，問題解決は簡単でない。また流入人口を奪い合うだけでは全体的な人口減少を止められない。新たな目標となった関係人口の増加も，その広がりと効果は未だ定かでない。

国の政策によって，一極集中が加速する東京の成長を制限してその分を地方に廻すことも考えられるが，東京の経済が日本経済を牽引していることを考慮すると簡単な問題でない。

そのような中で地方の中央への依存は常態化し，依存方法も多様化している。従来は，事業財源，幹部人材などを中央に依存することが多かったが，2010年代に入ると，自治の要（かなめ）とも言うべき地方創生政策[13]までを国に依存するようになっている。直近では東京に設けた拠点で情報を入手する，東京を出荷市場とする，東京にアンテナショップを設ける，東京から投資を呼び込む，東京のイベント企画を採用する，東京から専門人材を呼び込むなど，東京との間に全方位的なネットワークを築いて地方創生の芽を探し，育てようとする傾向が高まりつつある。

これを中央への新たな依存と見るか，地方創生に向けた新しい動きと見るかは，今後の事態の推移とその評価を待つしかないが，地域に再び輝きを取り戻すために欠かせない地方創生の源泉ともいうべき地方の特性や多様性，そして

図表１－１　まち・ひと・しごと創生本部の施策等

まち・ひと・しごと創生に関する政策を検討するに当たっての原則（平成 26 年 10 月 22 日発表）
地方創生の本格的な推進に向けた体制強化について
地方創生関連予算
地方創生関係交付金
生涯活躍のまち（日本版 CCRC）
政府関係機関の地方移転
小さな拠点の形成
エリアマネジメント活動の推進
地域経済分析システム（RESAS（リーサス））
地方創生人材支援制度
「地方の中核となる中堅・中小企業への支援パッケージ」
地域商社事業
創り手組織づくり指南事業
地方と東京圏の大学生対流促進事業
地方人口ビジョン / 地方版総合戦略

出所：まち・ひと・しごと創生本部 HP「施策等」（https://www.kantei.go.jp/jp/singi/sousei/about/）より筆者作成（2019 年 3 月 18 日アクセス）。

図表１－２　地方創生関係交付金の概要（イメージ）

○自治体の自主的・主体的な取組で，先導的なものを支援 ○ KPI の設定と PDCA サイクルを組み込み，従来の「縦割り」事業を超えた取組を支援						
地方版総合戦略の策定過程		地方版総合戦略の事業推進段階（地域再生法に基づき，地域再生計画に位置付けられた事業を支援）				
地方創生先行型交付金	地方創生加速化交付金	地方創生推進交付金	地方創生拠点整備交付金	地方創生推進交付金	地方創生拠点整備交付金	地方創生推進交付金
（平成 26 年度補正：基礎交付 1,700 億円，上乗せ交付 300 億円）	（平成 27 年度補正：1,000 億円）	（平成 28 年度当初：1,000 億円，事業費ベース 2,000 億円）	（平成 28 年度補正：900 億円，事業費ベース 1,800 億円）	（平成 29 年度当初：1,000 億円，事業費ベース 2,000 億円）	（平成 29 年度補正：600 億円，事業費ベース 1,200 億円）	（平成 30 年度当初（案）：1,000 億円，事業費ベース 2,000 億円）

出所：まち・ひと・しごと創生本部 HP「地方創生関係交付金の概要（イメージ）」（https://www.kantei.go.jp/jp/singi/sousei/about/kouhukin/）より筆者作成（2019 年 3 月 18 日アクセス）。

自律性が失われてしまう危険性が内包されている。

３．地域ビジョン

（１）地方自治体の地域ビジョン

地方が現在直面する厳しい環境が構造要因であることを鑑みれば，地域活力の回復は容易でなく，地方は今後数十年かけても事態を解決できないほどの転換期を迎えている。ただ土地と人間によって構成される地域社会は，人間がそこに住む限り続き，過疎衰退が進んでも住民生活を守る取り組みは欠かせない。

長引く低成長によって発達志向，拡大志向のまちづくりが行き詰まり，国すら地方の将来が見通せない中で，地方が採れる手立ては限られている。ただ経済成長が順調に続いているときは，地域が進むべき方向がはっきりと見え，地域内の異論も少ないが，経済が行き詰まると，地域の将来は容易に見通せず，内部の意見はまとまりにくい。しかし困難な環境にあるときにこそ，地域が目指すべき未来図が求められる。そのためにも地域内でコンセンサスを得た地域ビジョンの策定が重要になってくる。

地方自治の基本を定める地方自治法には，地方分権改革の過程で「義務付け・枠付けの見直し」の一環として削除された総合計画制度を除けば，地域ビジョンを策定する仕組みは存在していない[14]。これには日本の地方自治制度の成立・発展経緯も関係している。明治４（1871）年制定の戸籍法（太政官布告第170号）が徴税・徴兵・教育等の基礎となる戸籍の編成を市町村に命じたことからも明らかになるように，明治当初から地方自治は国の統治システムと深い関わりを持つ。第二次大戦後，地方自治は住民自治・団体自治を確立していくが，明治憲法下の強い中央集権主義は残され，地方自治法は自治の仕組みを定めるにとどまり，のちに地方自治基本条例制定の動きが現れるまで，地方が独自に地域ビジョンを定めるという発想や取り組みは生まれにくかった。

実際，自治体経営は国の財政支援と引き換えに国が用意した事業メニューに従ってきた経緯があり，独自のまちづくりへの視点を欠くことが多く，地域ビジョンを討議する文化も育ちにくかった。それでも地域開発を進める国の計画行政の枠組みの下ではあるが，昭和44（1969）年の地方自治法の改正によって，市町村の行政運営の総合的な指針となるものとして総合計画制度が導入された[15]。総合計画制度は，総花的・縦割りの批判を受けるものの，地域内で予定されるさまざまな行政計画を網羅し，諸計画を統合・調整する機能を持っていた。ただ制度趣旨がインフラや基盤施設を整備する個別計画の間の整合性を図ることにあり，将来の地域ビジョンを住民や関係者に示してまちづくりを誘導するという視点は欠けていた。

（2）直面する課題

平成26（2014）年5月4日，増田レポート[16]と称される日本創成会議（増田寛也座長）による「全国約1,800の市区町村のうち，2040年までにほぼ半数の896の市区町村が消滅する可能性がある」との提言は，人口減少が進む地方自治体に消滅可能性があることを示して全国に警鐘を鳴らした。

同年9月3日，政府は世間の注目が人口減少問題に集まる中で，まち・ひと・しごと創生本部の設置を閣議決定し，同年11月21日，まち・ひと・しごと創生法案が可決され，同年12月27日，国は同法に基づいて「まち・ひと・しごと創生長期ビジョン」と「まち・ひと・しごと創生総合戦略」を閣議決定した。そして同時に国は，地方自治体に平成27（2015）年3月までに地方人口ビジョンと地方版まち・ひと・しごと創生総合戦略を策定することを指示した。

国の長期ビジョンは，2050年に人口を1億800万人と，国の人口が1億人をキープすることを目標に置き，出生率を2013年の1.43人から2020年に1.6人，2030年に1.8人，2040年に2.07人に引き上げる内容となっている[17]。もっとも計算上は出生率を人為的に操作することができても現実的には難しく，国民には基本的人権として居住移転の自由（憲法22条），婚姻の自由（憲法24条）が保障されており，個々人に委ねられている居住や結婚・出産の自由に対して，行政が必要以上の圧力を加えることは法的にも不可能である。

国に比べて権限も財源も限られる地方が，地方創生に向けてできることはさらに限られる。財政的な理由で公共投資が制約される中で，地方ができることは，社会面での取り組みである防犯・防災への取り組み，見守り，賑わい創造や連帯を目的としたイベントなどを別にすれば，地域資源を活用した産業振興，インバウンド需要を取り込む観光開発ぐらいに限られる。

（3）基底となる価値規範

経済成長を所与の前提としてきた世界は，石油資源の枯渇等に関わる地球環境問題，開発のためのニューフロンティアの縮小，大規模自然災害やテロの頻発などを契機として，経済的豊かさから日常生活における生活の質（QOL）の向上へ，物質的価値から精神的価値へ関心を寄せるようになってきた。しかしこのような二項対立の見立ては必ずしも正鵠を得ていない。人口減少と高齢化が進む社会にあっても経済成長なくして雇用の場の確保や社会保障の原資捻出が不可能なことは否定しがたい事実であって，両者の調和したあり方こそが求められる。

しかしながら地域ビジョンの策定に際して，どのような価値規範を基底におくべきかの議論をいくらしても答えは簡単には見つからない。

地域ビジョンが目指すべきまちづくりには完成形がなく，その取り組みは限りがない。また地域は総合行政の現場であって，個別政策の成果を測るだけでは全容を把握したことにならず，地域ビジョンの総合性は，ここまでで良いという評価基準を設けにくくしている。信頼に足る総合評価の方法が確立されていない以上，個別分野ごとの評価を加算して総合評価するしかないが，その過程で地域ビジョンとして地域を牽引していくために必要な選択と集中という戦略思考が捨象されてしまう。

さらに，協働社会への理解が深まるにつれて，まちづくりの方向を定めるだけでなく，市民社会のあり方を定める公共計画の策定への関心も高まっている[18)]。これに伴って市民生活のあり方に行政がどこまで関与すれば良いのかという論点を含んで，地域ビジョンの範囲自体も流動化しており，地域ビジョンが前提に置くべき価値規範は必ずしも明確でない。

（4）策定主体

地域ビジョンの理念的な策定主体は，地域に住み，働き，学び，憩う住民である。そのためにも，地域住民の意向を反映させるために，策定過程に住民を可能な限り巻き込んでおく必要がある。ただ日々の多忙な生活に追われる住民が，どこまで地域ビジョンの策定に関心を持ち，どこまで作成に関われるかを考慮すると，そう多くを期待することはできない。

そうした意味で，住民から信託を受けている行政[19]の役割は大きく，地域が抱える課題を整理して広く地域ビジョンを示す重要な役割を負っている。しかしながら行政も，行財政改革による人員の見直しと住民ニーズの多様化への対応に追われる中で，地域ビジョンの策定に費やす余力が失われつつある。地域ビジョンの策定を手慣れた中央の大手・専門コンサルタントに委ねるケースも増えているが，そのような場合は，往々にして類型化されたモデルの中から1つが選ばれて地域に推薦される。この間，地域の歴史，文化，風土を十分考慮して，内容を「練る」「吟味する」「こねる」時間が少ないために，地域に合致するところが少ないビジョンが策定される危険性がある。

これに対して地域主導で地域ビジョンを策定する場合にも良い面と悪い面がある。良い面は地域をよく知っている関係者が発案，企画するために，地域の実情に合った地に足のついた計画になる一方で，悪い面は既存の枠組みの中で問題解決を図ろうとするために，斬新で思いきったアイデアが出にくいところである。

制度化された地域ビジョン策定のシステムがない以上，現実問題として総合計画・総合戦略が地域ビジョンに代わる役割を果たさざるを得ない。また地域に関わるステークホルダーは多いが，現実的には策定のための組織と情報，資金を有する存在が限られる中で，行政が地域ビジョンを策定するための主要な役割を一定程度担わざるをえない。

（5）地域ビジョンと首長マニフェスト

総合計画・総合戦略で地域ビジョンを代替させるとしても，他にも残された問題が存在する。今日，首長選挙において従来型の選挙公約を一歩進めて，住民との間の当選後の事実上の約束となる首長マニフェストを掲げて選挙戦が戦われるケースが増えている。その結果，総合計画・総合戦略において首長の任期である４年を超えて自治体の政策を拘束することの是非が問われるようになっている。

このうち総合計画は，個別の行政計画を総合したものとして，その継続性・技術性が特徴になっていたが，マニフェスト選挙が普及するようになって，首長マニフェストの内容にまちづくりの具体的な内容が盛り込まれるようになると，両者の内容に齟齬が生じる。

この問題を重視して，一部の地方自治体においては総合計画を首長在籍期間である４年に短縮する動きがある。また首長の４年任期にあわせて総合計画を策定する地方自治体も現れている[20)]。しかし地域の将来構想を掲げることが地域ビジョンの役割であるとするならば，首長の任期４年を上限とすることはその趣旨に必ずしも合致するものではない。

４．地方自治体の総合計画制度

（１）国の計画行政

①　全国総合開発計画（第１次～第５次）

地域ビジョンの策定に深く関わる国の計画行政の経緯と内容を見てみよう。全国総合開発計画は，国土総合開発法（昭和25（1950）年５月26日法律第205号）に基づき，国土開発の指針となる政府策定の長期計画を指す[21)]。日本の国土開発は，長らく全国総合開発計画が国の各種の長期計画の中核として存在し，その下位に土地利用計画，（部分的な）総合開発計画の分野横断的な計画と道路計画や河川計画などの分野別計画が存在していた。この分野横断的な計画と分野別の計画が相互に密接に連携しながら，地方自治体の行政計画に影響を与えていた。国の行政計画は，地方自治体の行政計画の上位計画として機能していたが，国の計画が必ずしも地方自治体が置かれた環境に合致するとは限らないため，全国総合開発計画を頂点にした国の各種の計画行政の体系が「行き過ぎた計画行政」「止まらない公共事業」として，公共事業のムダと硬直化，地方の財政悪化，公共事業依存体質を招いたと批判されてきた。

日本では戦後の復興過程から高度成長期前半まで経済発展が最優先され，臨海工業地帯の基盤整備に重点が置かれた結果として地域間の格差は拡大し，また工業化した地域で都市問題が顕在化した。そこで国は地域間格差の是正と大都市問題の解決を目的とする全国総合開発計画の枠組みを用意して，「国土の均衡ある発展」を標榜した。第1次から第5次までの総合開発計画は，基本的な理念が「国土の均衡ある発展」に置かれ，経済効率よりも地域間の公平に力点が置かれてきた[22)]。

全国総合開発計画を基に多くの長期計画が閣議決定され，国の予算や事業を規定・拘束してきた。長期計画は政府全体で20程度存在し，そのうち10程度を国土交通省が所管するとされた。長期計画では概ね5年～7年で進められる事業内容と総事業費が明示され，各省庁は長期計画であらかじめ総事業費を確保し，単年度ごとに事業実施の予算要求を行う仕組みとなっていた。

個別事業の予算が議決対象であるにも関わらず，事業の前提となる全国総合開発計画の策定は国土審議会の審議を経て内閣が決定するだけで民主的統制を欠いていたが，道路や河川など個別分野の長期計画の策定においても同様であった。分野別計画にも法律上の根拠があるものとないものがあった。また計画策定において関係行政機関や地方自治体への協議や審議会の開催などの手続を設けるものはあったが，平成4（1992）年の都市計画法改正によって導入された都市計画マスタープランを除いて，住民関与を法的に義務づけたものは見当たらなかった。

この国の計画行政の体系に対して，時代の変化によって長期計画の妥当性が疑わしいものが発生しても途中で事業変更が困難であること，省庁間・省庁内の縦割りが計画の策定やその執行プロセスの連携を妨げていること，地方の政策優先度と関わりなく事業が実施されること，費用の一部負担（国直轄事業の一部負担）が地方財政悪化の要因になることが指摘され，社会資本整備重点計画法（平成15（2003）年3月31日法律第20号）の成立によって，国土交通省の所轄9事業の計画内容の一本化，事業費から達成されるべき成果への達成目標の変更，計画策定段階からの国民・地方の参加が図られた。

②　国土形成計画（第 1 次～第 2 次）

「開発優先」「バラマキ」「特性喪失」という第 1 次から第 5 次にわたる全国総合開発計画に対する批判に対応する形で，国土総合開発法が改正され，国土形成計画法（平成 17（2005）年 7 月 29 日法律第 89 号，同年 12 月施行）に名称変更されるとともに，制度の骨格が変えられて全国計画と広域地方計画に分けられた。

国土形成計画法は，基本理念に「地域の特性に応じた自立的発展等の基盤となる国土の形成」と「地方公共団体の主体的な取り組みを尊重しつつ，国が本来果たすべき役割を全う」を掲げるほか，新しい国土計画の理念は，開発重視から保全と利用の重視へと転換されるとともに，全国を 8 ブロックに分けて各ブロックが自立的に国土を形成することとし，戦略的目標と分野別施策の基本的方向等を定めることとされた。

第 1 次国土形成計画（全国計画）は，国土審議会計画部会において検討されたのち，平成 20（2008）年 7 月 4 日，概ね 10 カ年における国土づくりの方向性を示す計画として閣議決定された。平成 21（2009）年 8 月 4 日，広域地方計画は，先に平成 18（2006）年 7 月 7 日に全国 8 つの広域地方計画区域が決定されたあと，各地方ブロックで国，地方公共団体，経済団体等で組織される広域地方計画協議会の議論を経て，国土交通省の大臣決定がなされた。

平成 27（2015）年 8 月 14 日，第 2 次国土形成計画（全国計画）が，概ね 10 カ年の国土づくりの方向性を示すものとして閣議決定された。全国計画では，地域の個性と連携を重視する「対流促進型国土」の形成を図ることとし，その実現のための重層的かつ強靭な「コンパクト＋ネットワーク」の国土形成，地域構造の形成を進めることとされた。また平成 28（2016）年 3 月 28 日，広域地方計画が，第 1 次計画策定時と同様の手続きを経て，国土交通大臣の決定がなされた。

今後，国の社会資本整備重点計画[23)]や地方自治体が策定する総合計画・総合戦略等との連携を図りつつ，国土形成計画（全国計画および広域地方計画）が推進されることが期待されている。しかし全国総合開発計画から国土形成計画に名称も骨格も変えられたというものの，地方が国の計画行政に従う構図は残されたままとなっている。

③　国主導の計画行政の課題

新しい国土計画の理念は，従来の経済的視点に立った開発を重視したものから地域の自立を尊重しつつ，適切な保全と利用を重視したものへと転換された。ただ時代が求める方向への変化とはいえ，これまで中央主導で地域開発を推進してきた国が180度転換して，地方の個性や独自性を活かしたまちづくりの旗振りをするわかりにくさはある。

地方には多様な個性があり，まちづくりの方法もさまざまである。資源に恵まれた地域もあればそうでない地域もある。交通の利便が良く高いポテンシャルを持った地域もあればそうでない地域もある。これまでの中央主導の政策は，分配の公平性に絞られて画一的な公共投資を行うが故に，ともすれば一方で国と地方の政策を融合させてその責任を曖昧にするとともに，他方で地方の政策優先度が考慮されず，国と地方の双方に巨大な財政赤字を累積させた。

全国一律の画一的な公共投資は，社会資本整備が一段落すると次第にその効果を失うとともに環境に負荷をかけ，地域の個性を喪失させてきた[24)]。従来と同じ枠組みで，指導の中身を入れ替えるだけでは上手く機能する可能性は少ない。求められるべきは，国と地方の役割分担とそこから導かれる地域の自立であろう。

第1次・第2次の国土形成計画で示されたコンセプトは，日本の国土が置かれた状況を把握し，地方が進むべき道を示唆しているが，その一方で地方の一部地域の成功例を抽出，抽象化しただけとも映り，モデルの普遍性への疑問が残される。低成長と人口減少による大きな変革期を迎えている日本において，地方創生の特効薬がないことを改めて認識すれば，ベストなワンウェイはなく，地域ごとに多様なアプローチで地域の活性化を探っていく方法しかない。

（2）地方自治体の総合計画制度

①　特　徴

地方自治体には，総合計画・総合戦略，都市計画マスタープランなど，地域の将来ビジョンに深く関係するシステムが存在する。その中心となる総合計画制度を見てみよう。

総合計画は，昭和 44（1969）年の地方自治法（昭和 22（1947）年 4 月 17 日法律第 67 号）の改正により，市町村が策定するすべての計画の基本となる行政運営の総合的な指針となる計画として市町村に導入された[25]。市町村だけに策定義務を課して都道府県を除外したことは，旧地方自治法第 2 条第 6 項に都道府県の事務として「地方の総合開発計画の策定」が例示されていたからとされている[26]。

改正前の地方自治法第 2 条第 4 項は「市町村は，その事務を処理するに当たっては，議会の議決を経てその地域における総合的かつ計画的な行政の運営を図るための基本構想を定め，これに即して行なうようにしなければならない」と規定していた。本規定を受けて，市町村は基本構想，および概ね 10 年の行政計画を示す基本計画，3 年間程度の具体的施策を示す実施計画を策定し，これら 3 つの計画を合わせたものが総合計画と呼ばれてきた。

地方自治法は，基本構想だけに策定義務を課していたが，その経緯は昭和 41（1966）年の旧自治省の委託調査「市町村計画策定方法研究報告」[27]によって，総合計画の標準的な内容は基本構想，基本計画，実施計画の 3 層の計画で構成するとされ，昭和 44（1969）年の地方自治法改正時に，基本構想の策定が法的に義務付けされたことによる。

平成 23（2011）年 5 月 2 日，地方自治法の一部を改正する法律が公布され，地方分権改革推進委員会第 3 次勧告（平成 21 年 10 月）に基づき，国が地方に課する「義務付け・枠付けの見直し」の一環として，旧地方自治法第 2 条第 4 項が削除され，総合計画の策定の有無と内容，基本構想の議決の要否が，市町村の判断に委ねられた。ただ策定義務規定の廃止後も基本構想策定の必要性がなくなったわけではなく[28]，総務省も，地方自治体が議決事項として定めることによって，基本構想の議決を行って引き続き総合計画の策定を続けることを認めている[29]。

ただ策定義務の廃止によって形式や内容の縛りが外され，総合計画の自由度は大幅に高まった。実際その後に策定された総合計画には，その構成や内容，位置付けに多様な事例が見られている。今後さらに各地方自治体の工夫が加わり，個性的な総合計画が増加することが予想される[30]。

② 課　題

総合計画制度の課題は現在も残されている。創設の経緯から開発志向であるとの批判は依然として強い。また総合計画の内容は，個別の行政計画の間の整合性を図る関係から，総花的・縦割りという批判が引き続きなされている。さらに概ね 10 カ年を目標年度におく関係から，その間の経済情勢や社会情勢の変化や住民の意識と乖離しやすく，内容が硬直的になりやすいとの批判も存在する。このような批判はあるものの，総合計画制度は地方自治体内のさまざまな行政計画を統合・調整するとともに，地域ビジョンを一定程度，住民に示して住民意識の共有を促す役割を持っていることは事実である。

総合計画を地域ビジョンとして捉える場合に留意すべき問題もある。地域ビジョンは，地域内の多様な意見を統合していくための指針である以上，一定の具体的な将来像をメタファとして住民や関係者に示す必要があるが，総合計画は，地方自治体内の数多くの行政計画の内容と矛盾しないものである必要から，どうしても示す内容が抽象的になりやすい。

またとことん考え抜かれて策定された地域ビジョンでも，経済情勢・社会情勢の変化に合わせて改訂する必要があるが，多くの自治体は計画年度中の改訂に消極的である。さらに一部の地方自治体では，総合計画を最上位の規範として位置付け，予算管理，人事管理，行政評価の一体的な管理を行おうとしている[31]が，過度な体系化は，社会・経済情勢の変化に対応できず，事業や予算の硬直化を招く危険性がある。

官僚制組織の典型である行政組織において総合計画の規範性を過度に高めると，適度の裁量の幅を持ち，本来，環境変化に対応するはずであった行政の目標が固定され，目標水準の引き下げ・内容変更が困難になって政策の柔軟性が失われてしまう。また総合計画を行政における PDCA サイクルの PLAN に相当するとして厳格に位置付けてしまうと，PDCA のプロセス自身が自己目的化して組織や業務の硬直化を招く危険性がある。PDCA は，あくまで手段であってそれ自体が目的でないことに留意しなければならない。

5．事　例

（1）京都府八幡市の総合計画・総合戦略

①　地域環境

地方自治体の地域ビジョンの例として京都府八幡市の総合計画・総合戦略を採り上げ，地域ビジョンの形式，機能，内容を分析してみよう。

京都府八幡市は，大阪市と京都市の中間に位置し，交通利便性が高いことから，他の地方都市に比べて過疎・衰退が進んでいるわけではない。八幡市は，古来から交通の要所であって，陸路では京都から大阪に向かう京街道（旧東海道）が通り，市内で八幡から河内長野までを結ぶ東高野街道が分岐しており，水路でも桂川，宇治川，木津川の三川が合流して淀川となる恵まれた水運の拠点に位置している。

明治43（1910）年の京阪電車の本線開通と同時に，市内西部に八幡市駅と橋本駅が設置され，主な移動手段が電車利用に移ると，これまで盛んであった橋や渡し舟を利用した淀川対岸の大山崎との人や物資の交流は薄れていく。高度経済成長期には沿線の急激な都市化が進むが，八幡市では，UR（独立行政法人都市再生機構，旧日本住宅公団）が中心となって，石清水八幡宮が鎮座する男山丘陵が住宅地として大規模開発され，大きな発展を遂げる。

しかし今日，JR・阪急や新幹線の鉄道路線や名神高速道路によって交通利便性を高めた淀川右岸と対比すると，京阪の鉄道路線だけの淀川左岸に位置する八幡市の市勢はやや劣勢に見える。また住宅都市化が進んだことによって，石清水八幡宮の参拝客で賑わってきた門前町としての八幡市のイメージも曖昧になっている。男山丘陵の山頂に位置する石清水八幡宮は神社格式第4位に位置し，平成28（2016）年2月9日に本殿が国宝に指定され，市内外からの参拝者が現在も絶えないが，車やケーブルで山上（さんじょう）に上がって参拝を終えるとそのまま帰る人が多く，山下（さんげ）の市街地にその賑わいが及ばない。市内を走る京街道や東高野街道も通過道路となっており，宿場機能・商業機能が失われ，沿線には空き地や空き家が増えている。男山丘陵を削って造成された住宅団地も同一時期に同一世代が入居する郊外型ニュータウンの例に漏れず，居住者の高齢化が起きている。

八幡市の産業構造の比率は，平成22（2010）年度が第1次産業2.9％，第2次産業24.0％，第3次産業73.9％，平成27（2015）年度がそれぞれ2.0％，24.7％，73.4％と，第1次産業の比率が若干低下したほかはほぼ変わっておらず，変化が乏しく，地域経済の停滞状況を示すものとなっている。

住宅都市化が進んだ影響で，現在では市の人口の約8割は新住民で占められている。もっとも交通の利便が良く豊かな自然環境を有する八幡市の住宅都市としての評価は依然として高く，市街地西南の枚方市樟葉まで押し寄せた開発の波を受けつつも，石清水八幡宮の門前町として栄えた歴史と記憶を活かしつつ，まちの活力をどのように創り出して行くかが問われている。そうした中で，今後のまちづくりの指針となる総合戦略・総合計画が策定され，八幡市の地域活性化に果たす役割が期待されている。

② 総合戦略

平成26（2014）年11月21日，東京一極集中に伴う人口の社会減少と出生率の低迷に伴う人口の自然減少を食い止めることを目的として，まち・ひと・しごと創生法が成立し，同年12月に各地方自治体に地方人口ビジョンと地方版まち・ひと・しごと創生総合戦略の策定が義務付けられた。

平成27（2015）年4月，八幡市は，国の指示を受ける形で産・官・学・金・労・言で構成するまち・ひと・しごと創生検討懇談会を設置し，平成28（2016）年2月，「八幡市人口ビジョン」および「八幡市まち・ひと・しごと創生総合戦略」を策定，目標期間を平成31（2019）年度までの5年間とし，基本コンセプトを「輝く“まち”と未来！みつ星★★★やわた」と定めた。

「八幡市まち・ひと・しごと創生総合戦略」の中心施策におかれた「観光まちづくり構想」の推進を目指して，国宝石清水八幡宮を活かした交流拠点づくりや周遊・体験・滞在型の広域観光を推進することとし，市民や関連団体等で構成する「八幡市『お茶の京都』交流拠点づくり推進協議会」[32)]を設置し，その下部組織として次の3つのWG（ワーキンググループ），以下，八幡市駅前整備等観光まちづくり構想WG，新・空中茶室復元構想WG，特産品開発WGを設けて検討を進めた。平成29（2017）年5月，同協議会は，3つのWGの検討結果を元にして「八幡市駅前整備等観光まちづくり構想」を策定し，決定したブランドコンセプトの下にアクションプランを提言するとともに，事業創造の基盤として「未来センター」（「フューチャー・センター＆リビング・ラボ やわた（仮称）」）の設置を提言した。

平成30（2018）年2月，事業の進捗状況の検証と評価を行うために，「八幡市まち・ひと・しごと創生検討懇談会」が開催され，事業報告とともに民間主導で進む「未来センター」の経過報告がなされた。なお「八幡市まち・ひと・しごと創生総合戦略」の主要な内容は第5次総合計画に引き継がれている。

③　総合計画

平成28（2016）年6月，八幡市は，平成23（2011）年の地方自治法の改正に伴って基本構想の策定義務が廃止されたことへの対応として八幡市総合計画策定条例を制定し，総合計画を市政の「総合的かつ計画的な運営を図るためのまちづくりの指針」として位置付け，議会の議決を経て，総合計画として基本構想に基づく基本施策および実施計画を策定することとした。

八幡市の第4次総合計画は，平成19（2007）年度から平成28（2016）年度までの10年間を計画年度としていたが，期間終了後の平成29（2017）年度の1年間を総合戦略の策定に当てることとし，その内容を第5次総合計画に反映させることとした。

平成29（2017）年5月12日，八幡市総合計画審議会を設置して検討を続け，平成30（2018）年3月末，総合計画の基本構想が議会で可決され，平成30年（2018）度から令和9（2027）年度までの10年間を新たな計画年度とし，目標とする将来都市像を「みんなで作って好きになる　健やかで心豊かに暮らせるまち　～住んでよし，訪れてよしSmart Wellness City, Smart Welcoming City Yawata～」と定める第5次総合計画が策定された。第5次総合計画では，新名神高速道路の未開通区間である高槻JCT～八幡京田辺JCT区間10.7kmの令和5（2023）年度開通を見込んで，将来的な土地利用の見直しを内容に盛り込んだ。

④ 分　析

第５次総合計画は，前年に策定された総合戦略の主要な内容が引き継がれた結果，産業振興は観光まちづくりを中心におく内容となっており，従来の総合計画以上に観光施策は具体的で充実したものとなった。総合戦略およびそれを引き継ぐ総合計画の策定によって，八幡市の観光まちづくりは観光まちづくりを実践する第二段階に移ったと言えよう。

もっとも将来の地域ビジョンが出来上がってもすぐに事業化に移行できるわけではない。予算の手当がつき次第実施できる行政サービスと異なって，地域内の企業や団体を巻き込んでの観光事業のスタートはそう簡単ではない。加えて事業の範囲は当該自治体の行政区画内にとどまらず，市外の事業者等とのネットワークが必要になるためにさらに時間を要する。

行政はビジョンづくりまではできるが，北海道夕張市の財政破綻の教訓[33]に見るように，行政が行う事業範囲には限界があり，実際の事業展開の多くの部分は民間が担わざるを得ない。ただ行政も，総合戦略や総合計画の策定をもってお役御免として具体的な事業を民間に任せっぱなしにするのでなく，民間の事業支援やインキュベーション機能を持つ八幡版「未来センター」[34]の活動支援の内容が問われている。

図表１－３　八幡市観光まちづくりに関係する計画・戦略等（策定年順）

八幡市歴史街道整備ガイドライン（平成 10 年１月策定）
八幡市都市計画マスタープラン（平成 20 年３月改訂）
八幡市観光基本計画（平成 26 年３月改訂）
『お茶の京都』構想（京都府：平成 27 年６月策定）
八幡市人口ビジョン，八幡市まち・ひと・しごと創生総合戦略（平成 28 年２月策定）
『お茶の京都』八幡市マスタープラン（平成 28 年４月策定）
八幡市駅前整備等観光まちづくり構想（平成 29 年５月）
第５次八幡市総合計画（平成 30 年４月）

出所：八幡市 HP 等から作成（2019 年 3 月 18 日アクセス）。

（２）神戸商工会議所の神戸経済ビジョン

①　地域環境

地方自治体以外が策定する地域ビジョンの例として，神戸商工会議所の神戸経済ビジョンを採り上げ，その形式，機能，内容を分析してみよう。

国際港湾都市として名を馳せた神戸市は，貿易や物流の変化による港湾貨物の取り扱いシェアの減少によって，神戸経済に占める港湾の比重を低下させるとともに，国内外における神戸港の相対的な地位を低下させている。加えて神戸経済は，戦前から神戸経済を支えてきた重厚長大型産業から新たな成長産業である電機産業やIT産業への転換が遅れ，かつての勢いを失いつつある。

神戸市は，市自身が公共デベロッパーとなることによって，それらを原因とする神戸経済の減少分を補ってきたが，平成7（1995）年の阪神淡路大震災による甚大な被害と長引く復旧・復興プロセスが，さらなる神戸経済の地位低下を招いた。

震災後の神戸経済を牽引する代表プロジェクトが医療産業都市構想である。これはポートアイランドを舞台としたファッションタウン構想の次の構想として，神戸市が打ち出した地域開発ビジョンで，ポートアイランドを沖出しして造成したポートアイランド２期に中央市民病院を移設するとともに，その隣地に理化学研究所と神戸大学医学部の研究施設を誘致して，それらの施設を核にして，医療関連産業の集積を図る医療産業クラスターの形成を意図するものである。

神戸市は，同構想を推進するために，神戸空港の整備促進や三宮からポートアイランド２期を結ぶポートライナーの医療センター前への停車など，企業誘致に向けての環境整備に努めるとともに，平成30（2018）年４月には，市自身も神戸医療イノベーションセンターを開設している。平成30（2018）年２月現在で神戸医療産業都市ゾーンに，医療分野の研究機関や企業など，小規模なものまでカウントすると316社以上が集積している。成長産業である医療関連産業にいち早く目を付け，時代の先を見越した投資が成果を生んだ産業振興の成功事例であるが，それでもなお進出した研究機関や企業の投資規模，地元経済への波及効果に物足りなさを指摘する声がある。

地方自治体による地域開発・産業振興の主要な方法は，基盤となるインフラ整備以外には，国のモデル事業に選定されて行う施設整備や地域開発のコアとしての国の施設の誘致である。加えて公共デベロッパーとして自らリスクを取る形で，大規模な住宅団地や産業団地を開発する方法がある。医療産業都市構想には，これらの方法が複合的に取り入れられている。

かつての神戸市はこの公共デベロッパーの代表例として知られ，都市経営で有名な存在であった。ただ行政主導の大型開発は，経済が低成長に移行すると用地の売却や賃貸が難しくなって，行政がリスクを取って事業をすることへの批判が高まり，行政の役割はインフラ整備や住民福祉の向上に止めるべきとの考え方が優勢になってくる。

ただ地域経済の振興はすべてが民間の役割と一概に言い切れないところもある。地場産業の育成・振興は従前から行政と民間が協力しながら行われてきた。また社会が成熟してくると消費や文化を楽しむ傾向が高まり，都市の魅力が都市の競争力や都市ランクを決定するようになる。すると，都市の魅力度を決める重要な要素として外部からの人を惹きつける都心整備や都市の玄関口である駅前整備が行政の役割として浮上してくる。

阪神淡路大震災後，公共デベロッパーとしての活動を抑制してきた神戸市も，長らく手付かずであったJR三宮駅前の再開発に乗り出している[35)]。JR三宮駅周辺は，市の玄関口でありながら，震災による市の財政難と再開発の種地となる市所有地が少ないことから再開発が進んでいなかった。その間，主要都市では駅前をはじめとして都心の再開発が進んだため，JR三宮駅周辺は，政令指定都市でかつ県庁所在地でもある神戸市の駅前としては見劣りする状態となっていた。ようやく打ち出された駅前再開発構想は震災後停滞を余儀なくされてきた神戸経済に久々に光を当てるものとなっている。

②　神戸商工会議所

地域ビジョンの策定は行政だけがその役割を負うものでない。ただ個人や一企業では，斬新な発想力，出された複数の意見を集約する力，内容を人々に知らせる発信力に劣る。歴史ある地元の商工会・商工会議所に代表される経済団体は，組織と人材の両面で一定の力を持っており，民間サイドからの地域ビジョンの提唱者としてその役割が期待されている。

国内3番目に設立された商工会議所という名誉を持つ神戸商工会議所の歴代会頭は，鉄鋼や造船等の重厚長大型産業が中心となって発展した神戸の歴史から，古くは神戸に本社を置く川崎重工，川崎製鉄，神戸製鋼，神戸銀行の4社の中から選ばれてきた。しかしながら4社のうち川崎製鉄と神戸銀行の2社は工場の移転や資本提携によって神戸との関係が次第に薄れていき，その後は神戸に本社を留める川崎重工と神戸製鋼所が，4代続けてたすき掛けで務めてきた。

神戸から本社を移した2社のうち神戸の名前を冠する神戸銀行は，昭和48 (1973) 年10月，太陽銀行と合併して太陽神戸銀行となるが，平成2 (1990) 年4月，三井銀行と合併して太陽神戸三井銀行となり (平成4 (1992) 年にさくら銀行に名称変更)，登記上の本店は神戸に置かれたが，実質上の本社機能は神戸本部と東京本部に移された。平成13 (2001) 年4月，さくら銀行は住友銀行と合併して三井住友銀行となって，かつての神戸銀行本店は (太陽神戸銀行本店，太陽神戸三井銀行神戸営業部，さくら銀行神戸営業部の歴史を経て)，三井住友銀行神戸営業部として存続している。もう一方の川崎製鉄は，平成14 (2002) 年9月，日本鋼管と事業統合してJFEホールディングスを設立し，本社を東京都千代田区に置いた。平成15 (2003) 年4月，事業再編によって川崎製鉄はJFEスチールに商号変更し，本社を同じく東京都千代田区に置いた。

平成28 (2016) 年7月，従来の慣例を破る形で神戸商工会議所の第31代会頭に，臨床検査機器・検査用試薬で高いシェアを持つシスメックスの家次恒社長が就任した。新会頭の下での神戸商工会議所の活動内容に注目が集まる中で，平成30 (2018) 年3月5日，神戸商工会議所は，2030年度を目標年度とした神戸経済の将来構想「神戸経済ビジョン」を発表した。同会議所が発表する神戸経済のビジョンとしては，阪神淡路大震災直後の平成7 (1995) 年6月発表の経済ビジョン以来，23年振りとなる[36)]。

③　神戸経済ビジョン

「神戸経済ビジョン」は，商工会議所が策定する神戸市の経済ビジョンとして，開港150年を迎えた神戸の強みを再定義し，神戸経済の目指すべき将来像や都市政策・産業政策を提言する。その主要な内容は，神戸経済の目指すべきビジョンを「OPEN × CONNECT（広く開かれ，神戸でつながる）＝世界へ開き，融合と革新を続ける神戸クラスター つながりを進化させる産学官のパートナーシップ＝」と定義し，「OPEN × CONNECT」（開放と連携）をスローガンにして，一寒村に過ぎなかった神戸が開港によって発展した原点に戻って内外の勢いのある地域とのネットワークによる発展を目指すとし，その原動力として産業クラスターと産官学連携の重要性をあげている。

また神戸経済の強みとして，都心再整備，神戸空港民営化，大阪湾岸道路延伸などの大型プロジェクトの進展とまちの住みやすさ，都市としてのコンパクトさ，良好な都市イメージ，陸海空の交通ネットワークの充実，重厚長大型産業やロボット・水素などの次世代産業，健康・医療・スポーツ産業などの集積をあげ，弱み・克服すべき課題として，阪神淡路大震災以降の将来投資の停滞，人口減少と若者の市外への流出，IT分野などへの産業構造転換の遅れ，観光客に向けたキラーコンテンツの不足を指摘している。

重点プロジェクトとして，外国からの人材・企業の誘致，瀬戸内地域を含めた神戸広域観光圏の整備，医療関連産業の集積を生かしたヘルスケア，スポーツ産業の創出，産学連携の強化を指摘し，そのための基盤として神戸空港から新神戸駅に行くまでの南北軸の移動の利便性の向上を掲げている[37)]。

④　分　析

国際コンテナ港としての地位低下，東京一極集中，阪神淡路大震災以来進む空洞化という神戸市および神戸経済が置かれた状況を踏まえて，広く神戸経済全体の採るべき施策の提言がなされたものであるが，提言内容は新しい項目の提案よりも，神戸市や関係機関で現在進行中の事業や提案済みのプランを整理して地域経済の将来を展望する内容になっている。

主要産業である鉄鋼や機械産業に以前ほどの勢いがなく，それを代替するファッションやスポーツ産業なども雇用の面で大きな期待ができず，市内の有力な企業が生産基地を世界に分散させる中で，神戸経済の底上げを図る経済ビジョンの策定が容易でないことをうかがわせている。ただ斬新な発想を求めるという部分では物足りない側面を有する一方で，その分だけ手堅い内容ともなっている。

ビジョンとして打ち出されている「OPEN × CONNECT」（開放と連携）の具体的な方法はさほど明確に語られていないが，魅力ある都市創造と地元経済の活性化がその第一歩となることは事実である。商工会議所自身が事業主体となってインフラ整備や大規模な事業を行うことは困難で，ビジョンに強制力もないことから，発表時の会頭のコメント[38)]にもあるように，地域内の関係者の多様な思考や行動のベクトルを一致させてまちづくりを目指すところに本ビジョンの意義が存在する。打ち出されたビジョンの実現に向けて，会員企業はもちろんのこととして，神戸市や国，県など関係機関の協力が求められる。

（３）両事例からの示唆

八幡市の総合戦略・総合計画は，石清水八幡宮の門前町として栄えた地域の歴史と記憶から，住宅都市化したまちから，再び観光を中心としたまちへとまちづくりの方向をチェンジしようとするものである。総合戦略ではKPI（キー・パフォーマンス・インディケーター）によって事業効果が検証される仕組みが導入され，総合戦略を引き継いだ総合計画にも同様の考え方が採り入れられており，戦略や計画の策定で良しとするのでなく，事業の進行や効果をチェックする体制が用意されている。

神戸商工会議所策定の「神戸経済ビジョン」は，神戸港・神戸経済の相対的な地位低下が進む中で，港湾都市の特徴である域外との交流を捉え直して，地域全体が外部との交流を進めることによって新たな地域の新たな発展を目指そうとするものである。商工会議所が事業主体でないため，事業の進行管理や効果をチェックする仕組みは設けられていない。

２つの地域ビジョンは，異種の機関によって策定されたものであるが，その内容は当該地域の歴史から示唆を得て，「結びつき」や「交流」を掲げて他地域とのネットワーク強化をキーコンセプトとすることで共通している。ともに地域活性化のヒントを当該地域の地域特性の再発見・再評価に求め，交通の拠点に立地するという当該地域特性を活かして，東京や勢いのある他地域との関係性を強めることによって地域経済の付加価値を高めようとする内容になっている[39)]。

6．終わりに

（1）地方創生と地方の自立

明治以降続いてきた右肩上がりの成長志向の経済が行き詰まり，バブル崩壊後の1990年代から続く経済の低成長と本格化する人口減少によって，条件の恵まれない地方を中心にして地域の持続可能性への不安が高まり，地域経営のあり方が問われている。従来の中央主導型の地域振興が，インフラや基盤施設の整備がほぼ一巡するとともに効果を失い，財政面でも限界に達して，政策の出尽くし感がある中で，政府は窮余の策として都内での大学の新設制限というかつての工場等制限法を連想させる実力的手法を持ち出した[40)]。しかしそれだけで東京一極集中が止まるとは誰も思っていない。

国も国土形成計画や地方創生政策に見られるように，地方が自らの特性を活かしながら自立を目指す方向への政策転換を始めている。ただ国の地方創生政策は，地域振興の特効薬が見つからない以上，地方自治という制度の中で，中央が財政支援を伴う政策メニューを用意して地方がそれを選択する構図とならざるを得ず，地方が中央に情報を張り巡らせて補助率の高い補助金を獲得して箱物を建設するという従来型の事業の仕組みとそう大きく変わるところはない。

地方には，苦労して独自に活性化に取り組むよりも，むしろ国の補助金付きの地方創生政策が出るのを待つという指示待ちの姿勢も見られる。地域での起業や定住が期待される地域おこし協力隊や中央の専門的知識を有する人間を地方創生人材として派遣する制度も用意され，見方によっては地方の受け身の姿勢が正当化されつつある。

産業衰退と人口減少によって地方の存立基盤が揺るぎ，体力が弱っているが故に致し方ないこととはいえ，財政支援に加えて地方創生のノウハウや人材まで中央に依存するという形が定着してしまうと，地方のレジリエンス（復元力）

がさらに低下する危険性がある。

国が地方の自立をどこまで後押しするかの国の本気度への懐疑的な見方もある。実際，令和元（2019）年６月から始まった寄付額の３割以下の地場産品に返戻金を限るふるさと納税の新制度において，国は，平成30（2018）年11月から平成31（2019）年３月の間に不適切な方法で寄付金を集めたとして４市町村の参加を認めなかった。寄付額の３割以下と定めた国の基準を守った市町村の不利益防止のためのやむを得ない措置とも言えるが，参加が認められなかった４市町の１つである和歌山県高野町の平野嘉也町長からは「地方の自主性を尊重していく国の方針に逆行している」[41] とのコメントも出されている。

（２）地方創生時代の地域ビジョン

地域の未来図を示す地域ビジョンに決められた定義はないが，地域を一定方向に牽引していくという機能を本来的な役割とすることに反対する人はいないだろう。地方自治法に地域ビジョンという考え方はないが，計画行政の文脈から総合計画制度が作られ，現在は法令による策定義務こそ外されたものの政策統合手段として根付いている。またローカル・アベノミクスの一環として地域活性化と人口減少対策を目的とする地方版総合戦略制度が生まれ，総合計画制度と合わせて地域ビジョン類似の機能を果たそうとしている。

ただこれらの制度は，地域ビジョンの策定機関や策定形式を限定するものではない。地域ビジョンの策定機関は地方自治体に限定されるものではなく，民間や市民がその役割を担っても構わない。その内容にも決まりはない。重要なことは形式よりも実質であり，当該地域ビジョンが地方をどのような方向に向かわせようとしているのか，どれほど活用されるかにある。

国への依存に限界が見えた今，地方は好むと好まざるとにかかわらず，自ら動いて局面を変えるセルフ・プロモーション，セルフ・マネジメントの時代を迎えており，地方が目指すべき方向は自ら手探りで切り拓いていくしかない。

低成長と人口減少が構造化する中で，それぞれの特殊事情を抱える地方が目指すべき方向は，机上でプランを練ることよりも，現場の試行錯誤や業務遂行中の経験から生まれる可能性が高い。そのためには，地方が自ら未来図を描いて将来の進路を自らに問いかけ，事業実施プロセスで得られた知識や経験のフィードバックによって地域が進むべき道を決定・修正していく必要が生まれている。

企業の経営戦略論では，複雑で変化が速い環境下の戦略は，事前の環境分析から戦略を生み出す分析型戦略よりも，実際の行動による試行錯誤を積み重ねながら生まれる創発型戦略が有効であるとされている。現場の経験をフィードバックして企業経営に活かす学習型戦略も同様の文脈で捉えられる。

環境変化に対応して組織を維持・発展させていくという点で，自治体経営は企業経営に近似している。地方が自ら道を切り拓かなければならないという時代背景を考慮すれば，地方創生時代の地域ビジョンは，企業の経営戦略論に倣って，変化の激しい環境時に有効とされる創発型戦略・学習型戦略の理論フレームに従った現場を熟知した策定者と実施段階で得られた知識や経験がフィードバックされる現場主導型の策定と改訂の仕組みが求められる。

【注】

1） メディアや一般社会においても，このような言説がなされることは少なくない。例えば，神戸新聞 2018 年 9 月 2 日。

2） 地方自治法第 1 条の 2 第 1 項は，「地方公共団体は，住民の福祉の増進を図ることを基本として，地域における行政を自主的かつ総合的に実施する役割を広く担うものとする。」と定めて，地方自治体の政策目標が住民福祉の増進であることを明らかにしている。

3） 2014 年 9 月 3 日の総理記者会見で発表された第 2 次安倍政権で掲げられた政策のこと。安倍政権で推進される国家の経済政策であるアベノミクスの一部として位置付けられ，ローカル・アベノミクスの名もある。東京一極集中を是正し，地方の人口減少に歯止めをかけ，日本の活力を回復することを目的とする。ただそれ以前から，地域活性化，地域再生，地域おこし等，同様の内容を有する用語は一般化しており，政策用語としても使用されてきた。

4） 同一・同様のテーマに関する頻繁な政策名称の変更は，短期的に有権者に目新しさを与える一方で，長期的には政策の重要性に対する認識を麻痺させる危険性がある。

5） 国が地方に策定を指示した総合戦略はその意味では例外であろう。しかし国が地方に策定を指示しただけ，地方は国に言われたから作っただけとなるならば事態は変わらない。

6） このことは街並みの形成だけではなく戦史研究においても言われている。第二次世界大戦で壊滅的な敗北を喫した敗因として，「出口戦略も含めて，当時の日本には明確な全般構想がなかった」と指摘される（折木良一（2017）『戦略の本質』KADOKAWA, p.96）。

7） 地方自治体の多くは，行財政改革のプロセスで経費削減を目的に政策研究や研修部門を縮小・廃止している。研修内容も自ら企画するのでなく，外部発注や外部の研修施設へ職員を派遣する例が増えている。

8） ヘンリー・ミンツバーグ＆アレクサンドラ・マクヒュー（1985）「臨機応変な戦略形成（Strategy Formation in an Adhocracy）」『アドミニストレーティブ・サイエンス・クァータリー』参照。

9） 代表的な例として福岡県南部の有明海に面した柳川市の堀割の保存運動をあげることができる。使用されず荒廃していた堀割の埋め立てが計画されたが，柳川市の１人の職員（広松伝（ひろまつつたえ）氏，当時，都市下水路係長）の保存を求める運動がきっかけになって埋め立てずに残されることになった。今日では市の貴重な文化資源として観光客を呼び込む有力な観光資源となっている。北原白秋生家・記念館だより（号外）「広松伝の仕事」参照（http://hakushu.or.jp/blog/wp-cotent/uploads/2012/09/325dcf9906fdace45c0adc8277115b7.pdf）（2019 年 3 月 31 日アクセス）。

10） 人口が流出し大消費地からも距離がある東日本大震災の被災地は，地方が置かれた厳しい環境を象徴する。被災した会社・工場・商店などの復旧のために 2011 年度に設けられたグループ補助金制度（国と県は 75%，残りを事業者負担）が存在し，8 道府県 1 万 1,400 社が利用する。国費 3,360 億円を投入，18 年度予算でも 150 億円が計上されるが，売り上げ回復に至った割合は 7 年経っても半分に満たない（朝日新聞 2018 年 3 月 2 日）。

11） 地域間の企業誘致を巡る競争，他地域からの流入人口の増加を目的とした地方移住・地方居住の推進や子育て支援策の取り組み，他地域の税収の獲得を目的としたふるさと納税制度の導入など。

12） 過去の歴史を顧みれば，政府による移住 PR は経済の展望が拓かれない時に用いられることが多い。移住先が必ずしもユートピアでないことを考慮すれば，行政機関やメディアが行う移住キャンペーンも一定程度，抑制的でなければならない。

13） 「まちづくり」の用語の意味は多様である。都市でも田舎でも使用されるので「地域づくり」と言い換えられることもある。当初の用法は戦災復興から始まるインフラや基盤施設の整備というハード面を指していたが，今日では環境やコミュニティーへの意識の高まりによって，生活の場である「まち」を対象にしたハードとソフト両面の活動を指すようになっている。そのため「まちづくり」は過疎衰退に直面した地域が目指す地方創生と大きく変わるところがない。

14） 各地で制定が進む「自治基本条例」の内容に地域ビジョンが設けられる例がある。

15） 改正後の地方自治法第 2 条第 4 項によって総合計画の基本部分である基本構想の策定が義務付けられた。その後の地方分権改革期の 2011 年 5 月 2 日，地方自治法の一部が改正され，第 2 条第 4 項は削除されている。

16) 日本創成会議・人口減少問題検討分科会「ストップ少子化・地方元気戦略」(2014 年 5 月)(policycuuncil.jp/pdf/prop03/prop.pdf)(2019 年 3 月 18 日アクセス)。
17) 国立社会保障・人口問題研究所「日本の将来人口推計(平成 24 年 1 月推計)」の中位推計(出生率 1.35 程度で推移)は，日本の総人口が 2050 年に 9,708 万人と 1 億人を，2100 年に 4,959 万人と 5 千万人を割り込むと予想している。
18) 総合計画に公共計画を盛り込む自治体の例に岩手県滝沢市，宮城県気仙沼市がある。総合計画の最近の動向については，大塚敬(2017)「基本構想策定義務付け廃止から 5 年　自治体総合計画の最新動向」三菱 UFJ リサーチ＆コンサルティングを参照(http://www.murc.jp/thinktank/rc/column/search_now/sn170512)(2019 年 3 月 18 日アクセス)。
19) ここでいう行政とは，首長などの執行機関とその補助機関たる自治体職員からなる地方自治体を指している。
20) 総合計画と首長マニフェストの扱いは自治体によって異なる。岐阜県多治見市は首長の 4 年任期に合わせた総合計画を策定し，神奈川県藤沢市では総合計画の見直し時にマニフェストを反映する。埼玉県さいたま市はマニフェストと総合計画を別個に管理する。各自治体 HP 参照。
21) 第 1 次から第 5 次までの策定推移は，全国総合開発計画(全総)(閣議決定昭和 37 年 10 月 5 日)，新全国総合開発計画(新全総)(同昭和 44 年 5 月 30 日)，第 3 次全国総合開発計画(三全総)(同昭和 52 年 11 月 4 日)，第 4 次全国総合開発計画(四全総)(同昭和 62 年 6 月 30 日)，21 世紀の国土のグランドデザイン(同平成 10 年 3 月 31 日)。内閣府 HP「全国総合開発計画の推移」を参照のこと(http://www5.cao.go.jp/keizai-shimon/minutes/2001/0418/item5s_1.pdf)(2019 年 3 月 18 日アクセス)。
22) 国土総合開発法(昭和 25 年 5 月 26 日法律第 205 号)には「国土の均衡ある発展」の用語は存在しない。第 1 次総合開発計画(1962 年制定)は「地域間の均衡ある発展」を基本目標として掲げる。第 3 次総合開発計画から「国土の均衡ある発展」の用語が使用される。第 4 次総合開発計画の本文冒頭で，過去 3 回の全国総合開発計画の基本的な考え方を「国土の均衡ある発展」に置いたと総括する。なお第 2 次国土形成計画の中で，「対流促進型国土」およびそのための「コンパクト＋ネットワーク」の国土構造，地域構造の形成は，「国土の均衡ある発展」の実現につながるとして当該用語が復活している。
23) 社会資本整備重点計画法(平成 15 年法律第 20 号)に基づく社会資本整備事業の 5 カ年計画。国土交通省が策定し閣議決定される。2003 年に策定された第 1 次計画は，国土交通省所轄の 9 事業(道路，交通安全施設，空港，港湾，都市公園，下水道，治水，急傾斜地，海岸)の計画内容を一本化した。2009 年に第 2 次計画，2012 年に第 3 次計画，2015 年に第 4 次計画が決定されている。
24) 特殊事例は往々にして普遍事例が備える本質をより明確に示すことが多い。沖縄県名護市は，1973 年策定の総合計画で一次産業や地場産業を重視し，自然に囲まれた暮らしこそ真の豊かさだと問い，地域への愛情と自立経済を求めた。のちの総合計画では，この理念もバブル経済とリゾート開発の波にさらされて失われ，米軍基地再編交付金による地域振興への期待が，地に足の着いた振興の声をかき消したと指摘する（朝日新聞2018年3月2日「名護の逆格差論，再評価を」野上隆生）。

25）この時期，国の地域開発が進み，市町村において長期的な視点に立って総合的な行政を計画的に進める必要が高まっていた。制定経緯は，佐藤竺編著・（公財）地方自治総合研究所監修（2002）『逐条解説地方自治法I』敬文堂参照。

26）牛山久仁彦（2015）「長期ビジョン策定の意義と役割」『アカデミア』（公財）全国市町村研修財団市町村職員中央研修所，vol.113，p.35参照（http://www.jamp.gr.jp/academia/pdf/113/113_08.pdf）（2019年3月18日アクセス）。

27）報告書公表前後の経緯は以下の通りである。総合計画制度の発足以前，府県は市町村に総合開発計画の作成の推進・指導を行う。1966年3月，旧自治省から財団法人国土計画協会へ委託していた新たな市町村計画のあり方に関する調査研究の成果が「市町村計画策定方法研究報告」として公表された。1969年の地方自治法改正により，同報告の中で示された基本構想，基本計画，実施計画の計画体系のうち，基本構想の策定が市町村に義務付けられた。地方自治法改正にあわせて，旧自治省から都道府県知事宛に「基本構想の策定要領について（通知）」（昭和44年9月13日）が出されている。（公財）東京市町村自治調査会「市町村の総合計画のマネジメントに関する調査研究報告書（2013年4月22日）」第3章参照（https://www.tama-100.or.jp/cmsfiles/contents/0000000/275/h24sougoukeikaku3syou.pdf）（2019年3月18日アクセス）。

28）総合計画の廃止については，生駒市HPにメリット，デメリットの整理が詳しい（http://www.city.ikoma.lg.jp/cmsfiles/contents/0000000/358/0213.pdf）（2019年3月18日アクセス）。

29）総務大臣通知（総行行第57号 総行市第51号 平成23年5月2日）は，「なお，改正法施行後も，法第96条第2項の規定に基づき，個々の市町村がその自主的な判断により，引き続き現行の基本構想について議会の議決を経て策定することは可能であること。」としている。また地方自治法第96条第2項は「前項に定めるものを除くほか，普通地方公共団体は，条例で普通地方公共団体に関する事件（法定受託事務に係るものを除く。）につき議会の議決すべきものを定めることができる。」として基本構想を議会が議決することを認めている。

30）大塚敬（2017）「基本構想策定義務付け廃止から5年　自治体総合計画の最新動向」参照（http://www.murc.jp/thinktank/rc/column/search_now/sn170512）。

31）兵庫県川西市の総合計画はその一例である。

32）2016年4月，八幡市では京都府が掲げる「お茶の京都構想」（2015年6月策定）に対応するべく，環境経済部農業振興課が中心となって「八幡市まち・ひと・しごと創生総合戦略」の実施計画の1つとして「『お茶の京都』八幡市マスタープラン」を策定し，石清水八幡宮，松花堂庭園，やわた流れ橋交流プラザ「四季彩館」を戦略的交流拠点として位置付けている。

33）2008年3月，北海道夕張市は，「炭鉱から観光へ」をスローガンにして炭鉱閉鎖後の地域振興策として観光産業に積極的に投資したが，リピーター確保・事業整理ができずに不適切な会計処理を続けた結果，財政破綻が表面化した。本事件をきっかけにして地方財政健全化法が制定された。

34) 本構想は，石清水八幡宮を中心メンバーとする「一般財団法人石清水なつかしい未来創造事業団」の設立につながった（設立登記 2017 年 12 月 26 日）。

35) 神戸新聞 2018 年 4 月 24 日の神戸新聞情報懇話会 4 月例会における久元喜造神戸市長の講演内容参照。

36) 朝日新聞 2018 年 3 月 6 日。

37) 朝日新聞 2018 年 3 月 6 日。

38) 朝日新聞 2018 年 3 月 6 日。

39) 北海道夕張市では，市の財政破綻によって市の財政支援が打ち切られたのちも，東京在住の映画人や東京に本社を持つスポンサーの支援を得ながら，市民主導の国際ファンタスティック映画祭が続いている。

40) 2017 年 9 月 29 日，文部科学省は，東京 23 区内での 2018 年度の私立大学と短大の定員増と，2019 年度の大学設置を認可しないことを正式に告示した（日本経済新聞 2017 年 9 月 29 日）。

41) 日本経済新聞 2019 年 5 月 15 日。その後，泉佐野市は総務省がふるさと納税新制度への参加を認めなかったことを不当として，同年 6 月 10 日，国地方係争処理委員会へ審査申出を行った。同年 9 月 2 日，国地方係争処理委員会は「除外決定の再検討」を勧告している。日本経済新聞 2019 年 9 月 3 日参照。

参考文献

伊藤修一郎（2009）「首長の戦略・マニフェストと総合計画」村松岐夫・稲継裕昭・（一財）日本都市センター編『分権改革は都市行政機構を変えたか』第一法規.

井原久光（2015）「創発型戦略と学習型戦略」『2015.7・8 経営センサー』東レ経営研究所，p.21-26.

牛山久仁彦（2015）「長期ビジョン策定の意義と役割」『アカデミア』（公財）全国市町村研修財団市町村職員中央研修所，vol.113，p.32-35.

大杉覚（2007）「住民と自治体―自治体経営への住民参加」『分野別自治制度及びその運用に関する説明資料 No.1』（一財）自治体国際化協会・政策研究大学院大学比較地方自治研究センター，p.1-25.

大杉覚（2010）「日本の自治体計画」『分野別自治制度及びその運用に関する説明資料 No.15』（一財）自治体国際化協会・政策研究大学院大学比較地方自治研究センター，p.1-18.

大塚敬（2017）「基本構想策定義務付け廃止から 5 年　自治体総合計画の最新動向」シンクタンクレポート 2017.5.12，三菱 UFJ リサーチ&コンサルティング.

（一財）国土計画協会（1966）『市町村計画策定方法研究報告』.

国土交通省国土政策研究会（2014）『「国土のグランドデザイン 2050」が描くこの国の未

来』大成出版社.
小松陽一・高井徹編（2009）『経営戦略の理論と実践』芙蓉書房出版.
佐藤竺編著・（公財）地方自治総合研究所監修（2002）『逐条解説地方自治法I』敬文堂.
自治体学会編（2009）『自治体計画の現在』第一法規.
（公財）東京市町村自治調査会（2013）『市町村の総合計画のマネジメントに関する調査報告書』.
西尾勝（1990）『行政学の基礎概念』東京大学出版会.
日本行政学会編（1972）『行政計画の理論と実際』勁草書房.
（公財）日本生産性本部自治体マネジメントセンター（2016）「基礎的自治体の総合計画に関する実態調査」調査結果報告書，p.1-25.
（公財）日本都市センター編（2002）『自治体と総合計画―現状と課題―』（財）日本都市センター.
（公財）日本都市センター編（2003）『自治体と計画行政―財政危機下の管理と参加―』（財）日本都市センター.
橋本行史編著（2015）『地方創生――地域活性化システム論』創成社.
橋本行史編著（2017）『地方創生――これから何をなすべきか』創成社.
松井望（2003）「総合計画制度の原型・変容・課題」『都市問題』（2003年10月号）東京市政調査会.
松井望（2009）「自治体総合計画制度の自由度と多様性」『自治体法務Facilitator』Vol.24, p.14-22.
吉田元基（2009）「ローカル・マニフェストを活用した行政運営について」政策研究大学院大学地域政策プログラム平成21年度ポロシー・プロポーザル.
Argyris, C. (1977), “Double Loop Learning in Organizations”, *HBR,* Sept-Oct.
Argyris, C. (1994), “Good Communication that Blocks Learning”, *HBR,* July-Aug（DIAMONDハーバード・ビジネス・レビュー編集部編訳『組織能力の経営論』（第3章，第5章所収），ダイヤモンド社，2007年）.
Barney, J. (2002), *Gaining and Sustaining Competitive Advantage,* Prentice Hall（岡田正大（訳）『企業戦略論』上中下，ダイヤモンド社，2003年）.
Mintzberg, H. (1987), “Crafting strategy”, *HBR,* July-August.
Mintzberg, H. (1994), “The Fall and Rise of Strategic Planning”, *HBR,* Jan.-Feb.
Mintsberg, H., B. Ahlstrand and J. Lampel (1998), *Strategy Safari,* The Free Press, NY（齋藤嘉則監訳，木村充・奥澤朋美・山口あけも訳『戦略サファリ』東洋経済新報社，1999年）.
Porter, M. (1996), “What is Strategy”, *HBR,* Nov.-Dec.61-78（竹内弘高訳『競争戦略論Ⅰ』ダイヤモンド社，1999年）.
Senge, P. (1992), *The Fifth Discipline: the Art and Practice of the Learning Organization,* Random House Business（守部信之訳『最強組織の法則―新時代のチームワークとは何か』徳間書店，1995年）.

第 2 章　グローバリゼーションと地方活性化

1．はじめに

日本では，少子高齢化と産業構造の変化に伴い，経済成長と経済規模の拡大という時代からポスト経済成長・経済規模縮小の時代へと，パラダイム・シフトが起こりつつある。そこでは，人口・出生率，財政・社会保障，都市と地域，環境，資源，雇用の維持，格差の解消，人間の幸福，健康の維持・増進などが大きな社会課題となっている。

本稿では，このような諸問題を考える際に，主に世界経済の動向変化に焦点をあてる。世界経済は，ここ 30 年ほどの間に大きく変化した。それを考える際に，重要なキーワードになってくるのが，「第 4 次産業革命」と「グローバリゼーション」である。本稿では，この 2 つに焦点をあてて，特に地方の活性化を考える。

「第 4 次産業革命」と「グローバリゼーション」についてはあとで詳しくふれることとして，ここで少子化，高齢化，人口減少などの問題，そして地域経済という分野について少し言及しておこう。

地方の人口減少，地方における住民の高齢化問題は，1950 年代の後半以降，日本の高度経済成長過程でくりかえし論じられてきた問題である。しかしそれは，日本の人口全体が増加している中での地方の人口減少，都市への人口の集中問題であった。また，それは，重化学工業化の進展に伴い，地方から都市部の工業地域および工業地域周辺への人口移動がもたらした経済社会問題であった。すなわち，マクロ的には人口増加が生じている中での，地域間格差の拡大という問題でもあった。この問題に対する対策は比較的わかりやすく，地方への補助金配分を重点化することでインフラストラクチュアを整備し，工業団地を造成することなどによって「新しい」製造業を誘致することなどが，対策の中心を占めていた。ただし，これらの政策が必ずしもすべて成功裏に終わったわけではなかったことも，またよく知られている。さらに，伝統的な地域共同体を崩壊させたこともまたよく知られている[1)]。

こうした地域発展政策が立案されていた前提条件は，世界全体で工業化が進行し，貿易が活発化しているということであった。工業化が国内で継続して進めば，しかも段階的により高付加価値の「新しい」工業製品を生産するように産業が発展し，国内の産業構造の高度化や転換が円滑に進行すれば，都市部から地方へ経済的恩恵が行き渡るともみなされ，このような状況をもたらすことが，国の重要な政策の１つでもあった。

こうした地域政策は，第２次世界大戦後の日本で見られただけでなく，世界的には「古い」製造業をかかえる地域経済の振興策としてしばしば見られた。例えば，1930年代以降のイギリスにおいても，工業の適正配置の達成および地域的失業問題の解決のために，地方での工業団地設立が始まっていた[2)]。また地域の企業を救済するために中央銀行が低利融資を行うこともあった。繁栄から衰退へと変わりつつある産業を抱える地域に対して，中央政府・中央銀行が対策を取ることは，広義の意味で保護主義であり，積極的な政策をして実行されれば，比較劣位産業から比較優位産業への生産要素のシフトを促進するということにもなる。

ここで，近年の日本経済における地方活性化を考える上での視点について考えるために，地域経済学という分野について若干，言及しておこう。

地域経済学は，日本では1930年代以降に発達してきた学問であり，1970年代以降に発達してきた都市経済学と対象や方法が少し異なっている。地域経済学では地域の経済分析を行うが，全体を設定して初めて分析対象としての地域が設定されるから，全体としての考察対象が日本であれば都道府県あるいは市町村の経済が分析の対象になり，全体としてヨーロッパ各国の経済を考察するときはヨーロッパの各国の経済が地域経済学の対象になる。

世界各国の経済分析は国際経済学という分野でも行われるから，通常，地域経済学では，一国内の地域および地域間相互の関係を分析対象とすることが多い。地域経済学の分析課題は，地域の所得決定，地域の経済成長，地域間格差問題，地域産業の発展などであり，国際経済学で使用される理論やツールを利用することも多い。

新しく発展してきた都市経済学は，都市という単位から，都市の発展および都市構造の形成過程を，理論的な分析によって考察している。都市は，大量の人口が集中し経済活動も集積している。都市は，1970 年代に衰退傾向を見せていたが，近年，再度，人口集中，産業集積が進んでいる。

さて都市が経済的に成立するためには，周辺に食料・原料の供給地が存在することが必要であるが，生産方法の変化，輸送手段の革新などにより，供給地は周辺だけでなく，全世界に拡大している。空間の広がりと移動の時間と費用の問題における劇的変化が，都市と周辺のあり方を大きく変えてきている。その意味では，空間を考慮した経済分析（空間経済学）や経済地理学などによって都市は分析されてきている。

本稿でも，これらの理論的枠組みを念頭に置きながら，日本経済における地方創生問題を考察していきたい。特に，21 世紀に入ってから「第 4 次産業革命」と表現されている変革や，1990 年代以降の「新しい」グローバリゼーションの特徴を確認して，それらが地域経済にどのような影響をもたらすかを検討する。世界経済全体の条件変化，それによって，地方創生は，従来のような工業化依存型の発展では必ずしもうまくいかない可能性を示唆する。

2．第 4 次産業革命とそのインパクト —革新的技術導入による人類の発展ステージ

（1）第 4 次産業革命とは何か

第 4 次産業革命という言葉が，近年広く知られるようになってきている。詳細は後述するが，情報通信技術（ICT：Information and Communication Technology）の発展に伴うクラウド・サービスの進展，人工知能（AI：Artificial Intelligence）

やモノのインターネット（IoT：Internet of Things）などを活用したロボティクス技術の進歩などといった一連の技術革新をさしている。

初めに，第４次産業革命の概要とその歴史的背景を解説しておこう。通常，革命という言葉は突然で急激な社会経済構造の変化が起きた時のことを意味している。歴史上，革命は何度も起きているが，いずれも新しいテクノロジーや新しい世界の認識が引き金になり，経済システムや社会構造が根底から変化したときに生じている。われわれの生活様式が根底より変革したと考えられる時期は，これまで３回あったと考えられる。

わたしたちの生活様式が根底から転換した第１回目は，約１万年前に起きた狩猟生活から農耕生活への移行によってである。野生動物を家畜することによって可能になり，生産，輸送，通信のために家畜と人間の力が結びついて，農業生産を行う上で大きな変革が起こった。農業生産における変革は食料生産量の増加をもたらし，それは人口増加に拍車をかけ，より多くの人間の定住が可能になったのである。その後，人口の定住状態は緩やかに拡大し，都市を形成し都市化につながり，都市が繁栄することになった。農業生産力は上昇し，それとともに交易も拡大し，人間の消費生活は上下動を繰り返しながらも，より豊かになっていった。

（２）「第１次産業革命」から「第２次産業革命」へ

第２回目の革命は，このような農業革命に続く産業革命（「第１次産業革命」）であった。これは18世紀後半から19世紀にかけてイギリスで始まり，ヨーロッパ，そして世界全体へと波及した。第１次産業革命の特徴は，工業における機械の使用であり，産業の中心が農業から工業に移行したことであったが，人間や家畜が動力として利用されていた段階から，蒸気機関などの機械類が動力として利用されるという動力革命とも連動していた。蒸気機関の発明（エネルギー源は石炭）と鉄道の敷設により拍車がかかった「第１次産業革命」（1760年代～1840年代）は，まさに工業の機械化を促進した。

続く19世紀終わりから20世紀初めにかけて，「第２次産業革命」が起こった。エネルギー資源は石炭から石油に移行し，電力が動力として使用され，また流れ作業が登場し，大量生産が可能になった。この時期には，特に貿易に関連する交通，運輸，通信分野においてさまざまな整備や技術革新がなされた。例えば，スエズ運河が1869年に開通しロンドン・ボンベイ間は従来に比べて輸送時間が約40％短縮され，大量輸送を可能にする蒸気船の登場によって急激な運賃の低落が実現した。

こうした交通・運輸手段の改善の背景には，鉄道・造船に鉄鋼の使用を可能にする大量製鋼の実現，アルゼンチンからの食肉の移動を可能にする冷蔵冷凍技術の発展といった技術革新が存在している。さらに，電気通信網の発達により世界的な商品市場が成立し，地域ごとの商品相場の格差が縮小し，商品取引の安定性がより保証された。1871年にロンドン・上海間，長崎経由でウラジオストック・上海・香港・シンガポール間に電信が開通し，1901年にマルコーニが大西洋横断の無線通信に成功している。世界的通信網の整備である。19世紀末から20世紀初めにかけて，生産と消費の世界的な結びつきを可能にする諸手段の開発と情報のネットワークの国際的拡張が，工業生産力の拡大と相互に関連してなされたのである[3)]。

（3）「第3次産業革命」

さらに，1960年代～1990年代にかけて，電子工学や情報技術を用いて，コンピューターによる機械の自動化（オートメーション化），「第3次産業革命」が進行する。1960年代にはメインフレームコンピューターの開発がなされ，1970年代～1980年代はパーソナルコンピューターのダウンサイジングが進行していたところに，1990年代はソ連の消滅に象徴される社会主義体制の崩壊，冷戦体制の終結によって，アメリカの軍事技術であったGPS，画像処理，情報通信技術が民間に開放され，一気に情報通信技術の革新が社会に広がり，社会経済構造が変化する。このため，第3次産業革命はデジタル革命などとも言われる。

これにより，停滞傾向にあったアメリカ産業が復活し，Microsoft，Apple，Google，Facebookといった企業に代表されるようなIT企業が勃興し，製造業や流通業などにもITが導入されるようになり，世界は急速にデジタル化していった。

ただし，「第３次産業革命」は，産業革命の第三段階を表現するために用いられるとされながらも，先立つ産業革命，第２次産業革命とは異なり，必ずしも統一的な見解が得られているわけではない。ジェレミー・リフキン（田沢恭子訳）『第三次産業革命―原発後の次代へ，経済・政治・教育をどう変えていくか』，2012年（英語版原著は2011年出版）が「第３次産業革命」という名前を冠した書籍として最も有名な１つであるが，そこでは，通信コミュニケーション技術とエネルギー技術が融合して，新たな時代を切り開く力となっていくという分散型の自然エネルギーとネット社会が結ばれた地球規模の展開を考察する点に力点が置かれている。これに対して，「第３次産業革命」以前までは，人間が機械を調整していたのに対し，「第４次産業革命」では人間の代わりにAI（人工知能）が機械を自動制御するというように，コンピューター技術の革新に力点を置く見方もある。

このように「第３次産業革命」の位置づけは必ずしも統一的でもなく，また今世紀初めから始まったと考えられる，「第４次産業革命」と呼ばれる状況を第３次産業革命の一部に過ぎないと考える論者もいる。

（４）「第４次産業革命」の概要

ここでは，クラウス・シュワブ（世界経済フォーラム訳）『第四次産業革命』（日本経済新聞社，2016年）により，「第４次産業革命」の内容を紹介しよう。それによれば，

「現在起きている変化は，その規模，スピード，範囲のいずれからみても歴史的なもの」[4)] である。これまでの産業革命とは逆に，第４次産業革命は，線形ではなく指数関数的ペースで進展しており，仕事の「対象」と「方法」を変えるだけでなく，私たち自身が「誰」なのかも変え，国や企業，産業，社会全体の全部のシステムを転換させることになる[5)]。

コンピューターのハードウェア，ソフトウェア，ネットワークを中核とするデジタルテクノロジーは，すでに第３次産業革命でも大きく発展したが，現在のそれはより高度化され，統合されたものになり，社会やグローバル経済を変

化させている。これは，MIT（マサチューセッツ工科大学）の教授，エリック・ブリニョルフソンとアンドリュー・マカフィーが，『ザ・セカンド・マシン・エイジ』（原著は2014年刊行，翻訳は2015年）で描いた世界で，彼らの前著『機械との競争』（原著は2012年刊行，翻訳は2013年）に続く，全米ベストセラーである。これによれば，18世紀後半に蒸気機関の発明による「ファースト・マシン・エイジ」が始まったが，いま，コンピューターを中心とした「セカンド・マシン・エイジ」に突入し，現在の世界は，自動化と「これまで存在していなかったモノ」も作れるようになって，デジタル技術の影響が「最大限」に現れる「変曲点」に立っているとされる[6)]。AIの急速な進歩によるデジタル・イノベーションは，グーグルの自動運転車やチェスで人間のチャンピオンを圧倒する人工頭脳ワトソンなどに象徴される。人類は蒸気機関によってもたらされたと同様の，それまでとグラフの向きが変わり始める点である「変曲点」にさしかかった。

ドイツでは，「インダストリー4.0」に関する議論が展開されている。これは，2011年のハノーバー・メッセで，インダストリー4.0がグローバルなバリューチェーン構築にどのような大変革をもたらすかを説明するために造られた言葉である。インダストリー4.0は，「スマートファクトリー」によって，仮想的な生産システムと現実の生産システムとが，グローバルかつ臨機応変に協力する世界を構築でき，製品の完全なカスタマイズ化と新たな経営モデルの創出が可能になるという。しかし，「第4次産業革命」は，相互に結びつけられたスマートな機械やシステムに限定されるだけでなく，範囲は広く，根底的な変革につながる。イノベーションの開発と普及のスピードはこれまで以上に速く，規模に関する収穫も信じがたいものになっている。例えば，Statistaのデータによると2007年に発売が開始されたiPhoneの累計販売台数は2011年に1億台に達し，2012年に2億台，2014年に5億台，2016年に10億台となっていた。10年間で12億台という数字は1日平均では，32万8,767台のiPhoneが売れていたことになる[7)]。

(5)「第4次産業革命」の3つの領域

「第4次産業革命」では，テクノロジーが融合して，次の3つの領域，(1)

物理的，(2) デジタル，(3) 生物学的な各領域で相互作用が生じている。この3つの領域における革命的なテクノロジー進歩は，大きなトレンドとなっている。

まず物理的な側面は，4つの分野に区分される。①自動運転車，②3Dプリンタ，③先進ロボット工学，④新素材の4つである。乗用車にかぎらず，ドローン，飛行機，船などでも自動運転化は実現しており，センサーとAIのようなテクノロジーの進歩とともに，自動運転技術の性能は急速に向上している。3Dプリンタは，デジタルデータという「鋳型」を使って，液状の素材を三次元の造形物にしていく。このテクノロジーは，大型のもの（風力タービン）から小型のもの（医療用インプラント）まで幅広い用途に用いられる。今後，回路基板のような集積電子部品の他に，人間の細胞や臓器も作れるようになるだろう。

さらに，かつてのロボット利用は，自動車などの特定産業の厳格に管理された作業に限定されていたが，センサーの進歩はロボットに環境変化を理解させ，適応力を高めた。しかも，以前は1台ごとに制御が必要であったが，現在の先進ロボット工学では，クラウドからリモートで情報にアクセスし，他のロボットのネットワークにも接続できる。また数年前には想像もできなかったような特性を持つ新素材が市場に登場している。軽くて強く，再生利用可能で，適応力がある。自己修復力や自己洗浄力のあるスマート素材や，形状記憶合金，圧力を電気に変えるセラミックや水晶などである[8)]。

デジタルなメガトレンドは，IoTである。モノやコト（製品，サービス，場所など）と人間を結びつける技術であり，さまざまなプラットフォームと関連技術により可能になった。最も普及している例は，遠隔監視である。小包，容器，パレットなどにセンサー，送信機，無線自動識別タグを取りつければ，企業はサプライチェーン上の動きを追跡可能になり，稼働状況や利用状況を把握でき，顧客は小包や書類の配送状況をリアルタイムで追跡できる。さらにブロックチェーン（分散型台帳）は，コンピューターのネットワークが集合的に取引を検証してから，その取引を記録し，承認を得ることができる安全なプロトコルであり，それはビットコインという仮想通貨によって広く知られるようになった。今後，この技術は，金融取引だけでなく，出生・死亡証明書，所有権登記，学位，診療など，コード表示できるあらゆる取引の記録技術として応用できる。

生物学分野（特に遺伝学）のイノベーションは驚異的で，遺伝子配列分析の低コスト化が進み，遺伝子情報の編集などでも進展している。合成生物学の進展もいちじるしいから，DNA を書き換えて臓器をカスタマイズすることも可能になる。これは，当然，倫理的な問題を生じることになる。先に述べた 3D プリンタとゲノム編集が組み合わされれば，バイオプリンティングという技術によって，組織の修復と再生が可能になり，3D プリンタで作成した移植用の臓器が使用される可能性がある。さらに，人間の活動レベルと血液化学が自宅や職場での幸福感や心の健康，生産性とどのように関連しているかを測定する装置を埋め込んだり，使用したりする研究も進んでおり，人間の脳の機能について研究も進んでいる[9)]。

（6）「第 4 次産業革命」と世界

すでに述べたように，モノづくりの大国として知られるドイツでは，「インダストリー 4.0」と呼ばれる巨大な製造業を革新するプロジェクトが，政府主導により，産官学共同の体制で本格的に開始されている。日本でも，Society5.0 に向けた未来投資戦略の中心に，第 4 次産業革命が掲げられ，内閣府の『日本経済 2016-2017―好循環の拡大に向けた展望』「第 4 次産業革命のインパクト」では，この新たな産業革命の概要や展望について詳細な検討がなされている。

さまざまなモノがネットワークにつながり，自動的にリアルタイムで情報をやりとりする仕組みである IoT が生まれ，そこで収集した「ビッグデータ」を解析する AI が発展するに従って，これまでの産業・経済・社会のあり方は大きく変わることが予想される。これは，新たな産業と雇用の創出という側面と，従来型雇用の喪失につながる懸念という側面が両立しており，予測については，『雇用の未来』，前出の『機械との競争』などの書籍が有名である。

第 4 次産業革命の進展は，何よりも国際経済に強くあらわれる。インターネットなど ICT 技術の発展は，貿易・投資・金融などを軸にした国際産業ネットワークの深化，発展を加速させ，地域経済協定・自由貿易協定にも強い影響を与えると考えられる。また，世界の「タイムゾーン」の相違を利用した取引は，貿易にも影響を与えることが予想される。さらに，進化した技術やサービスが，単純労働だけでなく，熟練・知識労働を代替することも十分に考えられる。熟練労働・知識労働さえもアウトソーシングの対象になる場合，世界各国の雇用はどのような影響を受けるのか。次にそのことを検討しよう。

3．「新しい」グローバリゼーション

(１)「新しい」グローバリゼーションとは何か

「新しい」グローバリゼーションは，リチャード・ボールドウィン（遠藤真美訳）『世界経済　大いなる収斂』によれば，以下に指摘されるようないくつかの特徴がある。

グローバル経済は，1990年前後に一変した。先進国経済（G7諸国経済）のシェアが急激に低下し，一握りの新興国経済諸国のシェアが急上昇している。それにより，産業革命以降，世界の富と知識の分布は「大いなる分岐」があり，格差が拡大していたけれども，現在はそれが「大いなる収斂」になっているというのである。

このような世界経済の変化を，長期の歴史からながめる上では，モノ，カネ，ヒト，アイデアの移動コストは距離であると考えることが有益となる。つまり，大きくは３つの時期に分けて考えることができる。①グローバリゼーション以前の世界，②第１のグローバリゼーションの時期（産業革命開始以降の世界），③第２のグローバリゼーションの時期（1990年代以降）である。第２のグローバリゼーションの時期が，「新しい」グローバリゼーションの時期でもある。

「海上の輸送が風力，陸上の輸送が畜力によるものだった時代には，長い距離を運んで儲けが出る品物はほとんどなく，商品を輸送するのはごく短い距離に限られた。人々は土地に縛られていたので，いきおい消費地の近くで生産することになる。言い換えると，生産は強く消費と結びつけられていた。

この強固なバンドリング（結合）を段階的に解いていくのがグローバリゼーションだと考えることができる。しかし，結合を強いたのは輸送コストだけではなかった。重要な意味を持っていたのが，3つの距離のコストである。モノを移動させるコスト，アイデアを移動させるコスト，そして人を移動させるコストだ。この3つのコストが生産と消費の分離を阻む3つの制約を生んでいると考えると，グローバリゼーションを読み解けるようになる。

グローバリゼーションの性質は変化している。それを理解するには，この3つの「分離」コストをはっきり区別しておかなければいけない。これが本書の核となる主張の1つだ。19世紀初め以降，モノ，アイデア，ヒトを移動させるコストがすべて下がったが，一度にそうなったわけではない。最初に輸送コストが急激に下がり，それから1世紀半後に通信コストが劇的に下がった。対面でやりとりするコストは今でさえ，非常に高い。」10)

グローバリゼーション以前の時代では，距離の制約によって，世界経済は村レベルの経済を寄せ集めたものにすぎなかった。ところが，輸送技術の変化は産業革命を育み，産業革命が育んだプロセスの中で，輸送技術が向上した。これによって遠隔地貿易が盛んになり，生産と消費の地域的分離は進んだ。第2のグローバリゼーションは，1990年頃に急加速した。ICT革命が起きて，アイデアを移動させるコストが急激に下がった。通信環境が飛躍的に進化して，複雑な活動を遠隔地でも調整できるようになった。これによって，工場の海外移転が加速度的に進んだ。海外に移転された生産工程と国内に残された工程をシームレスでつなぎ合わせるために，マーケティング，経営管理，技術のノウハウも海外に移転された。これはバリューチェーン革命と呼ばれることもある。

しかし注意しなければならないことは，ノウハウを持っているのは，G7（フランス，アメリカ，イギリス，ドイツ，日本，イタリア，カナダの7つの先進国）の企業であるということである。そして，国際生産ネットワーク間では生産施設間をマネージャーや技術者が頻繁に移動する必要があるし，ヒトの移動するときの時間コストは上昇し続けている。というのも，航空運賃は低下傾向にあるが，

図表２－１　グローバリゼーション『三段階制約』論の構図

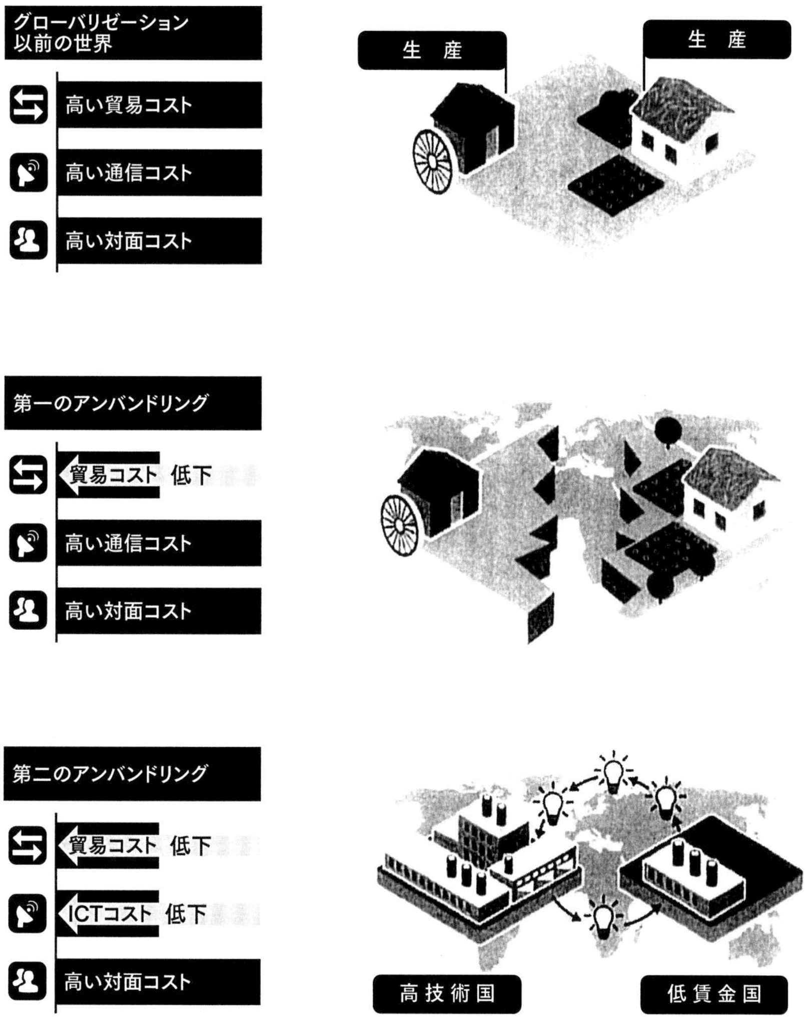

(注) 第一のアンバンドリングは，古いグローバリゼーション，第二のアンバンドリングは「新しい」グローバリゼーションである。
出所：リチャード・ボールドウィン（遠藤真美訳）(2018)『世界経済　大いなる収斂―ITがもたらす新次元のグローバリゼーション』日本経済新聞社，p.23.

マネージャーや技術者の給与は上がっているからである。そのために，生産は少数の拠点に集積している。生産拠点は，工業大国であるG7，中でもドイツ，日本，アメリカの近くにあることが多い。

この先に対面コストが劇的に下がると，「新しい」グローバリゼーションの時期から，「さらに新しい」グローバリゼーションの時期へと移り変わることになる。それは，「テレプレゼンス」と「テレロボティクス」の２つの技術が低コストで運用できるようになれば，今後数十年間にグローバリゼーションの性質が劇的に変化する可能性がある。現在は，その場に物理的に存在していなければできないサービスが，遠隔地にいても提供できる可能性が生まれるのである。労働サービスが，労働者から物理的に切り離される可能性が高いというのである[11)]。

（2）「新しい」グローバリゼーションの特徴

古いグローバリゼーションでは，セクター・レベルで国の特化が進み，貿易コストの低下から，経済のセクター全体とそこで働く労働者全体が恩恵を受け取るか，あるいは不利益を被るかという傾向があった。「新しい」グローバリゼーションは，セクター・レベルにとどまらず，生産工程や職種にも及び，グローバリゼーションの影響を測定することが難しくなっている。つまり，以前は，セクター・レベルで勝者と敗者が明確で，政策的対応もとりやすかったが，現在進行中のグローバリゼーションでは，同一セクター内でも，勝者と敗者は存在し，しかもその変化は予想しにくくなっている。

ICT（情報通信技術）の変化は速く，以前のグローバリゼーションを進行させる動力になった関税引き下げや輸送技術の向上が効果を発揮するのに何年もかかったことに比べると，「新しい」グローバリゼーションのスピードは圧倒的に速い。

また，以前のグローバリゼーションでは，国が比較優位の源泉を活かしてきたが，「新しい」グローバリゼーションでは，国の比較優位の源泉を組み替えることで，企業が自社の競争力を大幅に強化できるようになっている。

さらに，技術がそれぞれの国に特有のものであったときは，国の間の賃金格差は，国同士の技術力の差を反映して調整されたが，現在では，ドイツの技術の進歩から利益を受け取るのはドイツの労働者だけではなく，ドイツ企業が進歩したこの技術を例えばポーランドの労働力を組み合わせれば，大きなメリットを引き出せる。

グローバリゼーションは，主にモノが国境を越えて行き交うことだと考えられてきたが，このために，市場と市場の距離が２倍になると，貿易コストもほぼ２倍になるとされる。しかし，「新しい」グローバリゼーションでは，アイデアの移動コストはほぼゼロになるのに対して，人の移動コストは距離によって大きく異なり，産業の中心地との距離が重要なポイントになる。

経済政策は，しばしば，競争力が国のものであるという考えに基づいていて，先進国では労働者の能力開発政策や研究開発促進のための減税政策などが実施されてきた。発展途上国でも，関税の水準（国内産業保護の水準）から開発戦略（バリューチェーンの上流への進出）まで，先進国と同様の前提に立ってきた。しかし，「新しい」グローバリゼーションの時代では，競争の優位性が無国籍化したために，発展途上国の選択肢が変わった。国際生産の取り決めに加わって，競争力を身につけ，その後，国際バリューチェーンの中で得られる良い仕事を増やすことで工業化を進めている。競争力の高い企業は，国の競争優位を組み合わせて，コスト効率が一番高い立地でモノをつくる。一言で言えば，グローバリゼーションの性質が変わり，先進国の単純な国家主導型の産業政策に終止符が打たれ，古いタイプの開発政策も，過去のものになった[12)]。

（３）「新しい」グローバリゼーションの理論的基礎

①　リカードの比較優位論

以前のグローバリゼーション，「新しい」グローバリゼーションをいずれも説明するために，さまざまな理論装置が考えられてきた。まず以前のグローバリゼーションを説明する経済学の理論として，リカードの「比較生産費（比較優位）」の理論を取り上げよう。それは，自由な貿易を行うことによって，貿易を行う両国が相対的に生産において優位性を持っている財やサービスの生産の輸出に専門化すれば，両国とも生産量，消費量を拡大することができるという考え方である。資源の利用効率が貿易を行う両国間で高まり，相互に利益が生まれるとされている。これはしばしば静態的な利益と呼ばれているが，国がうまく政策を運用できれば，静態的利益は，いわゆる「動態的」利益（時間をかけてあらわれてくる追加的な利益）によって増幅される[13]。

時間の経過とともに貿易の利益を増加させる重要な源泉は，生産規模の拡大であり，これは生産の平均コストを押し下げる方向に作用する。グローバル化が進んでいる現代においても，市場の規模はとても大きな意味を持っている。国内市場においては，消費者の嗜好，政府による各種の規制，流通の制度など，あらゆることに熟知した支配的な企業も，海外市場では弱小な位置に甘んじていることがある。この状況はしばしば見られ，市場の細分化と呼ばれる。

市場が細分化されると，競争が減少し，価格は上昇し，企業は過当競争状態に陥る。結果的に，市場が小さい国は，規模が小さすぎて国際競争力を持たない企業であふれかえることになる。このような状態で貿易が自由化されると，状態が変化することが多い。

貿易が開始され，外国企業が参入して競争が促進されると，国内企業は合併して規模を拡大し，コスト削減をはかる。効率性の低い企業は淘汰されるか，規模が大きく効率性の高い企業に吸収されるようになる。統合後の企業は市場シェアが大きくなり，規模の経済を拡大させることができるのである。事物がうまく推移すれば，効率性が改善され，産業構造が効率化されることになる[14]。

②　新しい経済地理学（空間経済学）

新しい経済地理学（空間経済学）の目的は，Fujita and Krugman（2004）によれば，地理的空間に経済的集積（集中）がどのように形成されるかを明らかにすることである。集積には多様なレベルがある。近隣の商店街の形成，都市形成，世界経済における中心と周辺などである。

伝統的な貿易モデルは比較優位モデルとして知られており，生産技術の差異，生産要素の存在量の相違によって比較優位が生まれてくることがすでに共通の認識である。前者はリカードウ，後者はヘクシャー＝オリーンが始祖とされ，産業間貿易を説明する原理でもある。この比較優位モデルでは距離や郵送費はモデルの中に登場しない。

現実の世界の中で1970年代以降，産業間貿易よりも産業内貿易が拡大してきた事実は，次のように理論的に説明される。一定の所得がある層は商品の多様性を好み，「差別化」された商品を選好する。他方，非常に多くの企業は「収穫逓増」型の技術（「規模の経済」が働く）によって「差別化」された製品を生産するので，独占的競争市場が形成されることになる。「輸送費」や関税が低下するグローバル化が進んだ世界は，独占的競争市場を拡大するから，産業内貿易は増加する。

さて，収穫逓増（規模の経済）と輸送費があると，多くの企業は需要規模の大きい地域に立地しようとするであろう。つまりある地域への企業の集積が起こ

図表２－２　空間経済学の基本的な考え方

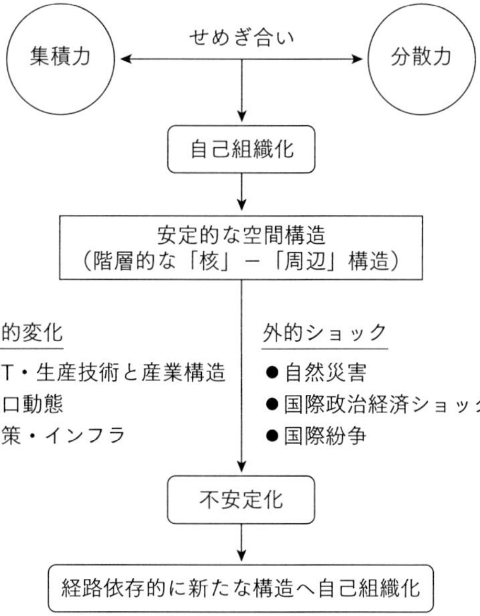

出所：藤田昌久・浜口伸明・亀山嘉大（2018）『復興の空間経済学―人口減少時代の地域再生』日本経済新聞社，p.41.

る。労働の移動が自由であれば，需要自体も移動することになるから，企業の集積はさらに加速することが予測される。このような企業集積，産業集積は，日本の東海道メガロポリス，アメリカの北東部の製造業ベルト，ヨーロッパのブルーバナナなど広範に見られる。それがどこにできるかは，歴史的な偶然の積み重ねであり，理論的には複数均衡プロセスとして知られている。歴史的な偶然性，複数均衡またロックインした人口集積は，経路依存性を持つことになる。空間経済学の基本的な考え方は，図表２－２のようになる。

（４）グローバリゼーションの未来

さて，グローバリゼーションの未来は，どのようになっているのであろうか。グローバリゼーションの制約は，リチャード・ボールドウィンによれば，3つのコストが土台になっている。モノ，アイデア，人の移動費用である[15)]。

19世紀以降，グローバリゼーションが始まってから，この3つのコストは技術進歩によって下がってきた。ところが，政治の力学により，コスト減少が妨げられることもあった。これは，2018～2019年のトランプ大統領の保護主義政策による米中間貿易摩擦を思い起こせばわかりやすいかもしれない。

政治の力学による技術進歩による経済コストの低減阻害要因を除けば，アイデアの移動コストは間違いなく低くなっている。さらにモノの移動コストは，原油価格が強い影響を与えるが，原油価格の高騰は他の原油採掘手段の開発を促し，他のエネルギー利用を促進するから，必ずしも決定的とは言えない。原油価格の低下が，グローバリゼーションの追い風になるのは間違いないけれども。

そのように考えると，キーになるのは，人の移動コストである。これは，情報通信技術の発展とそれを利用する費用の低価格化により，バーチャルプレゼンス革命とテレロボティクス革命により，克服される可能性が高い。バーチャルプレゼンス革命は，人間のヴァーチャルな分身が会議の場に出席するということであり，究極のスカイプが実現されると考えて良い。ホログラフィックなテレプレゼンスが実現すれば，ヒトの移動は不要になり，ヒトの移動コストは不要になる。またテレロボティクス技術が発展，低価格化すれば，機械を遠隔地から操作することが可能になり，これもまたヒトの移動を不要にする。現在では，音声の自動翻訳も進んでいることから，このようなヒトの移動コストを削減する技術革新は，あながち夢物語とも言えないであろう。つぎのグローバリゼーションは，テレプレゼンスとテレロボティクスが原動力になる可能性がある[16)]。

４．むすび―新しい次元の地方活性化

（１）「都市集中シナリオ」と「地方分散シナリオ」

2017年9月に，京都大学と日立製作所が，AIを利用して地域の持続可能性を維持するためのシナリオを発表した。社会要因についての因果関係モデルを構築した後，AIを用いたシミュレーションによって，2018年から2052年までの35年間で約2万通りの未来シナリオ予測を行ったところ，代表的なシナリオは23個のグループに分類できたという。例えば，出生率は低い，財政や社会保障はよい，都市に人口が集中しているシナリオなどである。

23個のシナリオは，大きくは「都市集中型」と「地方分散型」のシナリオで，傾向が二分された。「都市集中シナリオ」では，主に都市の企業が主導する技術革新によって，人口の都市への一極集中が進行し，地方は衰退する。出生率の低下と格差の拡大がさらに進行し，個人の健康寿命や幸福感は低下する一方で，政府支出の都市への集中によって政府の財政は持ち直す。

「地方分散シナリオ」では，地方へ人口分散が起こり，出生率が持ち直して格差が縮小し，個人の健康寿命や幸福感も増大する。ただし，地方分散シナリオは，政府の財政あるいは環境（CO_2排出量など）を悪化させる可能性を含むため，このシナリオを持続可能なものとするには，細心の政策コントロールが必要となる。

この２つのシナリオは，2026年～2028年に分岐し，以降は両シナリオがふたたび交わることはないことが明らかになっている。望ましいとされる「地方分散シナリオ」への分岐を実現するには，労働生産性から資源生産性への転換を促す環境課税，地域経済を促す再生可能エネルギーの活性化，まちづくりの

ための地域公共交通機関の充実，地域コミュニティを支える文化や倫理の伝承，住民・地域社会の資産形成を促す社会保障などの政策が有効である。

「地方分散シナリオ」は，「都市集中シナリオ」に比べると相対的に持続可能性に優れているが，地域内の経済循環が十分に機能しないと財政あるいは環境が極度に悪化し，分岐の後に，やがて持続不能となる可能性がある。これらの持続不能シナリオへの分岐は2035～2038年までに発生する。持続可能シナリオへ誘導するには，地方税収，地域内エネルギー自給率，地方雇用などについて経済循環を高める政策を継続的に実行する必要がある[17)]。

（2）経路依存性と政策

ここで強調されていることは，持続可能シナリオへ誘導するには，種々の経済循環を高める政策を継続的に実行するということである。政策によって，発展経路が変化することは，「複雑系」や「進化経済学」における経路依存性によってよく知られている。

経路依存性は，もともと経済の動態的発展を考察する際に（例えば技術の適応プロセスと産業の発展過程を考察する場合），経済学者が新たに開発した概念である。初期条件や一時的な出来事にかかわらず，1つの結果だけが可能性としてもたらされると考える「正統派」経済学（いわゆる新古典派経済学）の思想とは大きく異なり，経済プロセスが一定の事前決定された単一の均衡に向かって着実に進まない多くのモデルや経験的ケースの存在を意識して，達成される均衡の性質は，部分的にそこに到達するプロセスに依存すると考えた。したがって，経路依存プロセスの結果は，しばしば固有の均衡状態に向かって収束することはないが，代わりにいくつかの均衡の1つに到達すると考えられる。

経路依存性があると，「スタートの地点」，「偶然」の出来事，そしてプロセスの途中の「政策」が，最終的な結果に対して大きな影響を持つことになる。この例としてよく使われるのが，キーボードの配列である。タイプライター時代に機械的な理由から作られたQWERTYキーボード配列が，最初にキーボード市場に現れた「標準」であったがゆえに，コンピュータの時代でもなお使われている。

また，経済でのネットワーク効果も経路依存性として知られている。ある産業・ビジネスが発展する以前には，特定の場所を他の場所よりも選好する理由は何もないかもしれないが，ひとたび地理的に集中してくるにつれて，他の場所にいるビジネスの参加者は情報収集，暗黙知の取得などで不利になるから，ハブ（中心部分）に移るようになり，結果的にその場所の相対的な効率性を増加させることになる。

（３）新しい次元での地方活性化

これまで述べたことからすると，地方の活性化をはかるためには，「第４次産業革命」と「グローバリゼーション」に象徴される，現在経済に適合する政策を，地域の住民，地方自治体，政府が一体になって形成し実現していくことであろう[18)]。

例えば，枝廣淳子『地元経済を創りなおす―分析・診断・対策』では，地域経済を「漏れバケツモデル」を使って分析している。地域経済の循環が，グローバル経済と関係して，域外に流れ出す資金が入ってくる資金よりも大きいことを称して，「漏れバケツ」と名づけている。工業化の世界的進行の下では，グローバル経済に接触する地域経済は，好むと好まざるに関わらず，この問題を抱えることになる。グローバリゼーションを否定しては，時代に逆行することになるから，現代日本において地域共同体を再興させるためには，地域住民，地方自治体が一体になって政策を立案して，地域経済循環を確保しながら，グローバリゼーションとつながる仕組み作りが必要ということになる。

このようなことは，クラウス・シュワブ『第４次産業革命』でも言及されている。

「「第４次産業革命」によって既存の政治的，経済的，社会的モデルが破壊され，分散化した権力体系に移行する。権限委譲された当事者が成功するためには，自らが分散化した権力体系の一部であると認識し，協調的な相互交流をする必要がある[19)]。」

つまり，第4次産業革命によって，経済，ビジネス，政府，国家，社会，個人などすべてのものが従来とは大きく変わることが予測され，政府機関と市民，企業と従業員，企業と株主，企業と顧客，超大国と小国なども，それぞれの関係を大きく変化させる。そこにおいて最も重要なことは，協調的な相互交流が必要であるという一点である。

すでに日本の国内においても，さまざまな政策が計画，立案，実施中である。例えば，自治体の国際化戦略例として，三重県におけるイノベーション創出，北九州市の商品開発・海外販路開拓，金沢市，山口市，和歌山市，鳥取市などが伝統，文化，観光をキーワードに交流人口を増加させようとしたり，あるいは佐賀県では積極的にロケ誘致に関わっている。それ以外にも，徳島県神山町においてIT企業の集積と地方活性化がはかられたり，「健康まちづくり」支援のために，地方自治体，企業，研究機関，大学などが共同でリビングラボという地域共創拠点形成を試みている。これらの多様なパートナーシップによる協調的相互交流が，地域の未来をより豊かなものにできる。

【注】

1） 宮本他（1990：310-323）.
2） 松原（2003：31）.
3） 奥（2012：8）.
4） シュワブ（2016：10）.
5） シュワブ（2016：11-12）.
6） シュワブ（2016：18）.
7） シュワブ（2016：19）および https://forbesjapan.com/articles/detail/16778. 2019年8月15日閲覧。
8） シュワブ（2016：29-33）.
9） シュワブ（2016：33-40）.
10） ボールドウィン（2018：15）.
11） ボールドウィン（2018：16-21）.
12） ボールドウィン（2018：24-29）.
13） 比較優位の初歩的説明，貿易論の理論的基礎については，奥他（2012），第1章を参照。
14） ボールドウィン（2018：230-231）.
15） ボールドウィン（2018：350）.
16） ボールドウィン（2018：349-371）.

17）2017年9月5日発表，国立大学法人京都大学・株式会社日立製作所『AIの活用により，持続可能な日本の未来に向けた政策を提言―国や自治体の戦略的な政策決定への活用をめざす―』（http://www.hitachi.co.jp/New/cnews/month/2017/09/0905.html）。

18）正統派経済学の地域経済学でも，地域経済にとって，地域内の資本・労働比率を改善するか，「技術進歩力」をどのように内生化するかが課題とされる。原（2003：34）.

19）シュワブ（2016：47）.

参考文献

枝廣淳子（2018）『地元経済を創りなおす―分析・診断・対策』岩波新書.

奥和義（2012）『日本貿易の発展と構造』関西大学出版部.

奥和義他（2012）『グローバル・エコノミー』第3版，有斐閣.

奥和義（2015）「グローバリゼーションと地域活性化―理論史的な観点から―」『関西大学商学論集』第60巻第1号，2015年6月.

クラウス・シュワブ（世界経済フォーラム訳）（2016）『第四次産業革命―ダボス会議が予測する未来』日本経済新聞社.

経済地理学会編（2018）『キーワードで読む経済地理学』原書房.

佐藤泰裕・田淵隆俊・山本和博（2011）『空間経済学』有斐閣.

ジェレミー・リフキン（田沢恭子訳）（2012）『第三次産業革命―原発後の次代へ，経済・政治・教育をどう変えていくか』インターシフト.

原勲（2003）『地域経済学の新展開』多賀出版.

藤田昌久・浜口伸明・亀山嘉大（2018）『復興の空間経済学―人口減少時代の地域再生』日本経済新聞社.

松原宏編（2003）『先進国経済の地域構造』東京大学出版会.

宮本憲一他編著（1990）『地域経済学』有斐閣.

リチャード・ボールドウィン（遠藤真美訳）（2018）『世界経済　大いなる収斂―ITがもたらす新次元のグローバリゼーション』日本経済新聞社.

Fujita, M., and P. Krugman（1995）, “When is the economy monocentric? von Th ̈ unen and Chamberlin unified”, *Regional Science and Urban Economics* 25.

Fujita, M., Krugman, P., and Anthony J. Venebles（1999）, *The Spatial Economy: Cities, Regions, and International Trade,* The MIT Press.（藤田昌久，ポール・クルーグマン，アンソニー・ベナブルズ（小出博之訳）『空間経済学―都市・地域・国際貿易の新しい分析』東洋経済新報社，2000年）

Fujita, M. and P. Krugman（2004）, “The new economic geography：Past, present and the future”, *Regional Science,* vol.83 － 1,（Jun., 2004）.

第 3 章　地方創生の政策規範論
—分配的正義から空間的正義へ—

1．はじめに

統一地方選を翌年に控えた平成 26（2014）年，自公安倍政権は新たな政策課題として「地方創生」を掲げた。同年秋の臨時国会は地方創生国会として位置づけられ，日本各地の人口減少が将来的に地方消滅にまでつながりうる危機的状況であるとの問題認識に基づき，地方の経済活性化や移住促進を盛り込んだ「まち・ひと・しごと創生法」が成立した。同時に，内閣府にはまち・ひと・しごと創生本部，地方創生担当の内閣府特命担当大臣が設置され，現在に至るまで政策実施を担当している。

地方創生という構想では，少子高齢化社会の加速化という全国的現象を踏まえ，まち・ひと・しごとの創生を中心とする地方活性化が各地域に委ねられる。しかしながら，実効性や公平性の観点から，その政策方針に対しては疑問も投げかけられている。例えば，財源が不安定な中で補助金依存につながるのではないかとか，低成長経済下における限られた資源の奪い合いにすぎないのではないかといった疑問である。問題の本質は，それが競争的財源を通じて地方自治体のあいだである種の選別を推し進めようとする点にある。

こうした論点を検証するにあたって，本章では現実・実態レベルの議論から一歩引いて，その中に明に暗に含まれている規範的論点に注目したい。すなわち，地方創生という取り組みはどのような政策規範に依拠しており，それはどのように評価されるのか。具体的には，政策規範論の中で有力な立場である功利主義，自由主義，平等主義のそれぞれの観点から，問題状況をあらためて分析し，地方創生の是非論の背後に控えている規範的次元を明確化することが本章の目的である。

２．規範的論点

地方創生論議の底流に控えているのは，「失われた20年」を経て，現在も出口の見えないわが国の経済成長の低迷，および石油危機以降の財政赤字体質である。地方に投入する財源が不足し，少子高齢化対策や都市計画，公共サービス，インフラ投資などに余力が回らなくなっている現状がある。それは，中央の財政を地方に還流するという戦後日本政治の枠組みが維持しえなくなったことを意味している。限られた資源をめぐり，都市部と地方部のあいだ，さらには地方部同士のあいだでせめぎ合いが生じているわけだ。本節では，地方創生の規範的分析に先立ち，問題の経緯とその要点を確認しておきたい[1)]。

（１）「国土の均衡ある発展」体制

戦後日本における中央地方関係の特徴は，1960年代の高度経済成長期に形づくられた。当時，仕事を求めた未就職者を中心に地方部から都市部に向けて大規模な人口移動が生じていた。同時にこれは，第一次産業の減少と第二次産業の伸張という地域間の経済格差としても現れてくる。昭和39（1964）年の東京オリンピックと東海道新幹線開業，昭和45（1970）年の大阪万博に象徴されるように，経済成長の果実は大都市圏の環境を一変させていった。池田勇人政権の「太平洋ベルト地帯構想」が示すように，当時の経済成長は概して日本全土のうち特定地域を優先するものだったのである。

相対的に経済成長の果実に乏しかった地方部に対しては，地方交付税交付金や国庫補助金といったさまざまな財政移転を通じてバランスがはかられていた[2)]。地方部の要求を支えたのが，連続当選と長期政権化のもとで，次第に中央の政治・行政に多大な影響力を持つようになった地方出身の自民党議員である。新潟県出身の田中角栄は，『日本列島改造論』（1972年）で都市・道路・鉄道計画を含む巨大な公共事業計画を打ち出した。昭和49（1974）年には，「国土を適正に利用することにより健康で文化的な生活環境の確保と国土の均衡ある発展を図り，豊かで住みよい地域社会の形成に寄与するため」，総理府に国土庁が設置された。

都市部と地方部のあいだの均衡という政治課題は，途中，石油危機による経済停滞を挟みながらも，地方に基盤を持つ自民党の長期政権が続くかぎり，手放されることはなかった。全国新幹線鉄道整備法（1970年）に基づき着工が目指された上越新幹線は，田中がロッキード事件で実刑判決を受ける前年の昭和57（1982）年に，赤字路線化が心配されながらも開業している。元田中派で島根県出身の竹下登が首相に就任すると，紐のつかない「ふるさと創生一億円事業」が実施されて地方財政に回された。その竹下政権もまたリクルート事件で倒れたことは，戦後日本政治を形づくってきたものの一端を象徴している。

（2）「国土の均衡ある発展」体制の後退

1990年代になると，バブル崩壊に伴う長期不況が日本を苦しめることになった。55年体制の崩壊と政権交代，経済のデフレ化，社会保障給付費の年々の増加，アジア通貨危機の発生など，複数の内的・外的要因が重なり，国の経済は停滞を続けた。歳入が減る一方で歳出が増えるワニの口状況が常態化し，財政規律が乱れる中で，赤字国債の発行は毎年増加の一途を辿った。この時期の歴代政権の主要課題が，いずれも増税による歳入増，あるいは小さな政府化による歳出減であったのも無理はない。

それを象徴するのが，「国土の均衡ある発展」体制の見直しを明言した小泉純一郎政権による一連の財政改革である[3)]。いわゆる三位一体改革では，財源移譲により国税の割合を減らして地方税の割合を増やし，地方部の自主財源を増やす一方で，依存財源である地方交付税交付金の見直し，国庫補助金の削減が進められた。しかしその結果，財源の地方移譲は3兆円に留まった一方，地方交付税交付金5.1兆円，国庫補助金4.7兆円が削減されたのである。三位一体の掛け声とは裏腹に，国の財政再建が優先され，地方部が一層疲弊するかたちとなった。

加えて，1990年代以降の一連の政治変革も，間接的に地方部の発言力低下を招いた。第一に，衆議院では小選挙区制の導入により，同一選挙区内の利益誘導競争がなくなる一方で，自民党が議席を失い，政権与党の代表から外れる地域も生じてきた。第二に，企業献金が制限される代わりに政党助成金が導入された結果，派閥が衰退し，首相権力が強化され，政治の中央集権化が進む。党執行部が主導する公認制の中で，地元とつながりを持たない落下傘候補も目立つようになった。さらに，このあいだ断続的に進められた議員定数削減も，地方の声を弱める一因となった。

（３）選択と集中

こうした状況の中，全国的な少子高齢化の進行と併せて，第２次安倍政権では，にわかに「地方消滅」の危機が叫ばれるようになってきた。具体的には，とりわけ若年層の地方部から都市部への人口流出が止まない中で，20 ～ 39 歳の女性人口が５割以下に減少し，消滅可能性を抱える自治体が全国に 900 近く（市町村全体の約半分）存在すると言われるようになった。その一方で，子育て環境に向かない都市部の暮らしは，一層の全国的な少子化の原因となっている。解決の鍵は，地方部において人口が踏みとどまるための防波堤として，地方中核都市に余力を注ぎこむことである。

政府の地方創生事業に大きな影響を与えた増田寛也『地方消滅』（2014 年）では，そのアイデアが〈選択と集中〉として明示的に打ち出されている。いわく，「地方における当面の人口減少は避けられない。この厳しい条件下で限られた地域資源の再配置や地域間の機能分担と連携を進めていくことが重要となる。このためには，『選択と集中』の考え方を徹底し，人口減少という現実に即して最も有効な対象に投資と施策を集中することが必要となる」（増田，2014：48）。地方創生事業は，余力の絞り込みの中で生き残りをかけた地方部同士のサバイバル・レースの意味を帯びているのだ。

これは規範的に見れば，国土の均衡ある発展の政策方針に含まれていた一種の平等主義からの大転換を意味している。経済成長の果実を等しく分け合うという価値観は，資源の効率的使用と非効率性の淘汰という価値観にとって代わられた。増田氏，小泉進次郎氏との鼎談の中で，須田善明宮城県女川町長もまた,「まずは『均衡ある国土の発展』という標語を捨てるところからスタートすべきだと思うんです。平等主義的均衡なんて成立しないんですから」と述べている(増田, 2014:162)。この鼎談が最初に掲載された『中央公論』2014年7月号の特集タイトルは, ずばり「すべての町は救えない」であった。

以上の政策背景を辿ると, 今日の地方創生論議の核心的論点が, 限られた資源をいかに分配すべきかという分配的正義の問題をめぐるものであることがわかる。低成長経済下で限られた政策資源を最大限有効に活用するためには, 国土全体を均衡的に発展させるという理想を捨て, 取捨選択を進めなければならない。こうした政策方針を彩っているのは,〈選択と集中〉こそ理に適っているというそれ自体ひとつの規範論であって, そうである以上, その是非は前提とするのではなく弁護されなければならない。

3. 功利主義の政策規範

以上前節では, 今日の地方創生事業に至る歴史的背景とその意味について確認してきた。事業立案の中で明示されているわけではないが, その強力な推進力になっているのが〈選択と集中〉の政策方針である。本章ではその規範的含意を探るため, 以下数節で分配的正義をめぐる政治哲学的議論に注目する。分配的正義論の主題は, 社会活動において生じるさまざまな便益や負担について,「誰が, 何を, どのぐらい, なぜ, 受け取るのか」を考えることである。この問いに対する代表的な理論として, 功利主義, 自由主義, 平等主義をそれぞれ取り上げ, そこから得られる政策的含意を見てみたい。

(1) 総和主義

第一にあげられるのは功利主義である。功利主義は18世紀イギリスの法学者J・ベンサム(J. Bentham)を創始者として, 今日まで政策規範として影響力の大きな思想である。その出発点は, 個々人はそれぞれ幸福, すなわち快楽が大きく苦痛の少ない状態を追求するという人間観にある。そこから, 政策目標としての「最大多数の最大幸福」が導かれる。あらゆる制度や政策は, この標語に従って設計されなければならない。「社会を構成する個々人の幸福，すなわち彼らの幸福と安全が，立法者が考慮しなければならない目的，それも唯一の目的である」（ベンサム，1979：108）。

功利主義の特徴は，分配主義と区別されるところの総和主義である。あらゆる政策目標は，社会を構成する個々人の効用を足し合わせたところの総効用（$U = u_1 + u_2 + u_3 + u_4 + u_5 + \cdots + u_n$）を最大化することである。これは，集合的意思決定としての政治の場面で，とりわけ使い勝手が良い。政治的決定の影響は政治体の構成員すべてに及ぶ。だからこそ，政治的決定に際しては部分的利益ではなく，全体的利益を目指さなければならない。社会の個々の部分が有する私益は，社会全体にとっての公益に転換される。

翻って，その総効用が個々人にどのように分配されているかは，それが総効用それ自体に影響しないかぎり一義的な重要性を持たない。功利主義者にとって優先課題は，規範的評価の対象としての社会がどうあるかであって，そこで想定される人間像は，共通通貨としての効用で満たされる単なる容器でしかない。最大多数の最大幸福を目指すにあたり，誰がどれだけ幸福になるかという分配の問題は二次的であって，平等な不幸社会よりも，不平等な幸福社会の方がましなのである。

（２）功利主義と分配的正義

そこで問題は，「最大幸福」が常に「最大多数」を含意するかどうかである。かりに社会の一部に富が集中することで最大幸福社会が実現されるなら，それは功利主義者にとって許容されるどころか，望ましい結果にほかならない。実際功利主義は，社会を構成する部分的利益に対して冷淡な教義だとしばしば言われてきた。とはいえ，功利主義が全体利益をどう分配するかという問題にまったく無関心であるわけではない。むしろ歴史的には，19 世紀以降の社会・経済問題の深刻化の最中で，功利主義は社会改革の重要な理論的道具となっていったのである。

厚生経済学の創始者Ａ・ピグー（A. Pigou）は，功利主義の教義と経済学の知見を結びつける中で，功利主義それ自体に再分配の契機が含まれていることを明らかにした。最大多数の最大幸福を充足する経済政策はどのようなものか。第一に，分配率が一定とすれば，パイが増大すると経済的厚生も増大する（生産命題）。すなわち，「貧者に帰する分配分が減少しないとすれば，総国民分配分の大きさの増加は，それが他のいかなるできごととも関係なしに起るかぎり，経済的厚生の増加を意味するにちがいないことは明かである」（ピグウ，1953：103）[4]。

第二に，パイが一定とすれば，分配が均等になれば経済的厚生が増大する（分配命題）。なぜなら，限界効用逓減の法則により，一定期間に消費される財の数量が増加するにつれて，限界効用（＝1単位の追加から新たに得られる効用）は減少するからである。それゆえ，「比較的裕福な人々から，同じような性格の比較的貧乏な人々に所得のなんらかの移転が行われるならば，比較的緊切でない欲望を犠牲にして，一層緊切な欲望をみたすことが可能となるわけであるから，明かに満足の総和は増大するに違いない」（ピグウ，1953：111）。こうして，最大幸福は通常，資源を集中させるのではなく分散させることで実現されるのである。

（3）政策的含意

それでは，地方創生論議に対して，功利主義はどのような規範的評価を下すであろうか。先述した〈選択と集中〉の政策方針では，利用できる資源に限りがある中で，同一の資源からより多くの成果を導くための競争が奨励され，非効率的部門から効率的部門への資源の移転が促される。資源の集中的投下は規模の経済を通じて生産性や収益率を向上させ，たとえ結果的に一部地域が消滅の危機に瀕したとしても，社会全体の総効用を増加させるであろう。すると，この政策方針は功利主義と親和的であるように見える。

ところで，岡本裕豪・増田圭（2001：9-15）は，戦後からバブル崩壊後に至る政府の経済計画を大きく5期に分け，戦後復興から経済大国を目指し，所得倍増計画に至る第1期（1950年～）を「GNP拡大第一主義」と名づけている。「GNP（国民総生産）」という言葉が示すように，当時の政策方針もまた，総和主義を特徴とする功利主義と親和的であろう。その結果，昭和30（1955）～昭和48（1973）年のあいだ日本の実質経済成長率は年平均10％を超え，昭和43（1968）年には日本のGNPが，当時の西ドイツを抜きアメリカに次いで世界第2位となった。

ただし，高度経済成長期の当時と低経済成長下の現在を同列に語るのは危険も伴う。かつては，国家規模で拡大した経済成長の果実は，経済成長のひずみ是正とナショナル・ミニマムの確立を目指す第2期（1960年中頃～），および地域間所得格差が縮小する一方で石油危機以降の財政難が顕在化する第3期（1970年中頃～）を経て，地方部も含めた国民全体の生活向上に還元されていた。要するにそれは，拡大したパイを再分配するという施策とセットになって「最大多数の最大幸福」に資するものでもあったのである[5)]。

他方で，〈選択と集中〉の政策方針は深刻な人口減少問題に対処する「防衛・反転線」の位置づけであり（増田，2014：47-50），それ自体がかつてのような国家規模の経済成長の原動力になるかは判然としない。もし政策効果としてパイの増大が望めなければ，分配を均等にすることで経済的厚生を増大させることが，功利主義者にとっては次善策になろう。問題は，今日誰が相対的に恵まれない者であるかである。日本の地域格差は長期的に縮小してきたとの指摘もあり（髙山，2009：289-295），〈選択と集中〉が功利主義的に支持されるかどうかは，賃金・インフラ・環境も含めた地域間の実態に左右される。

4．自由主義の政策規範

功利主義に代わる政策規範の有力候補は自由主義である。自由主義社会とは，政府や社会に指図されることなく，個人が自分の人生を自分の思うとおりに生きられること，またその裏面として，自分の選択に対して責任を負うことを理想とする。それでは，自由主義の観点に立つとどのような分配的正義が支持されるであろうか。もちろん，「自由主義」と一口に言っても，その内実は多種多様である。ここでは特に，他の政治的価値を差し置いて，自由であることそれ自体に至上の価値を見出すリバタリアニズム（自由至上主義）に焦点を当てたい。

(1) リバタリアニズム

リバタリアニズムは経済活動の側面や権利尊重の側面などさまざまに定義できるが，ここでは単純に政府の役割を極小化することを主張する立場であると捉えておこう。政府はいつ何時も，たとえ本人の利益や共通の価値に反したとしても，個人の自由に干渉すべきではないのだ。こうした立場は，M・フリードマン（M. Freedman）らの経済思想を契機として，1980年代以降の新自由主義にも流れ込み，今日でもアメリカのティーパーティ運動のような政治組織や政治運動として一定の政治的地位を得ている。

リバタリアンは概して分配的正義に冷淡である。R・ノージック（R. Nozick）は，分配的正義は一般的に何らかのパタン化を随伴し，それは否応なく生得的権利である人々の自由を侵害することになるという。人々が何を持つのが正当かを決定するのは，取得の正義および移転の正義（加えて，その過程で何らかの不正が生じた場合には，それを匡すための矯正の正義）であり，それに尽きる。国家の役割は，人々の財産権を保護し，その自発的移転を保証するための，窃盗や詐欺を禁じるような最小限の規則や制度を確立することに留まる（ノージック，2002：255-260）。

ノージックはこの発想を，17世紀の哲学者J・ロック（J. Locke）に求める。ロックによれば，人々が生得的権利を主張できるのは，自分自身の身体に対する所有権である（自己所有権命題）。ところで，この身体を用いて自然を専有し，そこに能動的に働きかけた結果得られた果実に対しても，「それに自分の労働を混合し，それに彼自身のものである何ものかを加えた」ことにより権原（entitlement）を主張できる（ロック，2010：326）。これが取得の正義を形づくる原始取得であり，その結果生じた財産権は移転も含めた財産処分の権利も含意することから，その後の資源分配の一切の正当性の根拠になる。

このように，現在の所有の正当性がもっぱらその過去に遡って確かめられるのであれば，たとえ結果的に巨大な格差が生じたとしても，現在の所有に政府が事後的に手を加えるなら，それこそ正義に反することになる。それゆえ，ノージックは課税を通じた所得再分配政策を批判する。「勤労収入への課税は，強制労働と変わりがない。……n時間の労働の収入を奪うことは，その者から

n 時間を奪うようなものであり，それは彼を，他の者の目的のために n 時間強制的に働かせるようなものである」（ノージック，2002：284）。

（2）ロックの但し書き

ただしその後，ノージックの問題意識を踏襲しながらも，そこに異なった光を当てる左派リバタリアニズムと呼ばれる立場も現れた。「左派」と呼ばれる所以は，彼らが自己所有権というリバタリアニズム的前提から，経済的再分配という180度異なった結論を導き出すからである。それでは，はたしてノージックから出発して，いかにして彼が拒絶する分配的正義を擁護することができるのか。論証の手がかりは，ノージックが依拠するロックにある。

ロックは原始取得による財産権の発生に際して，重要な前提条件を置いていた。すなわち，財産権が発生する以前の資源は誰のものでもなく，誰もがその果実を得る可能性があったのだから，「少なくとも，共有物として他人にも十分な善きものが残されている場合には，ひとたび労働が付け加えられたものに対する権利を，彼以外の誰ももつことはできない」（ロック，2010：326）という条件，いわゆる「ロックの但し書き」である。但し書きの中身は，腐敗の制約や慈愛の制約など複数あるが，ここでは引用中の十分性の制約に議論を限定しよう。

ロックの但し書きは少なくとも2つの解釈に開かれている（ノージック，2002：292-299）。第一の解釈は，専有後の専有者と非専有者の状態を比較して，専有による財産権の発生後も，非専有者にとって同じ分量の資源取得の可能性が残されているべきだと主張する。ただしこの場合，資源の総量には自ずから限りがあるのだから，専有を続ければこの但し書きが満たされなくなる時点が必ず生じる。すると，その状況を生み出した直前の原始取得も但し書きを満たさなくなり，同じ結論を遡及していけば結局あらゆる原始取得が許容されない結果となる（遡行議論）。

第二の解釈は，専有前後の非専有者の状態を比較して，専有による財産権の発生後も，非専有者の状況を悪化させるべきでないと主張する。ところで，いわゆる「共有地の悲劇」の現象が示すように，ある資源の専有は，専有者にとって労働意欲を高め，全体の生産性の向上に役立つ。非専有者も，労働者として雇用されればその恩恵を受けることができるし，専有者が非専有者に対して賠償を行うことで，その状況の悪化を防ぐこともできる。いわば，専有者は自分が専有した以上のものを全体に対して返還しているのである。その結果，今度は逆に大半の原始取得が許容される結果となりうる[6)]。

ノージックは第二の解釈をとっているが，左派リバタリアンはロックの但し書きを別様に解釈することで，大胆な再分配政策を導き出す。例えば，H・スタイナー（H. Steiner）によれば，専有以前の資源は無主物と見なされるが，そうであるがゆえに万人は資源とその価値に対する平等な取り分への権原を有する。そこで，本来の権原以上に資源を取りすぎた人間は，基金を通じた再分配による間接的賠償義務を負う。専有以前の世界に恣意的な国境を引く理由はないため，こうした賠償義務は究極的には地球規模に拡大されるであろう（スタイナー，2016：第8章）。

（3）政策的含意

さて，こうした立場から地方再生論議に対してどのような示唆が得られるであろうか。そもそも，財政移転による地域間の再分配政策は否定的に捉えられることになる。ある地域に存在する富は，それが正当な歴史過程を経て獲得された個人的富の集積であるかぎり，それに課税して他者に分配することは不正である。その意味では，個人向けの所得再分配政策と同様に，中央から地方への再分配機能を備えた財政移転もまた，根本的に拒絶されることになるであろう。〈選択と集中〉の是非以前に，リバタリアンは中央政府が国民の富を徴収し，管理し，分配すること自体を拒絶する。

加えて，リバタリアンが前提とする個人主義的想定からすれば，地域格差を問題視すること自体が，正義の問題としては的外れに見えるかもしれない。日本国憲法第22条が保障しているように，個人にとって，雇用面や環境面で特定の土地に居住することが不利であれば，より条件の良い地域に移住することができるからである。この地域間の移動の自由が保障されるかぎり，地域間の不平等を心配する必要はなくなる。どの地方部が消滅するかは，地域の魅力や人々の選好を反映した擬似的な自然淘汰の結果にすぎなくなるであろう。

ところで，〈選択と集中〉の政策方針は，優勝劣敗という一種の新自由主義的な色彩も同時に帯びている（矢部，2016）。岡本・増田（2001：9-15）の区分によると，バブル経済期に当たる第４期（1980年中頃〜）を経た第５期（1991年頃〜）には，新たな政策指針が見られるようになった。すなわち，「2010年の経済社会」のあるべき姿として，効率，平等，安全と並ぶ価値観として自由が加わり，個人の自由と自己責任が基本的な行動原理になるという（経済企画庁「経済社会のあるべき姿と経済新生の政策方針」1999年）。こうした自己責任論の延長線上に，小泉構造改革ならびに今日の地域政策の基調を見ることもできる。

ただしこれは，ただちに地方部を見限ることを意味するわけではない。なぜなら，保有する資源とその価値の観点からは，地域間には大きな違いがあるからである。ヒト・モノ・カネといった生産要素の多寡に加え，自然環境・文化史跡・地理的配置などの面で，ある地域は有利であり，別の地域は不利である。すると，たとえ取得と移転の歴史過程に瑕疵がなかったとしても，利用可能な土地に自ずから限りがある以上，ロックの但し書きに照らして，地域間で一定の賠償義務が課せられうる。生産条件の不利な中山間地域の集落に交付金を支払う直接支払制度は，その一例と見なせる。

5．平等主義の政策規範

前節で見たように，政策規範としての功利主義と自由主義は，それぞれ異なった理由から格差や不平等を放置してしまうことがある。しかしながら，私たちの政策目標にとって，効率性や自由の追求は重要な目標であるが，唯一の目標ではない。それと並んで，あるいはときにそれと矛盾してでも追求すべき目標は，社会の構成員のあいだの平等である。こうした考え方は，政策規範において平等主義の系譜として発展している。本節では，そのいくつかの考えを概観したうえで，得られる政策的含意を探っていこう。

（1）平等主義

政策目標としての平等が目指される第一の理由は，他の事情が等しければ，平等ではない状況よりも平等である状況の方が本来的に望ましいからである。平等主義者は，人々の相対的格差を縮めることそれ自体に関心を持つ。すなわち，「ある人々が，他の人々よりも境遇が悪いとすれば，それはそれ自体として悪い」（パーフィット，2018：138）。もし不平等状態よりも平等状態をそれだけの理由で優先するなら，私たちはより平等な状況に内在的価値を見出していることになる。

平等主義に対しては，「水準低下」と呼ばれる事態が問題視されてきた（パーフィット，2018：166-168）。もともと人々のあいだで何らかの不平等がある状態を想定してみよう。人々のあいだに不平等があるよりもない方が望ましいとすれば，有利な立場にある人々の状況を悪化させることで，比較上人々の関係をより平等にすることができる。いわばこれは，出る杭を打つかたちの下向きの平等である。事態としての平等に内在的価値を見出す平等主義者は，この措置を善いことであると見なすであろう。さて，私たちもまた，この措置を歓迎すべきであろうか。

もちろん答えは否である。比較上人々の関係がより平等になるからといって，それだけの理由でより有利な立場にある者をより不利な立場にある者の水準に引き下げることが望ましいとは到底考えられない。「だが，平等主義者は，何らかの自然災害のなかで，境遇の良い人々が超過分の資源をすべて失うとして，それが誰にも利益を与えなかったとしても，ある面ではより善いはずだということを立場上認めなければならない」（パーフィット，2018：167）。これが平等主義に向けられる水準低下批判である。

（2）格差原理

平等主義の持つこうした極端な結論を和らげる，代替的な教義はないであろうか。その1つがJ・ロールズ（J. Rawls）の正義論である。ロールズの正義論は，平等な自由原理からなる第一原理，公正な機会均等原理と格差原理からなる第二原理によって構成される正義の二原理によって知られているが，ここでは特に分配的正義と関連の深い格差原理について取り上げよう。格差原理はその名のとおり，ある状況下で不平等（格差）が存在することを容認する原理である。具体的に，「社会的・経済的不平等は，もっとも不遇な人々の最大の便益に資するように編成されなければならない」ことを命じている（ロールズ，2010：403）。

ここで，格差原理以外の正義原理が充足されたとしてみよう。これは，社会的情況を是正する最大限の機会平等が達成された状態である。ロールズは，格差原理を含む第二原理が対象とする経済的有利性の指標として，（生涯的に期待される）所得を考えている。すると，格差原理が特定する「もっとも不遇な人々」とは，何らかの社会的・自然的偶然性によって生産性をもたない人々となるであろう。そこで，最も不遇な人々の便益を最大化すべく，ひとまず各人の取り分を，生産性の高い者と低い者のあいだで均等に分配してみよう。これが基準点である（D1）。

しかし，各人の生産的貢献の大小にかかわらず，均等に取り分が分配される平等主義社会であるならば，生産性の高い者は労働意欲を失い，結果的に社会全体の資源が減少するであろう。それは，再分配の恩恵に与る生産性の低い者にとっても不都合である。逆に，生産的貢献に応じた不平等な取り分が認められるなら，生産性の高い者は労働意欲を取り戻し，結果的に社会全体の資源が増大するであろう。それは生産性の高い者と低い者のあいだの格差を広げる。しかしそれでも，社会全体の資源が増大することで，不平等な取り分を認めない状態と比較すると，生産性の低い者の立場は絶対的に改善する（D2）。

それゆえ，最も不遇な人々すなわち生産性の低い者の取り分を最大化するよ

図表３－１　格差原理における各人の取り分

	D1	D2
生産性の高い者の取り分	10	50
生産性の低い者の取り分	10	20

出所：筆者作成。

うな不平等の存在を認めることは，生産性の高い者にとっても，低い者にとっても都合がよい（図表3－1）。すなわちこれは，経済学においてパレート改善と呼ばれる状態である。「もし一定の富の不平等と職権の格差とを介して，めいめいの暮らし向きが仮説的なスタート地点よりも改善されるのであるなら，そうした不平等と格差は前述した一般的な構想と合致するものと言える」（ロールズ，2010：87）。こうしてロールズは，一定の不平等の存在や拡大を容認しつつも，同時に資源の再分配を通じて最も不遇な人々の立場を改善しようとするのだ。

格差原理は基準点（D1）こそ平等主義と同じだが，取り分が等しいことそれ自体に格別の意味を見出してはいない点でそれとは異なる。一方で平等主義は，生産性の高い者と低い者のあいだの相対的平等を重視して，D2よりもD1を選好するであろう。他方で格差原理は，相対的格差の存在いかんにかかわらず，生産性の低い者の絶対的水準を重視して，D1よりもD2を選好する。両者のこうした違いは，近年，平等主義対優先主義の論争として，平等論の俎上に載せられている（広瀬，2016：第4章）。ロールズの格差原理は，厳密にいえば相対的比較に基づく平等主義的要素も残るものの，優先主義の一種であると解釈できる。

加えて，功利主義，自由主義との異同についても付言しておこう。第一に，パレート改善（D1→D2）は最大多数の最大幸福にも資するが，功利主義者が事態としての総効用の最大化に注目していたのに対して，格差原理は最も不遇な人々の立場の改善に注目している点で異なっている。第二に，パレート改善はロックの但し書き（の第二解釈）を充足するが，リバタリアンが専有者のそれを含めた財産権一般の正当化を目指していたのに対して，格差原理は最も不遇な人々の立場の改善に注目している点で異なっている。

（3）政策的含意

さて，以上の平等に重点を置く政策規範の観点から地方創生論議を見直してみよう。先述のように，〈選択と集中〉の政策方針が，かつての「国土の均衡ある発展」体制を標的にしていたことに鑑みれば，それが平等主義と折り合いが悪いことは容易に想定できる。逆に，平等をそれ自体で善であると考え，不平等の存在や拡大をそれ自体で悪と考えるならば，〈選択と集中〉は都市部と地方部のあいだのみならず，地方部同士のあいだの不平等を広げるものとして拒絶されるであろう。ただしこの結論は，水準低下批判が示していたように，低成長経済下では共倒れを招きかねない危うさも潜んでいる。

格差原理は，最も不遇な人々の立場を改善するかぎりで不平等の存在や拡大を容認するため，出る杭を打つような極端な平等主義的結論には陥らない。先に見たように，高度経済成長期においては，大都市圏優先の開発が中長期的には地方部の暮らし向きも改善していったことは事実であり，それは格差原理にも合致する。ただし，同原理に照らして許容される地域格差は，財政移転を通じて経済成長の果実を中央から地方へ還流する仕組みが機能していた，岡本・増田（2001：9-15）の区分でいう第２・３期に限定されるであろう[7)]。

ただしここでは，責任という観点を組み込む必要があるかもしれない。私たちは普通，人々が何を持つのが正当かを考えるうえで，最終結果に至るまでの経緯を考慮に入れる。その意味で，分配的正義はその経緯を形づくる各人の責任と深く結びついている。実績をあげたのもあげなかったのも，あるいは努力を重ねたのも重ねなかったのも，本人の主体的な意志選択によるものであり，本人がその結果に責任を負うべきである。各人が結果的に受け取る取り分は，各人自身がそれまで選んできた行為に比例する。過去の経緯に応じた分配基準は功績（desert）と呼ばれている[8)]。

平等主義に責任の概念を織り込んだ立場は「運の平等主義」と呼ばれる。運の平等主義は３つの想定から成る（Stemplowska, 2013）。第一に，何らかの形態の平等が正義の要請の中心にあるということ。第二に，選択の結果による出費は，（良くも悪くも）本人に帰責するということ。第三に，運命の産物による出費は，本人に帰責しえないということ。そこで，真の平等処遇とは，前者については本人に責任を追及しつつも，後者については不運を中和するような施策をとることである[9)]。

選択の結果による出費は本人に帰責するが，運命の産物による出費は本人に帰責しえない。それゆえ，運の平等主義の観点から決定的な点は，何が選択の結果にカウントされ，何が運命の産物にカウントされるかということだ。もし人々の居住地が選択の結果であれば，そこから生じる不平等は本人の責任の範疇にあり，救済する必要はないことになる。他方で，もしそれが運命の産物であれば，私たちが出自や人種，民族，性別などで差別されてはならないように，居住地による不利な境遇も許容されないことになる。

消滅の危機に瀕する地方部の現状は，一体誰の責任なのか。リバタリアンが示唆するように，たとえ移動の自由が形式的に保障されたとしても，仕事や家庭の事情で実際には移住が容易でない人も多いであろう。中澤高志は，「『地方創生』論には，一人一人の人間が，生まれ落ちた境遇にかかわらず，より充実した人生を追求できるようにするためにはどうしたらよいのかという問題意識が欠落していると感じられる」と指摘する（中澤，2016：9）。いわゆる自己責任論喧しい現代日本にあって，地方創生論議はそこに新たな一石を投じているように思われる。

6．空間的正義論の視座

以上前節までは，地方創生論議の基底にある政策方針を規範的観点から分析した。明らかになった点は，功利主義，自由主義，平等主義のあいだで対照的である。功利主義は効率性の観点から〈選択と集中〉の政策方針に賛同しうるが，自由主義はそもそも政府がこうした資源の移転を管理すること自体を良しとしない。格差原理を含む平等主義は，少なくとも現在の方針でのそれを受け容れないであろう。ともあれ重要なことは，現実問題をめぐる政策論議を深めていくなら，いずれこうした規範理論的問いに直面せざるをえなくなるということである。

（１）分配的正義論における空間

以上の結論を，翻って政治哲学の文脈に置き換えれば，ある個人あるいは集団が置かれた地理的要因は，それ自体重要な正義・不正義の変数と見ることができる。正義論は人種や性別の違いに注目するだけでは必ずしも十分ではない。例えば世代間正義論は，個人が置かれた（あるいは置かれるであろう）特定の「世代」という時間的要素に注目する。それと同様に，制度や政策の是非を論じるにあたっても，その一要素として「空間」に注目する必要があろう。本章ではこうした課題を，地理学者の研究動向に従って空間的正義（spatial justice）と呼んでおこう（Dikeç, 2001；Pirie, 1983；Soja, 2010；Williams, 2013；2018）。

空間が規範的意味を帯びるのは，以下２つの局面から確認できる（Williams, 2013：9-10）。第一に，空間は分配的正義の指標になる。例えば，一部地域で有意に失業率が高い，犯罪率が高い，出生率が低いといった状況が考えられる。居住地の偶然性によって，一部地域の人々の生の見通しに体系的に不利益や差別が生じているなら，それは分配的正義の問題を惹起する。どの家庭に生まれるかと同様，どの地域に生まれるかが本人に帰責しえない運命の産物であるならば，運の平等主義者はその是正を命じるであろう。

第二に，空間はそれ自体，分配的正義の対象になる。例えば，病院や公園が近隣にあることは，人々の生活の質の向上に大いに役立つ。人々の暮らし向きを左右するのは金銭のみならず，住居環境や公共インフラであり，それは地域政策のような政治的決定に服している。温暖地域あるいは寒冷地域などの自然環境や，湾岸部あるいは山間部などの地理条件もまた，当該地域の有利性・不利性の源泉になる。こうした空間的要素の専有状況がロックの但し書きを満たすかどうかはリバタリアン的観点からも疑問に付されるであろう。

個人を取り巻く空間的要素は，南北問題，移民問題，国境問題などに規範的に取り組むグローバル正義論として引き継がれている。ただし，国際社会でどの国に生まれ，住むかと同様，国内社会でどの地域に生まれ，住むかといった要素もまた，人々の生の見通しに大きな影響を与える一要素である。人間の政治・経済・社会活動はつねにどこかの場所を必要とする。グローバル化がもたらす国内的影響やインターネットという新たな「空間」の登場・普及と相俟って，分配的正義論においても空間的要素の見直しが不可欠である[10]。

（２）分配的正義から空間的正義へ

空間が持つ意味の規範的・哲学的検討は，これまで主に２つの研究動向の中で蓄積されてきた。第一に，D・M・スミス（D. M. Smith），S・ピンチ（S. Pinch），B・デイヴィス（B. Davies）らが展開してきた，実証的観点も交えながら公共サービスや財政支出の「地域的公正」を計測する人文地理学分野の蓄積である。第二に，D・ハーヴェイ（D. Harvey），E・ソジャ（E. Soja），M・カステル（M. Castells）らが展開してきた，マルクス主義的あるいはポストモダン的観点から都市の構成を検討する都市社会学分野の蓄積である[11)]。

政治哲学者の中では，I・M・ヤング（I. M. Young）の構造的不正義論がその空間的含意について注目を集めている（宮内，2016：第2章第5節；Harvey, 1996：ch. 12 sec. 3；Williams, 2018：ch. 3 sec. 2）。ただし，ヤングの空間論はいわゆる「分配パラダイム」の是正を踏まえたうえで展開されたものであり（Young, 1990：ch. 8），そもそも分配的正義論における空間的次元を分析・評価することが先決である。本章の目的は，こうした研究動向をいったん巻き戻して，地方創生論議を手がかりに分配的正義の空間的含意を明確化することであった。

本章で概観してきたように，〈選択と集中〉の是非に代表される地方創生論議は，実は広大な正義論論争と関連している。それゆえ，同論議に含まれる規範的論点をまずは丁寧に分節化し，そのうえで個々の善し悪しを評価していく営みが，地域政策学・社会地理学・地域社会学等への貢献として求められるであろう。空間的正義の知見について，これまで政治哲学者は十分な注意を払ってこなかったが[12)]，その間隙を埋めるかのような研究が各分野で蓄積されている。地方創生をめぐる政策論議もまた，こうした学際的な研究動向の中に位置づけられていくことが望ましい。

【注】

1） 以下の記述にあたっては，伊藤（2003），岡本・増田（2001），金井（2016）などを参考にした。
2） 昭和37（1962）年に閣議決定された全国総合開発計画では，「都市の過大化の防止と地域格差の縮小を配慮しながら，わが国に賦存する自然資源の有効な利用および資本，労働，技術等諸資源の適切な地域配分を通じて，地域間の均衡ある発展をはかることを目標とする」と明記された。
3） 小泉政権下で作成された通称「骨太の方針」第1弾では，「『国土の均衡ある発展』は，本来，地域の個性を活かした考え方であるが，現実には，これまでややもすれば，全国どこに行っても同じような特色のない地域が形成されがちであった。個性と活力のある『地方』の構築を目指して，国の関与する事業は限定し，地方の主体性を生かした社会資本整備に転換していく」と述べられている。

4） ここでは「効用」と「経済的厚生」の違いは措いておく。

5） 公共投資の地域間配分は，大都市圏への配分が1966年にいったんピーク（60.7%）を迎え，逆に昭和54（1979）年には地方部への配分がいったんピーク（51.6%）を迎える。一人当たり県民所得のジニ係数がそれまでから最も低下したのも昭和53（1978）年である（岡本・増田，2001：5）。

6） ロック自身の表現を借りれば，「自分自身の労働によって自ら土地を専有する人間は，人類が共有する蓄えを減少させるのではなく，むしろ増加させる……なぜならば，囲い込まれ開墾された一エーカーの土地が生産する人間生活の維持のための食料は，同じように肥沃でありながら，共有地として荒れるにまかされている一エーカーの土地が産出するものの（少なく見積もっても）一〇倍にはなるであろうからである」（ロック，2010：337）。

7） ロールズの格差原理の地理学的応用としては，ハーヴェイ（1980：140-153），Smith（1994：117-127；1995）を参照。

8） 現在の資源保有状況の正否を探るにあたり，過去を参照する点で，功績の概念はリバタリアニズムにおける権原の概念と似ているが，両者は似て非なるものである（ノージック，2002：263-271）。権原論において保有者が現在有する資源の正当性は，財産権が財産処分の権利も含意することから，その後他人に譲渡した，あるいは他人から譲渡された部分も含めて，各々の原始取得の時点に由来する。それに対して，功績論において保有者が現在有する資源の正当性は，本人が一定期間中に実績をあげた，あるいは努力を重ねたという経緯に由来する。これがノージックが功績をパタン付原理に分類する所以である。

9） こうした考えはしばしばロールズ自身に帰せられるが，厳密には彼自身の立場は運の平等主義的想定とは異なる（松元，2015：134）。

10） 政治思想における「空間論的転回」については，伊藤（2018），犬塚（2017）を参照。

11） 前者の概観としては，例えば梶田（2011），神谷（1997）を，後者の概観としては加藤（1999；2004）を参照。

12） 一例として，ロールズ正義論の非空間性については，Soja（2010：75-79），Williams（2018：53-59）を参照。

参考文献

伊藤敏安（2003）「地方にとって『国土の均衡ある発展』とは何であったか」『地域経済研究』14号，p.3-21.

伊藤洋典（2018）「政治思想における空間論的転回の意義に関するノート」『熊本法学』144号，p.137-157.

犬塚元（2017）「政治思想の『空間論的転回』」——土地・空間・場所をめぐる震災後の政治学的課題を理解するために」『立命館言語文化研究』29 巻 1 号，p.67-84.

岡本裕豪・増田圭（2001）「平等をめぐる議論と社会資本整備に関する一考察」『国土交通政策研究』6 号，p.1-70.

梶田真（2011）「Bleddyn Davies の研究と英語圏地理学における受容」『地理学評論』84 巻 2 号，p.99-117.

加藤政洋（1999）「ポストモダン人文地理学とモダニズム的『都市へのまなざし』——ハーヴェイとソジャの批判的検討を通して」『人文地理』51 巻 2 号，p.164-182.

加藤政洋（2004）「エドワード・ソジャとポストモダンの転回」『都市文化研究』3 号，p.166-181.

金井利之（2016）「『地方創生』の行政学」『都市社会研究』8 号，p.19-34.

神谷浩夫（1997）「地域的公正と地域問題に関する覚え書き」『金沢大学文学部地理学報告』8 号，p.53-59.

スタイナー，ヒレル（2016）『権利論』浅野幸治訳，新教出版社.

髙山正樹（2009）「均衡発展政策から地域再生の地域政策への課題」『経済地理学年報』55 巻 4 号，p.283-299.

中澤高志（2016）「『地方創生』の目的論」『経済地理学年報』62 巻 4 号，p.285-305.

ノージック，ロバート（2002）『アナーキー・国家・ユートピア——国家の正当性とその限界』嶋津格訳，木鐸社.

ハーヴェイ，ダヴィド（1980）『都市と社会的不平等』竹内啓一・松本正美訳，日本ブリタニカ.

パーフィット，デレク（2018）「平等か優先か」堀田義太郎訳，広瀬巌編・監訳『平等主義基本論文集』勁草書房，p.131-205.

ピグウ（1953）『厚生経済学 1』永田清監修，東洋経済新報社.

広瀬巌（2016）『平等主義の哲学——ロールズから健康の分配まで』齊藤拓訳，勁草書房.

ベンサム，ジェレミー（1979）「道徳および立法の諸原理序説」『世界の名著　49』山下重一訳，中央公論新社，p.69-210.

増田寛也（2014）『地方消滅——東京一極集中が招く人口急減』中公新書.

松元雅和（2015）『応用政治哲学——方法論の探究』風行社.

宮内洋平（2016）『ネオアパルトヘイト都市の空間統治——南アフリカの民間都市再開発と移民社会』明石書店.

矢部拓也（2016）「『地方消滅』言説下における地方都市のまちづくりの行方——地方創生は『選択と集中』？『社会保障』？『新自由主義』？」『学術の動向』21 巻 12 号，p.26-39.

ロック，ジョン（2010）『完訳　統治二論』加藤節訳，岩波文庫.

ロールズ，ジョン（2010）『正義論　改訂版』川本隆史・福間聡・神島裕子訳，紀伊國屋書店.

Dikeç, Mustafa (2001), "Justice and the Spatial Imagination." *Environment and Planning*

A: Economy and Space 33/10, p.1785-1805.

Harvey, David (1996), *Justice, Nature and the Geography of Difference.* Malden: Blackwell.

Pirie, G. H. (1983), "On Spatial Justice." *Environment and Planning A: Economy and Space* 15/4, p.465-473.

Smith, David M. (1994), *Geography and Social Justice.* Oxford: Blackwell.

Smith, David M. (1995), "The Return of Social Justice and the Possibility of Universals." *Geography Research Forum* 15, p.1-13.

Soja, Edward W. (2010), *Seeking Spatial Justice.* Minnesota: University of Minnesota Press.

Stemplowska, Zofia. (2013), "Luck Egalitarianism." In The *Routledge Companion to Social and Political Philosophy,* eds. Gerald Gaus and Fred D'Agostino. New York: Routledge, p.389-400.

Williams, Justin. (2013), "Toward a Theory of Spatial Justice." Paper presented at the Annual Meeting of the Western Political Science Association, March 28, p.1-24.

Williams, Justin. (2018), *Spatial Justice as Analytic Framework.* Ph.D dissertation submitted to the University of Michigan.

Young, Iris Marion. (1990), *Justice and the Politics of Difference.* Princeton: Princeton University Press.

第4章　地方創生と財政支出

1．はじめに

平成27（2015）年度，安倍政権は地方創生加速化交付金の制度を創設し，1,000億円の補正予算が振り向けられることになった。この事業は平成27（2015）年11月に一億総活躍国民会議が決定した「一億総活躍社会の実現に向けて緊急に実施すべき対策」として「地方版総合戦略」に位置づけられたものである。

「地方創生」は，安倍内閣の経済戦略の一環であり，平成27（2015）～平成31（2019）年度を目標期間として，「まち・ひと・しごと総合戦略」が策定されている。これは，①地方での安定した雇用の創出，②地方への人口流入の促進，③若い世代の結婚から子育ての支援，④時代に合った地域づくりと地域連携を基本目標として，それぞれの自治体の取り組みを交付金によって支援するものである。

2．政府によるこれまでの地域活性化策

（1）全国総合開発計画とリゾート法

政府が資金援助によって地域の活性化を図ろうとする政策はこれまでにも繰り返されてきた。古くは，全国総合開発が第1次から第5次にわたって策定され（1962年の第1次から1998年の第5次まで），均衡ある国土開発が目標とされた。

また，昭和62（1987）年には，総合保養地整備法（いわゆるリゾート法）が制定される。この事業は，国が定めた基本方針に基づいて都道府県が基本構想を作

成，国の合意を得られた場合には国からの資金，政府系金融機関からの融資による資金調達が可能になった。

全国総合開発事業とリゾート法による開発はいわゆるハード面での整備が中心であった。後者のリゾート開発事業については，事業のスタート時がバブルへとつながる時期で，バブル崩壊後，多くの事業が破綻したり負債が残されるなどの事態が発生し，平成15（2003）年には政策評価を受けて見直しが行われることになった。

（２）ふるさと創生事業

以上の事業が，国の基本的な方針に基づく地域開発事業であったのに対して，地方が主体的に事業決定をすることができる施策として注目を集めたのが昭和63（1988）～平成元（1989）年度に竹下政権下で展開された「自ら考え自ら行う地域づくり事業」（いわゆる「ふるさと創生事業」）である。1980年代になり，“地方分権”が１つの政策課題になり，地方の権限と財源の拡大が必要とされていた。竹下政権ではこの一環として，すべての自治体に１億円の資金を配分し，それを地域活性化のための事業に充当することを求めた。同事業は，「『地方が知恵を出し，中央が支援する』という，これまでと異なった発想に基づいて，市町村が自主的・主体的に実施する地域づくりへの取組みを支援するため『自ら考え自ら行う地域づくり』事業」[1)]と定義され，資金配分は，地方交付税制度を通じて行われた。地方交付税は，昭和63（1988）年度に2,000万円，平成元（1989）年度に8,000万円が交付される。

地方交付税は，各地方団体が標準的な行政を行うのに必要な地方税収が確保されるかどうかを算出して，不足する場合にその差額を交付する仕組みである。標準的な行政を行うために必要な支出額を基準財政需要額という。また，標準税率で課税した場合の税収（標準税収入）の75％を基準財政収入額といい，地方交付税は次式で算出される。

地方交付税＝基準財政需要額－基準財政収入額

この算式の値がプラスであれば地方交付税が交付，マイナスであれば不交付団体となる。ふるさと創生事業の財源として交付された1億円は，地方団体の規模には関係なくこの地方交付税の基準財政需要額に1億円を追加することで実施された。したがって，もともと地方交付税が不交付の団体には1億円が交付されず，1億円を用いたふるさと創生事業の実施だけが求められるという結果になった。

平成元（1989）年度について見れば，都道府県では東京都，神奈川県，愛知県，大阪府の4都府県が不交付，市町村では3,246団体のうち170団体が不交付であり，3,119団体が1億円の交付対象となった。国庫からすれば3,119億円を地方交付税として地方に配分したということである。平成元（1989）年度決算での地方財政全体の歳入額は74兆5,700億円で，このうち約43%の31兆8,000億円が地方税，そして地方交付税は約18%の13兆4,600億円であり，このうち約3,100億円がふるさと創生事業の財源である。

このふるさと創生事業に対する評価は，肯定，否定両方の観点から行うことができる。まず否定的な評価の代表的な意見は，いわゆる“ばらまき”論である。各地方団体にとって，ひも付きではない資金を約3,000億円配分するという国の施策は，目的のない支出であればばらまき以上の意味はない。

一方，肯定面は，この事業の実施される1980年代後半には，地方分権の実現を目指した議論が高まり，上記のようにふるさと創生事業は「自ら考え自ら行う地域づくり」を進めることで地方の自立の促進が目的として掲げられた。この観点から評価する場合には，その目的が一定程度果たされたことを前提に肯定的な評価をくだすことができる。

ふるさと創生事業へとつながる1980年代後半の社会，経済の環境は以下のようなものであった。

1つは，地方分権論の高まりである。戦後の復興期から高度成長期へと経済発展が大きな目標として掲げられ，経済活動全体の太平洋ベルト地帯への集中が進んだ。この点から多極分散を目指す全国総合政策が策定されたことは上記の通りである。このような経済集中とは別に，行政面では東京への一極集中が顕著になる。このような行政面での一極集中に対して地方分権の必要性が主張されるようになる。昭和55（1980）年に，当時の平松守彦大分県知事が提唱して始められた「一村一品運動」は大きな注目を集めたが，この運動を１つのきっかけにして，地方からの発信による地域活性化の重要性が認識される。1980年代を通じて，地方分権と地域の経済的な自立が目標とされ，ふるさと創生事業もその流れの中での取り組みと言える。具体的には，地域（自治体）ごとに自由に使うことのできる１億円を国が配分し，その使途について各自治体が活性化に結びつく事業を工夫することを求めた。これが，「自ら考え自ら行う」ということである。自治体にとっては，地方分権と自立に向けた取り組みを進めるよう，試験問題が目の前に置かれたわけで，その成果は地域の活性化と自立に役立つかどうかによって評価されるべきものである。

経済面を見ると，1980年代後半は，いわゆるバブル期に入り，地価や株価は急速に上昇した時期である。その結果，所得税を中心に税収は拡大し，その影響は地方税にも及ぶ。上記の地方交付税の算出式で示されるように，地方の財政需要が変わらなければ地方税の拡大によって地方交付税の必要額は減少する。1980年代後半はこのような状況下にあった。地方の財政は，地方交付税や国庫支出金といった国からの財政移転を含む，地方財政全体の規模を示す地方財政計画が策定されている。1980年代後半は，地方税収が増加し，地方財政計画の規模がそのままであれば地方交付税の総額は縮小する。しかしながら実際には，地方交付税算定の際の基準財政需要額と，その結果としての地方財政計画全体の規模が拡大し，地方交付税が縮小することはなかった。そして，ふるさと創生事業の１億円ずつの配分は基準財政需要額に加算することで行われた。この点が“ばらまき”として批判を受ける要因となった。

ふるさと創生事業の１億円が各市町村でどのように利用されたのかについての詳細なデータは存在しないようである[2)]。総務省によると，主な事業として以下のように整理されている[3)]。

① 健康づくり，スポーツレクリエーション関連施設の整備

広域的な陸上競技場，体育館などスポーツゾーンの整備や，温泉を活用した保健・休養施設，オートキャンプ場の整備など

② 都市基盤，快適な環境整備

シンボルロード整備や，街や景観地の修景美化，駅前広場の整備など

③　学習，文化施設，歴史的伝統文化の保存

文化会館，生涯学習センター，歴史公園の整備など

④　産業基盤，交流情報ネットワーク施設，観光施設

公立の試験研究機関と有機的に連携した産業情報交流拠点づくりや，光ファイバーを活用した情報ネットワークシステムなど

（３）地域総合整備事業債

ふるさと創生事業と同時期，昭和63（1988）年度には地域総合整備事業債「ふるさとづくり特別対策事業」が創設された。

この地域総合整備事業は，地方債計画[4)]において地方団体が発行する一般会計債のうち一般単独事業の一項目として計上されてきた。

３．地域格差の状況

今日の日本は“格差社会”との批判も強く，貧困とされる世帯の増加など，格差を示す状況も指摘される。個人（家計）については，高度成長期から安定成長期，そしてバブル経済へと至る1980年代には“一億総中流”と言われるほど，不平等の縮小は進んだ。民間サラリーマンの給与の状況を示す『税務統計から見た民間給与の実態』のデータから，所得分配の不平等度を表すジニ係数を求めると，高度成長期から1980年代まで一貫して低下してきている。その後，バブル期には高所得層の増加によって，バブル崩壊後は低所得層の増加もあって不平等度は拡大する[5)]。

そしてバブル期へと続く1980年代には，地方分権や東京一極集中の是正が政策課題となり，前節のような地域活性化を目的とした計画や政策が講じられてきた。本節では，『県民経済計算』のデータを用いて，1980年代以降の地域間の経済力格差を示す指標として都道府県ごとの人口１人当たり県民所得の状況を観察する。また，各地域の財政力を決定する大きな要因である地方税収の地域間配分の状況を検証する。

（１）県民所得

まず，昭和55（1980）年以降の１人当たり県民所得の都道府県間のばらつきを見るために変動係数を求める。なお，『県民経済計算』の基礎となる国民経済計算体系（SNA）は数年に一度，国際的な基準が変更されるため，同じ年であっても数値が変わることがあり，長期的な比較を行うことができない。そこで昭和61（1986）年度から同一の基準で10年ごとの変動係数を比較したのが図表４－１である。いずれも，平成５（1993）年の93SNAで，平成７年（1995年）基準，平成12年（2000年）基準，平成17年（2005年）基準の３つに分けて示している。計測結果は図表４－１に示されている。

図表４－１　１人当たり県民所得の変動係数

SNA	93SNA，平成７年基準		93SNA，平成12年基準		93SNA，平成17年基準		
年　度	1986	1996	1996	2006	2004	2006	2014
変動係数	0.139	0.125	0.130	0.143	0.148	0.157	0.127

資料：『県民経済計算』。

最初の昭和61（1986）年度から平成８（1996）年度の10年間は平成７年基準のデータであり，変動係数が0.139から0.125に低下しており，地域間のばらつきは少なくなっている。この期間は，バブル期のリゾート開発，そしてふるさと創生事業が展開された時期である。政策効果と指標との間に明確な因果関係があると言い切ることはできないにしても，少なくとも地域格差の是正に一定の効果はあったと見ることができる。

次に平成12年基準のデータより，平成８（1996）年度から平成18（2006）年度の10年間は0.130から0.143に上昇している。そして，平成16（2004）年度から平成26（2014）年度は，平成17年基準のデータにより，0.148から0.127に低下している[6)]。

1990年代後半から2000年頃にかけては，景気対策の一環として公共事業も実地されていた時期であるが，地域間での経済力のばらつきは大きくなっていたということである。また，2000 年代に入ってからは平成 20（2008）年のリーマンショックをはさみ，経済が停滞する中で，地域間のばらつきは縮小する。

（2）地方税収

地域経済力の格差を見るもう 1 つの重要な指標が，地域の財政力である。日本の地方財政は，地域から集められる税（地方税）のみで構成されているのではなく，国庫支出金や地方交付税といった国から地方への資金移転がある。これによって，地方団体による全国的に一定の行政サービスの提供が可能になっている。地方税収が地方団体の財政運営においてどれだけの割合を占めているかは各地域の経済力を反映しており，財政力を示す指標とも言える。

図表 4 － 2 は，先の図表 4 － 1 と同様に，人口 1 人当たりの地方税収の変動係数を求めたものである。地方税には，都道府県の税（道府県税）と市町村税がある。市町村税は約 1,800 の市町村ごとに算定されるものであるが，変動係数の算出は，47 都道府県それぞれに集計された市町村税収を用いている。傾向としては，道府県税よりも市町村税の方が変動係数は高く，平成 18（2006）年度はそれぞれ 0.2289 と 0.2489，そして地方税全体では 0.2364 となっている。

地方税については，2000 年代に進められた“三位一体改革”による国税（所得税）から地方税（所得割住民税）への 3 兆円の税源移譲が行われた。また，平成 20（2008）年度以降，法人事業税等，地方法人課税の偏在に対応するため，一部国税へのシフトと譲与税化が行われたことから特に道府県税の変動係数が小さくなっている。

図表 4 － 2　都道府県別人口 1 人当たり地方税収の変動係数

	道府県税	市町村税	地 方 税
2006 年度	0.2289	0.2489	0.2364
2010 年度	0.1698	0.2147	0.1935
2017 年度	0.1620	0.2112	0.1843

資料：『地方税に関する参考計数資料集』。

地方税収は，各地域に存在する課税ベースに，税率を適用して算出されるものである。税制が介在することで，1人当たり地方税収の変動係数は図表4－1で見た1人当たり県民所得よりも高く，地域間でのばらつきは大きくなっていることがわかる。

4．公的支出と地域経済

本稿の主な目的は，“地方創生”のような公的な地域活性化策について考察することである。そこでまず，『国民経済計算』を用いて一国の経済における政府支出の位置づけを把握するとともに，『県民経済計算』のデータより，各都道府県の人口1人当たりの県民所得の水準に，県内の経済に占める公的支出の割合が影響しているかを検証する。

（1）国民経済と政府支出

今日の経済は市場を中心とするものである。しかしながら，先進国ではいずれも政府支出は重要な位置を占めている。図表4－3は，OECDの統計に基

図表4－3　政府支出の対GDP比（2016年）

日　本	37.8%
アメリカ	35.4%
イギリス	39.0%
ドイツ	44.2%
フランス	56.6%
スウェーデン	48.5%
カナダ	40.7%
韓　国	20.7%

出所：IMF, World Economic and Financial Surveys（https://www.imf.org/external/pubs/ft/weo/2018/01/weodata/index.aspx）。

づいて各国の政府支出がGDPに対してどれだけの割合を占めているかを示したものである（2016年）。

ここで言う政府支出とは，国，地方，社会保障基金の支出であり，日本は37.8％である。アメリカとイギリスは35.4％と39.0％で4割を下回っているが他のヨーロッパ諸国では40％以上，フランスでは56.6％と表にあげた国の中では最も高くなっている。

『国民経済計算』におけるGDPは，一国の付加価値額の合計である。政府支出のうち，社会保障における現金給付や公債の利払い，土地の購入費などは現金や資産の移転であるためGDPには含まれない。

図表4－4は，平成29（2017）年度の日本のGDPを支出面から捉え（国内総支出），その構成を示したものである。国内総支出に計上される公的支出は，政府最終消費支出と公共投資に当たる公的総固定資本形成の合計であり，平成

図表４－４　GDP（国内総生産）の構成（支出面・2017年度）

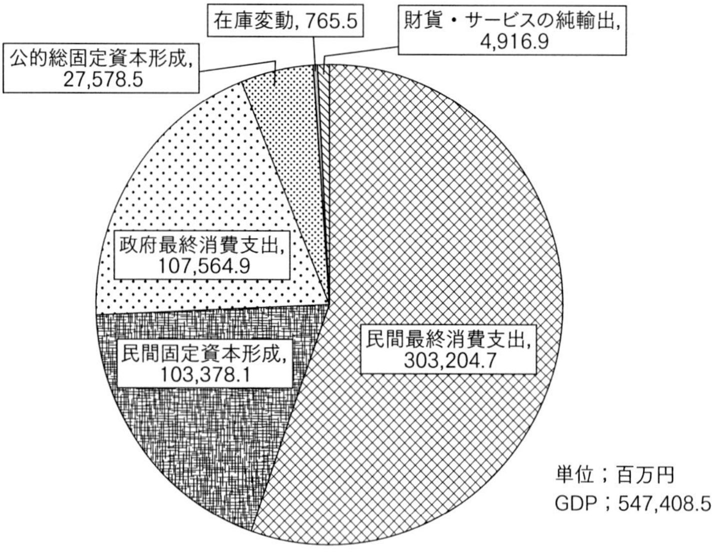

出所：『国民経済計算』。

29（2017）年度ではほぼ25％に相当する。この比率は1990年代から大きな変化はなく推移しており，経済全体では約４分の１が政府活動による支出となっている。

地域経済に目を転じると，県内総生産に占める公的支出の割合には地域によって違いがある。平成26（2014）年度では，鳥取県，島根県，高知県では40％に達し，また北海道，東北各県，九州や四国の一部では30％台である一方で，東京都，大阪府，愛知県といった都市圏では20％を下回る。

図表４－５から図表４－８は，昭和61（1986），平成８（1996），平成16（2004），平成26（2014）年度の状況を示したもので，横軸は県内総支出に占める公的支出の割合である。各地域の県民所得との対比を見るために，縦軸には人口１人当たりの県民所得を取った。

図表４－５　県内総支出に占める公的支出の割合と１人当たり県民所得（1986年度）

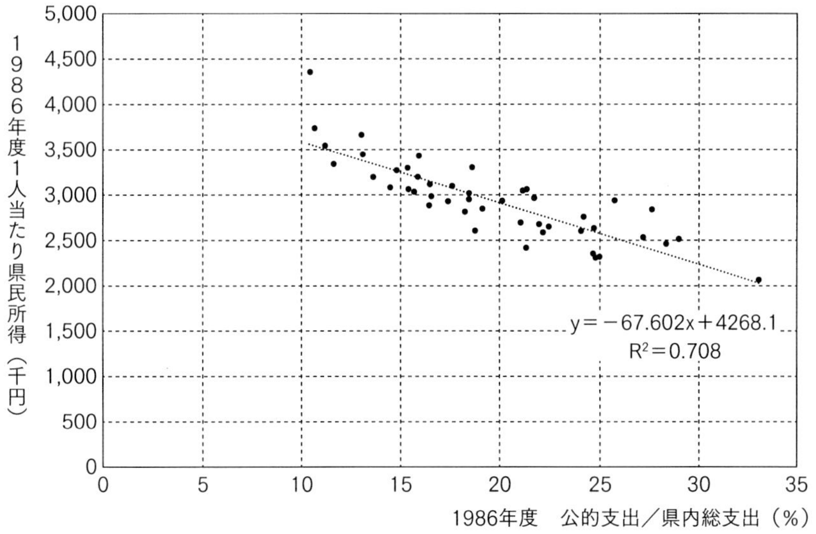

資料：『県民経済計算』（平成７年基準）。

図表4－6　県内総支出に占める公的支出の割合と1人当たり県民所得（1996年度）

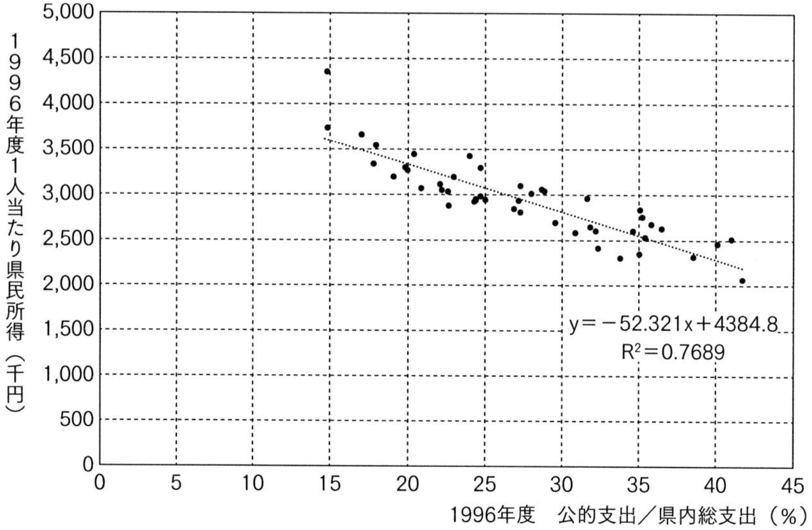

資料：『県民経済計算』（平成12年基準）。

図表4－7　県内総支出に占める公的支出の割合と1人当たり県民所得（2004年度）

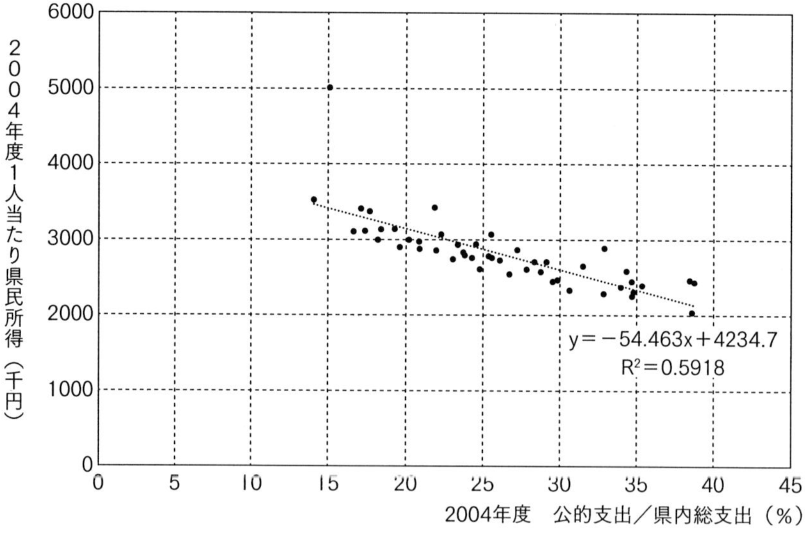

資料：『県民経済計算』（平成17年基準）。

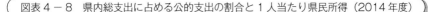

図表４－８　県内総支出に占める公的支出の割合と１人当たり県民所得（2014 年度）

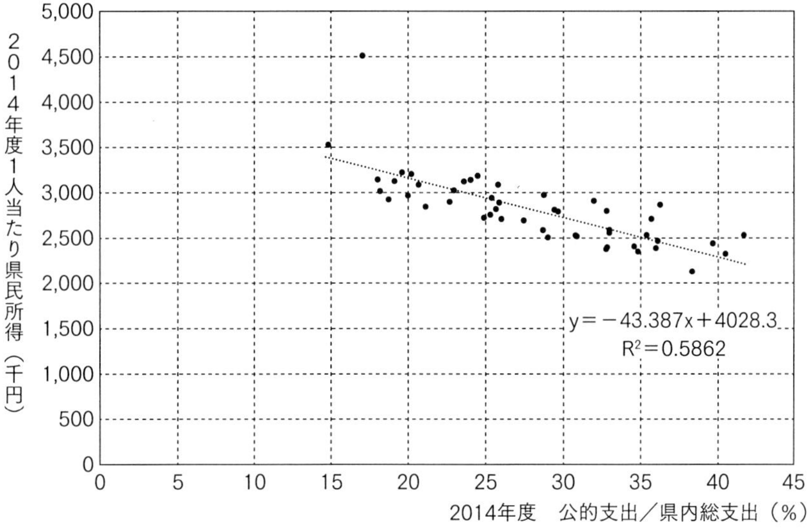

資料：『県民経済計算』（平成 17 年基準）。

いずれの年も，公的支出の割合が高い地域ほど１人当たり県民所得が低い傾向にある。公的支出の割合を高めると１人当たり県民所得が下がるとは考えにくく，１人当たり県民所得が低い地域では公的支出のウエイトが高くなっていると見なすべきであろう。この相関はかなり明確で，地域間で経済力に差が生じている状況で，１人当たり所得が低い地域で公的な支出が拡大する制度的な枠組みが構築されているということである。

１人当たり県民所得が低い地域では必然的に１人当たり税源も小さい。そのため，税を財源とする支出は相対的に低くなる。一方，公的な支出によって行う行政サービスの多くは，人口規模が小さいほど１人当たりの所要経費は高くなる傾向にある。そして，１人当たり県民所得で表される経済力は人口規模が小さいほど低くなることから，全国的に一定程度の行政サービスを維持するためには国からの資金移転が必要になる。これを制度的に実現しているのが地方交付税制度である。また，生活保護や義務教育の経費に対する補助金（国庫支出金）が交付される。

ただし，国庫支出金がすべての都道府県または市町村に交付されるのに対して地方交付税は財政力の強さを反映し，財政力の弱く収入の少ない自治体ほど多くを交付される。このような国からの財政移転を含む財源による公的支出の地域経済に占める割合が高くなるのは制度的に見れば必然とも言える。

両者の間の係数はいずれの年もマイナスで，マイナスの値が大きいほど，公的支出の割合と1人当たり県民所得の関係を示すグラフの傾きが強い。このように見ると，政府は経済力が弱く1人当たり県民所得が低い地域で財政支出のウエイトを高め，地域間格差を縮小する効果をもたらしていたと言える。

1人当たり県民所得と県内総支出に占める公的支出の関係を時期を追って見ると，各年度の推計式は次のような結果になった。県民所得が低いほど公的支出の割合が高くなる傾向は1980年代からしだいに小さく，相関の度合いは弱くなってきていることがわかる。

［1986年度］1人当たり県民所得＝－67.602×公的支出の割合＋4,268.1
決定係数＝0.708
［1996年度］1人当たり県民所得＝－52.321×公的支出の割合＋4,384.8
決定係数＝0.769
［2004年度］1人当たり県民所得＝－54.463×公的支出の割合＋4,234.7
決定係数＝0.592
［2014年度］1人当たり県民所得＝－43.387×公的支出の割合＋4,028.3
決定係数＝0.586

制度的に財政力格差を縮小する地方交付税は2000年代に入って抑制傾向にあり，平成19（2007）年の小泉政権下での“三位一体改革”によって補助金が大きく削減される。このことが経済力が弱い地域で相対的に公共部門の比重が高くなる財政構造を弱めてきたということであろう。

次に，1980年代からの地域経済の変化を見てみよう。具体的には，昭和61（1986）年度以降，10年間の期間を取り，その間の1人当たり県民所得の変化を見る。先にも述べたように経済力が弱く１人当たり県民所得が低い地域で，政府による公的支出の比重が高くなる傾向があり，このことが地域の経済成長に影響している可能性がある。以下では，この点を検証してみよう。

図表４－９から図表４－11は，1980年代から，10年刻みで１人当たり県民所得の成長率と，１人当たり県民所得の関係を示したものである。

昭和61（1986）年度からの10年間（図表４－９）は，弱いものであるが，昭和61（1986）年度の１人当たり県民所得が低い地域ほど成長率が低いという相関が見える。このことが，図表４－１で見たこの10年間の格差（変動係数）の縮小に結びついている。

次に平成８（1996）年度からの10年間（図表４－10）を見ると，むしろわずかではあるが平成８（1996）年度の１人当たり県民所得が高い地域のほうが成長するという傾向を示す。

平成16（2004）年度からの10年間（図表４－11）は，再び平成16（2004）年度の１人当たり県民所得が低い地域ほど成長率が高い傾向が現れる。

先の考察では，１人当たり県民所得が低い地域で公的支出のウエイトが高い傾向が，1990年代以降，次第に弱くなってきたことが示された。図表４－12は参考までに，同じ10年間での公的支出の伸び（変化）を都道府県ごとに示したものである。バブル期を挟む昭和61（1986）～平成８（1996）年度には100％を超える伸びを示しているが，平成８（1996）年度から，平成16（2004）年度からの10年間はほとんど伸びていない[7)]。このことは，１人当たり県民所得が低い地域で公的支出の割合が高いという傾向が弱まっていることと裏返しとも考えられる。

長期的には，１で見た地域活性化策から近年の地方創生へと向かう中で，地方の経済成長に対して公共部門が大きく関わってきていた過去の状況とは異なってきているということである。

図表4－9　1986年度から1996年度の1人当たり県民所得の成長率

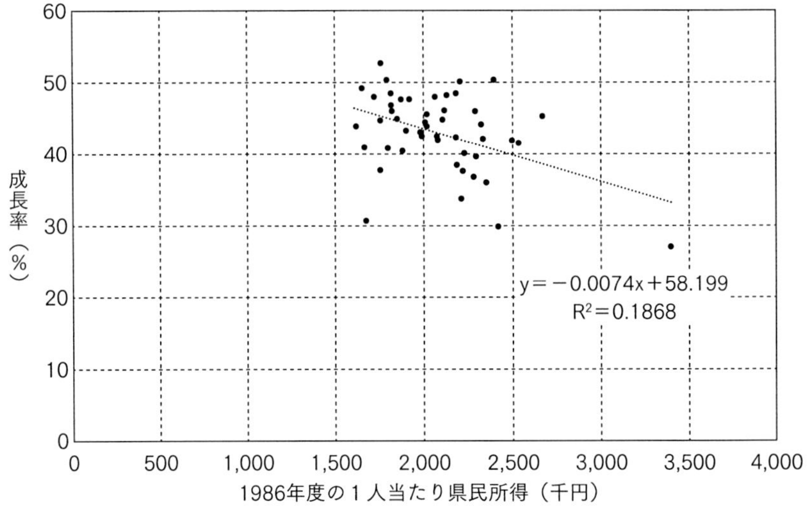

資料：『県民経済計算』。

図表4－10　1996年度から2006年度の1人当たり県民所得の成長率

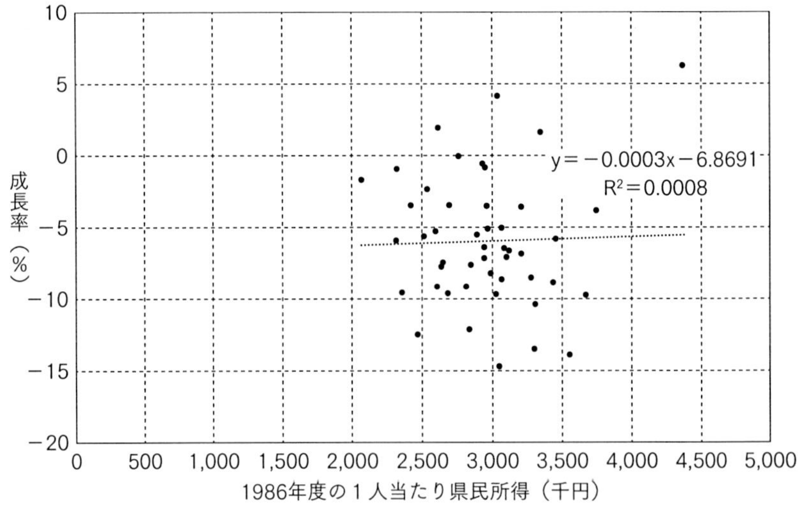

資料：『県民経済計算』。

図表４－11　2004年度から2014年度の１人当たり県民所得の成長率

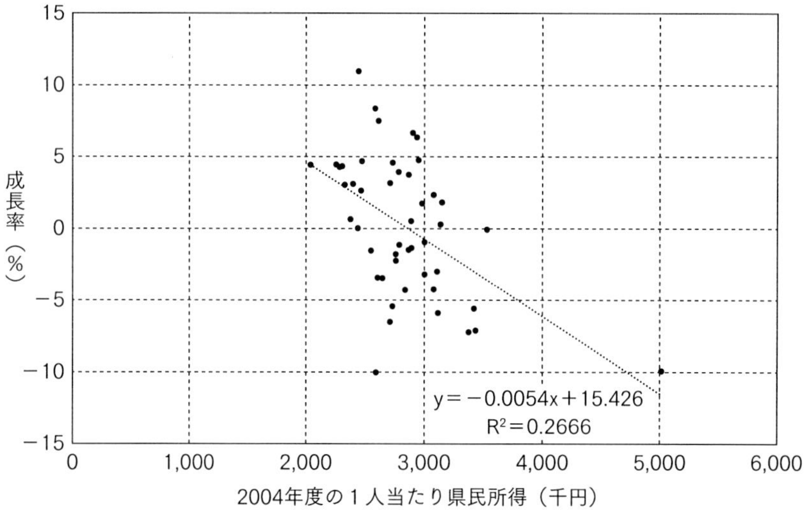

資料：『県民経済計算』。

図表４－12　公的支出の変化

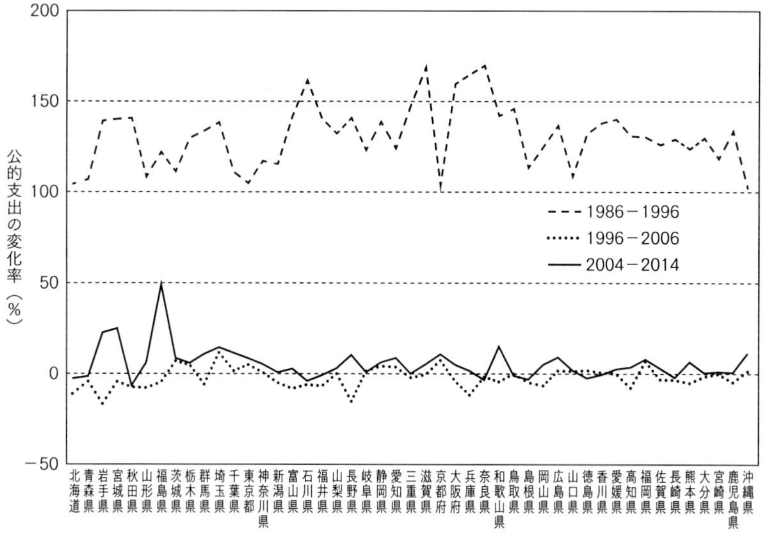

資料：『県民経済計算』。

5．地方創生事業

（1）地方創生事業のあらまし

第2次安倍政権のもと，平成26（2014）年12月に「まち・ひと・しごと創生長期ビジョン」と，それを実現するための「まち・ひと・しごと創生総合戦略」が閣議決定される。これを受けて平成26（2014）年度には補正予算によって地方創生先行型交付金が設けられる。その後平成27（2015）年度には地方創生加速化交付金が1,000億円，平成28（2016）年度以降は各年度の予算において地方創生推進交付金1,000億円が計上されている。

地方団体はそれぞれに地域再生計画を作成し，その計画に記載された事業が内閣総理大臣の認定を受けると事業費の2分の1に相当する地方創生推進交付金が交付される。

交付対象となるのは，①官民協働，地域間連携，政策間連携による先駆的な事業，②先駆的・優良事例の横展開を図る事業，③既存事業の隘路を発見し，打開する事業などとされている。また，内閣府の資料[8)]によると，平成28（2016）年度から18年度までの期間で，市区町村では1,741団体のうち74.7％に当たる300団体が，都道府県では47団体のうち10府県が地方創生推進交付金を活用した事業を実施している。

（2）地方創生事業の現状－大阪府下都市の状況－

ここでは，地方創生事業として，大阪府下の都市（33）が個々に策定している戦略を集約して，その内容について考察する。具体的には，各市のホームページに掲載されている計画を集めてその内容を見た。

①　大阪府の総合戦略

大阪府は平成28（2016）年3月に「大阪府まち・ひと・しごと創生総合戦略」を策定した。そこで示された，基本的な考え方と基本日標は以下のとおりである。

図表４－13　大阪府の総合戦略の基本的な考え方

○	変革のチャンスととらえて改革に取り組み，持続的な発展の実現（積極戦略）
○	人口減少・超高齢社会がもたらす将来の備えを着実に推進（調整戦略）

出所：筆者作成。

図表４－14　大阪府の総合戦略における基本目標

①	若い世代の就職・結婚・出産・子育ての希望を実現
②	次代の「大阪」を担う人をつくる
③	誰もが健康でいきいきと活動できる「まち」をつくる
④	安心・安全の地域をつくる
⑤	都市としての経済機能を強化する
⑥	定住魅力・都市魅力の強化

出所：筆者作成。

基本的な考え方は，積極的な発展を目指すとともに将来に備える調整という2つの柱となっている（図表4－13）。また，基本目標は図表4－14の6つである。各市町村は，この都道府県のものとは別にそれぞれが「まち・ひと・しごと」に関する総合戦略を策定した。

② 大阪府下の総合戦略の分析

各地方団体の総合戦略で示される基本目標は，さまざまな地域の課題への対応が求められている。もちろん，人口減少の抑制や定住化は全国的に共通した課題であるが，地域の特性や産業構造によって取り組むべき課題は異なる。

ここでは，大都市の大阪府に位置するという比較的類似性のある都市にはどのような特徴があるのかを検討する。図表4－15は，大阪府下各市のホームページに掲載されている総合戦略から，基本目標をそれぞれの方向性に応じて分類して示したものである。記述の仕方は一様ではないものの，ここでは，施策の目標となる分野で整理して表のように15の項目にまとめた。各市の状況を見ると，当てはまる項目数が少ない都市で4項目（高槻市），最も多くの項目にまたがっているのが藤井寺市の11項目となっている。全体では，6～9項目の都市が多い。

文化遺産などの観光資源の有無や産業構造の違いといった各地域の特性は反映しているが，いずれも大阪という大都市圏のベッドタウンとしての性格は共通している。そのため，ほとんどの都市で，結婚，子育て，若者・女性の就労といった，相対的には若年層の生活を支える施策が掲げられている。

図表4－15　総合戦略において大阪府下各市が基本目標に置いた項目

	大阪市	堺市	池田市	箕面市	豊中市	茨木市	高槻市	吹田市	摂津市	枚方市	交野市	寝屋川市	守口市	門真市	四条畷市	大東市	東大阪市	八尾市	柏原市	和泉市	高石市	泉大津市	岸和田市	貝塚市	泉佐野市	泉南市	阪南市	松原市	羽曳野市	藤井寺市	富田林市	大阪狭山市	河内長野市
産業活性化（商業・農業等）	○		○	○				○	○	○		○	○	○	○		○		○		○	○				○			○	○	○	○	
文化	○																													○			
観光・PR	○	○	○	○	○	○					○	○	○		○	○	○		○	○		○		○	○	○	○		○	○	○	○	○
子供の教育（及び医療）	○		○	○	○	○			○	○	○	○	○	○	○	○		○		○	○	○	○	○	○		○	○	○	○	○	○	○
地域コミュニティ	○																													○			
安心安全の確保（災害・防犯対策等）	○			○		○	○	○				○			○			○	○	○	○	○	○		○	○	○	○	○	○	○	○	○
結婚・出産・子育て支援		○	○	○	○	○	○	○	○	○	○	○	○	○	○	○	○	○	○	○	○	○	○	○	○		○	○	○	○	○	○	○
故郷愛の形成		○						○							○								○	○									
世界文化遺産登録の推進		○																											○	○			
インフラ		○							○										○														
就労・企業支援（若者・女性の就労支援）	○		○		○	○	○	○	○		○		○	○	○	○	○		○	○	○		○	○	○	○		○		○	○		○
高齢者の就労・コミュニティ・活動等			○			○						○			○			○		○	○						○			○			
定住化				○	○	○	○	○	○		○			○		○		○	○	○	○			○					○		○	○	○
地域コミュニティの創設・活性化					○			○	○	○	○	○	○	○		○	○		○	○		○			○	○			○	○	○		○
地域医療（健康化・コンパクトシティ）	○							○		○		○		○		○	○	○	○	○	○		○			○	○	○			○		○

出所：各市「まち・ひと・しごと創生総合戦略」各市パンフレットより，2017年度林ゼミ4年次生藤原成花が作成。

６．これからの地方創生

この章では，わが国における地域活性化策を取り上げ，公的支出と地域所得の関係を概観した後，平成27（2015）年以降の地域創生戦略について，特に大阪府下の都市の「総合戦略」の特徴を見た。

３で見たように，地域創生以前から，経済力（１人当たり県民所得）の低い地域ほど地域経済における公的支出の割合が高い傾向は薄まってきている。４で示した大阪府下の都市の例でもわかるように，現在の地方創生は大都市圏でも総合戦略を作成して事業展開を行っている。大阪府下の各都市が設定する目標には産業の活性化施策も含まれているが，多く共通するのは少子化対策としての若い世代の生活環境の改善策であった。

人口減少への対応は，現在の日本では全国的な課題である。ただし，少子化による人口の自然減が全国的な現象であるのに対して，東京都など一部の都市で生じている人口の社会増像はそれ以外の地域からの流出の裏返しである。そのため，地方団体による人口減少に対応するためのさまざまな取り組みは，出生率の向上と社会減の抑制を目標としたものとなる。

出生率を少しでも高めるための環境作りや，流出を抑制するとともに他地域からの流入も促進するための魅力的なまち作りを多くの地域で実施することは，一地域だけではなく広く社会全体にとっても望ましいことである。また，各地域が競争して施策を展開することは全体の底上げにも有効であると期待できる。そして，各地域の取り組みの中で効果が高いものがあれば，その施策は他地域でも参考になるだろう。

しかしながら，一方で，人口の流出，流入に関わる施策は，地域間での奪い合いという側面を持つことは避けられない。また国主導の地方創生は次のような課題を指摘することができる。

地方創生はもともと「自治体の自主的・主体的な取組で，先導的なものを支援する」ことを目指しており，かつて展開されたような経済力の弱い地域を後押しする仕組みではない。各地方団体は，国からの交付金の対象となることを期待する。そのため，ややもすると地域における個別のニーズよりも交付金の交付対象となることが重視され，交付を受けることが目的になってしまう。その結果，地方分権とは逆の，地方団体間の画一的な横並びという事態になれば，政策の目的とは合致しなくなる。

特に経済力の弱い地方団体では，少子化対策を独自に実施しようとしても十分な財源が確保できないケースも存在する。そのため，国からの資金を必要とする根拠も生まれるが，国全体の経済規模の拡大が難しい中にあって，全国的に同じ施策を講じることができるように地方の財源保障を続けることも困難である。現在の地方創生の交付金事業は，その狙いとして「将来的に本交付金に頼らずに，事業として自立していくことが可能な事業であること」[9]と記されている。「地方の自立」は，地方分権を目指す上で重要なキーワードであり，改めて，政策の責任主体としての国の施策と地方独自の施策とを明確にした地方創生の取り組みを構築する必要がある。

【注】

1） 平成20（2008）年11月4日「地域力創造　有識者会議　資料」より。
2） 外山操とグループ21（1993）では，独自の追跡調査の結果がまとめられている。
3） 平成20（2008）年11月4日「地域力創造　有識者会議　資料」より。
4） 地方債計画とは，国が地方財政全体の地方債の発行と資金について大枠を定めるもの。
5） 拙著（2011）第4章参照。
6） 平成12年基準と平成17年基準いずれにも含まれる平成18（2006）年度の値は，前者が0.143，後者が0.157である。
7） 平成16（2004）年度からの10年間は，東日本大震災の影響で，岩手，福島では伸びが大きくなっている。
8） 内閣府地方創生推進事務局交付金チーム『地方創生推進交付金の概要』（2018年11月）（https://www.kantei.go.jp/jp/singi/tiiki/tiikisaisei/souseikoufukin/kentokai_dai1/181113kentoukai_kouhukingaiyou.pdf）。
9） 内閣府地方創生推進事務局「地方創生事業実施のためのガイドライン」（2018年4月）（https://www.kantei.go.jp/jp/singi/sousei/pdf/h300427suisin_guideline.pdf）。

参考文献

佐久間信夫・井上善博・伊藤忠治編著（2017）『地方創生のビジョンと戦略』創成社.
地方自治経営学会編（1986）『新・地方自治経営シリーズ第2号 地方活性化への挑戦』

ぎょうせい.
外山操とグループ 21（1993）『おらが村の 1 億円は何に化けたか』雄鶏社.
橋本行史編著（2015）『地方創生の理論と実践―地域活性化システム論―』創成社.
橋本行史編著（2017）『地方創生―これから何をなすべきか―』創成社.
橋下徹編著（1991）『地域を創る知恵―まちを活性化させる意識と発想―』学陽書房.
林宏昭（2011）『税と格差社会―いま日本に必要な改革とは―』日本経済新聞出版社.
林宜嗣・中村欣央（2018）『地方創生 20 の提言―考える時代から実行する時代へ―』関西学院大学出版会.
山田順（2016）『地方創生の罠』イースト新書.

第5章 地方創生と地場産業
—地場産業における船主業の発展とリスクへの対応—

1．はじめに

愛媛県は，瀬戸内海の複雑に入り込んだ海岸線と多数の島から成立ち，古くから対岸の中国地方や阪神地域および九州方面と人的・経済的な交流が行われてきた。そのために，必要な貨物および旅客の輸送は，専ら船舶に依らざるをえず，必然的に海運事業が発展しやすい地域であった。同時に，それに伴って，海運事業の発展を支える造船業も共に発達してきた。リアス式海岸が造船業に適していたこともあるが，海運事業者と造船業者が情報や経験を共有できる環境にあったことが大きな要因であるとされる。

愛媛県の船主業集団は，愛媛船主，四国船主，今治オーナーなどと呼ばれ，国内だけでなく諸外国からも注目される世界有数の船舶貸渡業者集団である。ギリシャや香港の船主業者と比べると歴史的には新しいが，近年の目覚ましい発展とその支配船舶の規模は注目に値する。日本国内の海運産業の拠点は，各地にみられるが，とりわけ，愛媛船主の所有する外航船舶数は日本全体の約30％を占め，東京や阪神地域の大手運航船社（オペレーター）を除いた純粋な船舶貸渡業者だけをみると，圧倒的に高いシェアを有している。

地球の表面積の約70％は海洋であり，わが国は国土を海に囲まれ（四面環海），必然的に貿易貨物の輸出入は船舶によって行われることになる。したがって，わが国は，貿易量の99.7％（重量ベース）を海上輸送に依存している。このうちの約60％を日本の商船隊が担っている。こうした局面からも，海運事業は，国民生活と経済活動にとって不可欠な産業であり，その重要性が認識される。

海事産業は，業種としては，海運，船員教育・雇用，造船，舶用工業，港湾運送，海運仲立業，船級，船舶金融，海上保険，海事法律事務などの関連分野から構成され，産官学およびこれらの連携からなる複合体・総合体である。英国やオランダなどの海運先進国では，この総合体を海事クラスターと呼んできた。海事クラスターは，その個々の構成員による付加価値や雇用の創出に止まらず，構成組織相互の外部効果，連携，波及効果により，総体としてより大きな付加価値を創造し，全体として競争力を発揮するシステムである。

なお，海運業は，狭義には，船舶を用いて旅客または貨物を海上輸送するサービスを提供することによって収益を得る事業，および船舶を賃貸することによって収益を得る事業である船舶貸渡業をいう。日本標準産業分類では，海運業は水運業の区分に分類され，水運業は海運業に河川および湖沼で輸送サービスを提供する事業を含めたものと解されている。海運業は，さらに外航海運業，沿海海運業，船舶貸渡業に分類されており，運輸に附帯するサービス業として，港湾運送業，運送代理店業が含まれて，その他運輸に附帯するサービス業として海運仲立業が加えられている。広義の海運業は，これらの業種で海上輸送に関連する事業を行っているものと定義される。

そこで，本稿では，こうした世界的に優れた地場産業として特徴のある船主業について把握・認識し，海事クラスターで重要な役割を果たす船主業の取り組みに関し，リスクマネジメントの観点から考察することとした。

２．地域における船主業の発展要因とリスクの処理

（１）海事都市今治の特質

今治市は平成17（2005）年１月の合併に伴い，海事産業（海運事業，造船事業，舶用産業）が集積する海事都市となった。日本最大の海事都市と呼ばれる理由は，圏域（今治市および越智郡）に点在していた海事産業が，合併により１つの行政区域に組み込まれ，産業と生産（数・量）の多くが全国一となったからである。特に，「今治オーナー」と呼ばれる外航船主の集積は，北欧，香港，ピ

レウス（ギリシャ）と並んで世界の四大船主と言われ，全国屈指の造船業を加えた海事産業の集積都市は，世界的にも例がないと言われている。

具体的には，外航海運業については，日本の外航船舶（外航商船隊）約2,700隻の30%程度を占める800隻以上を市内の船主が保有しているとされる。一方，圏域内の内航海運業の船腹量は，国内の8%，愛媛県の中でも63%のシェアを占めており，外航船舶の保有隻数や内航の船腹量からみても，日本国内で最も大規模な海運業の拠点となっている。

さらに，造船業については，建造隻数では国内の約17%を占めている。今治市に本社や拠点を置いている造船会社のグループ全体では，日本全体の約30%を超える船舶を建造し，建造隻数および建造量ともに造船業の拠点を築いている。舶用工業の分野では，高度先進技術を駆使した最新鋭の機器が，今治の事業所から誕生している。造船所の周辺には，これら舶用機器製造事業所が数多く集積しており，全体で10,000人を超える人たちが働く日本一の造船団地を形成している。

こうした産業集積を背景に，船舶金融（シップファイナンス）に取り組む金融機関，海事ブローカー，損害保険会社，銀行の支店，海上保安部，海事事務所などが存在している。さらに，船舶管理会社，海事専門法律事務所，海事コンサルタント，海上保険者等の海事関連企業が相次いで進出し，海事クラスターの形成が加速した結果，世界的な海事産業集積地として発展を続けている。

なお，海事人材育成機関としては，国立波方海上技術短期大学校と国立弓削商船高等専門学校（越智郡上島町）が置かれ，船舶を操船する高度な技術と知識を持つ海技者の養成を行っている。造船業界の課題である技術者の高齢化による人材不足に対応して，今治地域造船技術センターが設立され，技術の継承を目指した取り組みが実施されている。

この地域が日本一の造船・海運拠点となった背景には，海とともに拓け，発展してきた中世の村上水軍の活躍や伊予商人の椀船（わんぶね）月賦販売など（椀船（わんぶね）は，船内に「椀屋さん」と呼ばれる漆器商人が乗っていたころから名付けられた。江戸時代に今治周辺では，椀船と称する回船で行商に出ており，その行商の集金は，月賦方式で行われていた。これにより，愛媛県は割賦販売発祥の地とされる），後の物流ビジネスモデルになるような歴史と先人たちが培ってきた進取の気性および物造りにかける理念を今日まで受け継いできた文化が影響しているといわれている。今治市は，この恵まれた地域資源を最大限に町造りに活かすために，「海事都市構想」を策定した。将来像として，新時代に向けた海事都市今治の創造を掲げ，海事産業の振興をはじめ，歴史文化の顕彰，将来の海事産業を担う人材育成を目指した諸施策を推進してきた。

瀬戸内海には，海運事業，造船業，および舶用工業を核として，海事関連産業が集積している。これらの企業が相互に連携・補完し合うことにより，瀬戸内サプライチェーンを構成している。特に，今治市には，今治造船グループをはじめとする日本有数の造船企業があり，日本の船舶建造量の約20%（今治市に本拠を置く造船会社グループ全体では日本の約30%）を建造する造船産業集積地となっている。世界的に海運業者が集積している地域は，今治市の他に香港やギリシャなどがあるが，今治市はこれらと違って，海運事業と造船業および舶用工業が集積している世界に類を見ない特徴のある地域で，これらが連携・補完することにより海運業が発展してきた経緯を持つ。

（２）船主業発展の背景

今治は平安時代には，すでに瀬戸内海を往来する水運の拠点として知られていた。船主も戦前から多く，太平洋戦争時に多くの船舶を徴用されて，いったんは財産を失った。その後，朝鮮戦争の特需をきっかけに持ち直し，日本の高度経済成長に支えられ，国内海運を中心に船団を広げてきた沿革を持つ。零細事業者が数十億円の船舶を何隻も持つような独特の経営が根付き，現在も存続している理由の１つは，愛媛方式と呼ばれる商習慣にあるという。これは，地元の造船所が，船主に対して船舶の建造代金の分割払いを認めてきたことを指す。古来，水夫たちが天候や潮流，航海術などを地域に伝えてきた今治では，海運・造船業者の結びつきが強く，互いに支え合う気風があった。ただし，国内航路から外航への拡大や，近年の急膨張については，国内外の海運事情の変化も影響している。

今世紀に入って中国が世界の工場として国際物流の中心になるにつれ，海上の荷動き量はそれまでと桁違いの勢いで増え始めた。海運大手が自社で持つ船舶だけでは足りなくなり，船主が船舶を貸す際に受け取る傭船料や中古船の売却時の価額が高騰した結果，保有している船舶の資産額が膨らみ，そこに生じた含み益を活用して，船主は次々と新しい大型船の建造を進めていった。今治では，地元のタオル会社や鉄工所，パチンコ店，船舶部品メーカーなど異業種の参入も相次いだ。平成12（2000）年に465隻だった愛媛船主の外航船数は，10年間でほぼ倍増している。さらに，市場での格付けを気にする海運大手が，90年代以降に，借金を減らすために船舶の自社保有を，船主から船舶を借りる方針に切り替えたことも寄与したという。企業向け融資が細っている銀行にとっても好条件であった。愛媛船主に目をつけたメガバンクや県外の地銀の参入も相次いだ。

（３）愛媛船主の船舶貸渡業（船主）の現状

愛媛県には，戦国時代に瀬戸内海を支配した村上水軍の本拠地があったことから，海運業の長い歴史がある。現在，愛媛船主は，ギリシャや香港と並ぶ船主として，世界の海運業で重要な位置を占めている。愛媛県に本社を置く船舶貸渡業者は，150社余りあり，毎年の総売上高でみても約1,400億円程度を得ている。

愛媛県の船主に関する状況については，株式会社いよぎん地域経済研究センター（IRC：Iyogin Regional Economy Research Center, Inc）によって，以下のような経緯と特質が明らかにされている。

・外航海運業界は，リーマンショック前後にかつてない好景気と不景気，円高を経験した。長らく低迷していた市況は，船腹の需給調整を図ってきた結果，改善がみられ，世界的な荷動きの増加を背景に，先行き底堅く推移するとの見通しがなされている。

・IHS Fairplay（旧Lloyd's）のデータによる愛媛船主の外航船舶保有状況は，約1,000隻，国内シェアは30％。隻数および国内シェア共に増加傾向にある。

・愛媛船主を保有隻数でみると，10隻未満の中小船主が44業者（63.8％），10

隻以上保有する中堅以上の船主が25業者（36.2%）。中堅以上の船主の保有隻数は合計834隻（80.6%）で，約3分の1の船主で8割の船舶を保有している。

・愛媛船主は，ばら積み船やコンテナ船を多く保有しており，その船籍国はパナマが8割以上。
・愛媛船主は，先の海運バブルに冷静に対応したことにより，不況と円高に耐えて乗り切る体力と経験を有している。
・船主にとって，船舶管理や人材育成が課題となっており，財務体質の強化や海事関連の法律・規制への対応などの新たな課題も生じている。
・船主は，家業から企業への変革，人材育成の協働化が必要とされ，海事クラスターを構成する各産業との連携強化が求められている。

（4）船主業の展開と可能性

IRCによる調査をはじめとして，愛媛船主の経営方針や自社と業界が抱える課題や今後の方向性については，ほぼ共通して次のように実態が把握・認識されている。

① リーマンショック前の海運バブルには，「隻数が増えて，船型も大型化したが，無理はしなかった」，「ニーズに合った船舶だけ造った」，「いつか市況は悪くなる」，「身の丈にあった経営に徹した」など，総じて冷静かつ保守的な対応をしていた。不況と円高にも「耐えるしかなかった」という声が多かったが，「振り返れば，無理をしなくてよかった」，「堅実さが効果を発揮した」など，愛媛船主の根本理念を感じ取れる意見が多くみられた。

② 愛媛船主にとっては，船舶管理の重要性がますます高まっており，船舶管理業務のすべてを担う船舶管理監督（SI：Superintendent）の人材確保・育成が課題となっている。

③ 市況変動リスクの高まりを受け，船舶を建造する際に自己資金の割合を高めたり，運航・管理コストを削減したりして，財務体質を強化することが求められている。このほか，海事関連の各種法律・規制の対応，とりわ

け，環境に配慮した運航や船員の技能向上・雇用条件の改善なども課題となっている。

④ 今後について考えると，中長期的には，海上荷動き量の増加が見込まれるため，適正範囲内での保有船舶の隻数増や代替船舶の建造（レプレイス），船型の大型化を進めていく愛媛船主の基本的なビジネスモデルは変わらないと予想されている。しかしながら，海外船主との競争に加え，船舶投資ファンドの参入による慢性的な船腹過剰と市況低迷も予想されるため，愛媛船主の舵取りはより慎重になると考えられる。

⑤ 愛媛船主が抱える課題は多くあるが，家業・生業としての船主業から企業として発展することが，愛媛船主全体，さらには，海事産業全体の持続的発展の観点からも重要になる。海務監督（SI）をはじめ，人材育成の協同化についても愛媛・今治の強みである海事クラスターを活かした産官学連携による対応策が必要となる。当然ながら，地場産業が発展するためには，金融機関や行政などの支援も必要である。愛媛の船主，ひいては，日本の海事産業がグローバル市場で対等に競争できるように，それらのニーズに応じた適切な支援を行うことも求められている。

⑥ 60社程度あるといわれる愛媛船主の多くは従業員数人の零細企業のかたちをとっているが，世界の海運業界では，ギリシャや香港の船主たちと肩を並べる知名度がある。愛媛船主の存在感の源は，所有船舶数である。所有する外航船舶（国際航路を運航する船舶）は，明らかになっている分だけで約830隻。コンテナ船や貨物船，タンカーなど多種類にわたり，その船舶の資産価値合計は2兆円を超える。日本の海運会社が運航する約2,700隻の外航船舶のうち，その約3割は愛媛船主が貸し出している。

⑦ 愛媛船主の経営実態は，資産規模は大きいが，上場もしていない。市民ですら船主の存在を知らない人が多く，典型的な家族経営である。40年ほど前に外航海運業に進出した。今は外国人船員を配乗し，海運大手に船舶と船員を手配して貸し出す船舶管理業も行っている。

（５）船主の海外移転

平成20（2008）年の金融危機後，世界の荷動きが停滞する一方，好況期に発注した船舶が市場に出てきたため，船舶が過剰になり始め，円高も追い打ちをかけた。金融危機前と比べると，円が上昇したことにより，傭船料は米ドルで入るが，銀行からの借入は円で支払うため，為替差損に苦しむ船主も多かった。

零細事業者の多い愛媛船主は，資産規模が大きい半面，借金も多い。保有する船舶も，ほとんどが融資の担保に入っている。金融関係者によれば，建造時の支払いに占める自己資金の割合は10%から20%程度のところが多い。欧州の船主は40%から50%程度といわれる。

手元資金を蓄えていれば，借金の一部を返して利払い負担を減らせるが，そうでない船主は資金処理が難しい。銀行の中にも，融資に慎重になるところが増えてきた。船主の自己資金が少ないのは，制度の影響も大きく，戦後に政府が海運振興策として導入した圧縮記帳と呼ばれる特例制度を使う船主が多いためである。通常は，中古船を売って得た利益の半分近くを税金として納める必要があるが，売却益を２年以内に新しい船舶の建造に充てれば課税を繰り延べできる。税負担は減るが，自己資金は会社に蓄積しにくくなる。産業振興のための租税回避制度が裏目に出ている状況と分析されてもいる。ギリシャやシンガポール，香港などでは中古船を売却した際の利益は原則非課税である。このため，日本の税制を敬遠し，保有船舶の船籍や本社を新興国に移す船主も出てきた。

こうした事態に対応するために，「レジスター・ジャパン構想」として，船舶の船籍港を今治に登録した外航船主に対しては，法人税や登録税などを開発途上国並みに引き下げる特区を創設することが発案された。愛媛船主が所有船舶の船籍を開発途上国に移転することについて，船舶だけでなく船主まで海外に流出してしまえば，造船業者や舶用部品メーカーといった周辺産業まで廃れてしまうことになる危機感があった。税制優遇などで自国船籍を増やすための制度は，英国，デンマーク，ドイツなど欧州の主要な海運国でも定着しており，特殊なものではない。

とりわけ，海運関連の国際条約をめぐる交渉の場では，その国の船籍の総トン数が発言力を左右することになる。日本の船主の多くが船籍登録しているパナマの発言力は，日本の13倍あるというが，パナマは必ずしも日本の立場を代弁してくれない。日本籍船を増やさなければ，経済安全保障はおぼつかない。愛媛船主の中には，こうした構想の実現に期待する声もあるが，日本の税制そのものが大きく変わらないと難しさは変わらないという厳しい見方もある。

仮に本社を日本国外に移したとしても，海外で本当に生き残れるかどうか不安が残る。海外への本社移転を検討している船主は，家族で海外に永住するくらいの覚悟が必要で，外国の銀行は日本ほど融資にも甘くない。結論は簡単に出しにくいが，日本の海運を陰で支えてきた愛媛船主が岐路に立たされていたのは，こうした事情による。

（6）船舶管理業務の質的向上

船舶管理業務は，オペレーター（運航船社）が手配する貨物および燃料油以外の本船にかかわるすべての業務を指す。具体的には，本船の運航から船員の手配（マンニング：manning），輸送中の積荷管理までを含む。これらの個々の作業を担当するのが船員であり，世界最大の船員供給国がフィリピンである。本船を現場で運航するのは，船員である。船舶管理業務は，この船員を確保・雇用・管理・教育・訓練することであり，海運事業の根幹を担う不可欠な業務と言える。国内船主業集団の機能としての船舶管理業務は，船籍国として船舶の安全運航を実施する視点から対応することが重要である。

船舶管理では，世界最高水準の安全運航の実現による高品質で信頼性の高い輸送サービスの提供が目標となる。最も重要な点は，配置されて業務を行う乗組員が，同様に一定の品質基準を満たし，決められた手順で業務を遂行できるかどうかということである。

3．船主業におけるリスクファイナンシング

（１）海運事業と金融機関の関係

① 無尽の発展

明治時代に，波方（現在の今治市波方町）の船主の船舶は木造船で，風を推進力として動く帆船であった。しかも船型が小さく風や波に弱かったため，天候により海難事故に遭遇し，多大な損害が発生することがよく起こった。沈没せぬまでも，その修理代の調達は困難であった。これらの船舶の建造や修理には多額の資金が必要だったが，当時は銀行もなく簡単に資金を調達することができなかった。そこで，波方の船主たちは無尽を組織し，資金を融通し合った。無尽制度は，金融機関の発達しない頃の地方での唯一の金融手段であった。

今治には，今治無尽株式会社があり，船舶金融を行っていたが，昭和18（1943）年３月には県下の５つの優良無尽会社（東予無尽，常盤無尽，松山無尽，今治無尽，南予無尽）が合併して愛媛無尽株式会社となった。この愛媛無尽株式会社が，愛媛銀行の前身である。当時の波方・波止浜には他にも金融機関はあったが，船舶への貸出は無く，船舶貸出は愛媛無尽株式会社のみであった（無尽制度は，日本で古くからあった相互扶助を理念とした金融方式のことをいい，無尽講や頼母子講ともいう。複数の個人や法人などが講の組織に加盟し，一定の口数を定め，一定の期日ごとに一定の出資（掛け金）をさせ，１口ごとに抽選や入札によって所定の金額を順次加入者に渡す方式でお金を融資する制度であった。無尽は，1500年前にインドから中国を経て仏教とともに日本に伝わった手法といわれ，相互扶助，助け合い，思いやりの精神に基づき，庶民の間で普及してきた。愛媛県にも古くから各地に無尽があった。現代のように金融機能が発達していない時代に多額の資金が必要な船舶の建造や海難事故の修繕費用を調達する場合には，互いが資金を持ち寄り，大金を用立てる金融システムが必然的に発達してきた）。

② 愛媛相互銀行（愛媛銀行）の船舶貸出

船舶貸出を専門としていた愛媛無尽株式会社は，昭和26（1951）年５月に相互銀行法が成立したことに伴い，同年10月，新しく株式会社愛媛相互銀行と

なった。当地の船舶は木帆船から鋼船へと切り替わっていき，それに伴い船価は高額化していった。それに対応して，愛媛相互銀行も無尽方式から一般融資へ切り替え，積極的に船舶融資に取り組み，巷では海運銀行と呼ばれていたという。その後，平成元（1989）年２月に株式会社愛媛銀行となり，普通銀行へ転換した。海運業の発展に伴って，海運業者は内航船から外航船へ進出し，便宜置籍船を建造してきたが，同行は外国船舶を担保とした海外子会社への貸出にも早くから理解を示し，対応していた。

③　海運業の支援育成

海運事業は愛媛県の地場産業であり，愛媛銀行は古くから海運事業向け貸出を積極的に行っていたことから，顧客との取引歴も古く，内航船と外航船に関しても大きな変動が何度もあったが，顧客と共同で助け合い乗り越えたという経緯がある。同行は，顧客と地域金融機関は運命共同体であると考えている。常に顧客との絆を大切にしつつ，地場産業である海運業を積極的に支援していく方針が経営の基盤にある。

④　船舶融資の基本理念

海運市況は大きく変貌しているが，同行の融資姿勢は従来と変わることはない。融資の考え方の基本は，船主コーポレートファイナンスの信用力（財務内容，所有船舶のキャッシュフローと含み資産，実際の資金収支等）と個別案件の事業計画・収支計画（船価，用船料，用船期間，オペレーターの信用力，運航コストの状況，リスク処理対策，自己資金の投入割合等）および外部環境（海運市況，船舶需給状態，世界経済の展望，為替相場の変動，金利動向等）を勘案した総合的な審査・判断である。基本的な貸出形態は対象船舶の法定耐用年数内での均等返済（自己資金10%から20%）である。なお，建造契約・起工・進水から建造までの分割貸出（ブリッジローン）についても対応している。その他，基本的な考え方は，１船１行主義である。ただし，大型船舶などについては，シンジケートローンや協調融資も排除していない。船種やオペレーターについて特に排除しているものはないが，基本的には国内オペレーターまたは海外有力オペレーターで，造船所は原則として国内造船所としている。

⑤　新しい融資手法の導入

平成16（2004）年12月には，地元船主向けにシンジケートローン（syndicated loans）が組成された。地方船主向けの船舶シンジケートローンとしても国内初の取り組みであった。近年，愛媛船主の財務内容は格段に向上し，大型・高額船舶を所有できるようになってきており，これに対応した取り組みでもあった。続いて平成17（2005）年１月には，船舶貸出債権の流動化スキームが確立された。このスキームにより貸出債権の一部を機関投資家に譲渡することによって，金融機関には新たな融資枠が生まれ，新造船舶の貸出支援につながった。

シンジケートローンは，複数の金融機関がシンジケート団（協調融資銀行団）を組成し，１つの契約書に基づき同一条件で融資を行う貸出形態で，借入人からの組成依頼を受け，アレンジャーが参加金融機関の募集・契約書のとりまとめを行う。借入人にとっては，アレンジャーを窓口とすることによって大口の資金調達が可能となり，条件交渉が効率化されるなどの利点がある。なお，借入実施後にも，エージェント（一般にはアレンジャーが担当）が資金管理やシンジケート団との折衝・連絡等を担当する。この点において，シンジケートローンは一般の協調融資とは異なる。

（２）船舶ファイナンスの展開

船舶ファイナンスは，貸出先である船主の会社全体の信用力（財務内容，所有船舶の内容と含み益およびキャッシュフロー，実際の資金収支等）を総合的に審査して貸出するコーポレートファイナンス（corporate finance）と個別案件ごとの事業計画（船価，用船料，用船期間，オペレーターの信用力，運航コストの内容，自己資金の投入割合，リスクヘッジ対策など）を審査して貸出するプロジェクトファイナンス（project finance）の両面を持つが，船舶の資産価値に着目したアセットファイナンス（asset finance）という考え方もある。

一般に，船主（船舶貸渡業者）の借入金の返済原資は，大手オペレーターとの用船契約に基づく安定した用船料収入であるため，大手オペレーターの信用力に依拠した組立てであると言える。しかし，採算の良い船舶が採算の悪い船舶を支え，最終的には企業全体で借入金を償還していくことになるため，船舶ファイナンスはコーポレートファイナンスであるともいえる。なお，個別案件の審査に際しては，外部環境（海運市況・船舶の需給状態，世界経済の展望，荷動き予測，為替相場の変動，金利動向等）を勘案した総合的な判断が必要である。その他に，JOL（Japan Operating Lease：日本型オペレーティングリース）や船舶投資ファンドによる資金調達手法もある。

ノンリコースローン（Non-recourse loan）は，返済の原資を借り手が持つ特定の資産または融資を受けた特定の事業に限定するローンをさす。融資の際に担保となるのは融資対象物件から生じる収益や将来の処分価値のみで，プロジェクトファイナンスはノンリコースローンの一種である。当該ローンを実行する時には，対象となる資産や事業をSPC（Special Purpose Company：特別目的会社）に委譲した上で融資を行う。SPCは一般の事業と分離（倒産隔離）されているため，他の事業の影響を一切受けることがない。逆に，当該事業が不採算となっても，他の事業から補塡することはできない。JOLは，投資家が航空機，海上コンテナ，船舶等の大型リース案件に出資参加し，大型の償却資産を取得したのと同様の効果を得ることによって，計画納税を可能とする資金調達手段である。

船舶投資ファンド（investment fund）は，複数の投資家から集めた資金を用いて投資を行い，その得られた利益を分配する仕組みをいう。投資信託として組成されることがあるが，投資事業組合として組成されることもある。投資ファンドの実際の投資はファンドマネージャーと呼ばれる投資の責任者が行う。

（3）船舶ファイナンスにおけるリスクへの対応と船主の課題

① 船舶ファイナンスへの取り組みと理念

船舶ファイナンスは，船舶取得とその船舶の運用から生じるキャッシュフローを背景とした資金調達の方法である。船舶ファイナンスは，船舶という特殊な資産を担保とするスキームであることから，船舶特有の検討要素が数多く存在する。外航船舶の場合，パナマ，リベリア，バハマなどの便宜置籍船国に船籍を置く場合が通常の処置であるため，不動産ファイナンスの場合とは異なる特殊な方法で担保設定（抵当権，傭船料請求権への譲渡担保の設定等）を行う必要があり，スキームに課される規制も登録国によって多様である。さらに，融資が特定の傭船契約の存在を前提条件とする場合には，プロジェクトファイナンスとしての要素を含むため，傭船契約をはじめとする海事関連の検討を行うことが不可欠な対応要件となる。

船主の船舶ファイナンスへの取り組みに対する金融機関の考え方および認識については，以下のような特徴があげられる。

- 海運を日本の重要なインフラ産業と位置付け，変革期や不況下にあっても，長期的な視点で海事産業を支援することを企業理念としている金融機関が多い。
- 海運は市況変動が激しく，循環的な産業であることを前提として対応し，海事産業の有するハザードの認識が不可欠であるとされる。
- オペレーター（運航船社）を中心とした船主への融資において，実需に基づき，傭船先と長期契約が締結されている船舶建造に対する融資は，安定した事業に資する融資として金融機関に引き受けられやすい。
- 投融資は，ニーズに合わせた最適なファイナンスを提供し，メガバンクや地域金融機関と連携しながら，シンジケートローン（協調融資）などに取り組む。特に，FPSO（Floating Production, Storage and Offloading：浮体式石油・ガス生産貯蔵積出設備）に対しては海運とエネルギー産業分野横断的なプロジェクトとして，グローバルな事業展開を支える戦略的取り組みが必要とされる。
- 近年，新造船の発注は減少傾向にあるが，船舶自体の大型化と多様化により，1隻当たりの貸出額は増加傾向にある。
- 日本および海外ともにオペレーター（運航船社）の傭船期間が短期化している。
- 傭船料マーケットが将来回復してきた際に，短期傭船契約の方が，船主に有利に働く可能性が高いとも考えられる。
- 邦船オペレーター（運航船社）の新造傭船が減少し，船主向け船舶融資が多様化している。
・近年は，海外オペレーターの倒産，傭船料の減額といった新たなリスクが発生している。
・好況期，不況期を問わず，船舶ファイナンサーとして常に船主の財務能力に見合った融資判断をする。
・船主自体の企業与信力を重視した審査に基づき，返済能力，対応能力を判断する。

② 船舶ファイナンスの現状とリスク処理の課題

(ⅰ) BBC (Bare Boat Charter：裸傭船) への取り組み

BBC (裸傭船) は，日本の船主が新造船を発注し，本船だけの所有者となり，オペレーター (運航船社) に船舶を傭船貸出しする契約をいう。なお，欧州のオペレーターやギリシャ船主が既存船舶を日本の船主に売却し，そのまま再傭船する場合もある。定期傭船との技術的な違いは，船舶管理の有無であるが，その背景にある動機は根本的に違う。BBC は，契約案件としては，定期傭船と同じようにみえるが，船主が船舶を運航する行為を持たず，単なる船舶の出資者となり，金融商品にすぎないと指摘されている。近年，船舶融資に取り組む地方銀行が BBC への融資を実施している。

(ⅱ) BBC の潜在的リスク

BBC の利点としては，①引受手となる船主にとって償却資産が確保できること，②外航海運業への進出が可能になること，③資金余剰状態の日本の金融機関が船舶融資を行えること，④海外オペレーターやギリシャ船主が，欧州の銀行から日本の金融機関に資金を借り換えできること，などがあげられる。しかし，海運ブローカーが，BBC のこうした有利な点だけを喧伝し，BBC 案件に潜むリスクが，明確に認識されているとはいえない。したがって，単に新造船を造りたいとか，資金融資が受けられるからという安易な投資姿勢は，問題を生じることにつながる。税金対策として新造船を建造し，償却財源を確保するという考え方は，本来の船主業から大きく逸脱したものであるという見解がある。つまり，繰り延べた税金は必ず支払うことになる。結果的に償却財源を確保する戦略で進めることはよいとしても，現在の主流となっているBBCスキームのような金融商品的取引は，伝統的な船主業からすれば，船主業はまさに船舶管理業であり，船主が自ら船舶管理しないものは船主業ではないという。

船舶管理は，船長および機関長を含めて船員を派遣し，本船の運航にかかわる現場の一切を管理することをさす。BBCは，船舶の所有だけを目的とし，本船の運航を含め，傭船者（借主，charterer：チャータラー）が本船を管理する契約である。実際に，BBCでは，登記上は船主の所有船舶にもかかわらず，船主自身が本船を見たことがないという事例がある。

BBCには，傭船社（チャータラー）の貸借対照表（オフバランス）対策，および欧州の銀行からの融資借り換え対策など，金融商品としての側面がみられる。金融関係者の多くも実際に，日本の船主にとって償却資産の確保になるという金融商品としての性格を認めてはいる。

BBC案件が日本市場に増加しだしたのは平成28（2016）年後半頃からで，欧州の船舶融資銀行（Royal Bank of Scotland, Deuche Bank, Commeruts Bank等）が船舶融資から撤退またはその大幅な削減を表明したことに端を発する。ギリシャ船主も追加担保（LTV：Loan to Value）に難色を示し，日本船主に保有船舶を売却することが開始された。日本の船主にとっては，ドライ市場の不況により，海運大手や邦船オペレーターからの新造傭船の案件が激減しており，新造船を発注したくとも，傭船者（チャータラー）の確保が困難であった。

すなわち，ギリシャ船主は発注した新造船の資金調達ができなくなった一方，日本では，邦船オペレーターの案件はほとんどなく，メガバンクおよび地方銀行ともに資金を貸し出したく，船主も償却資産を取得したいという状態になっていた。この状況を解決する手段として，それぞれにとって利点のあるBBC案件が活用されることとなった。

欧州と日本のマーケットの大きな相違は，金融機関の貸出し余力の有無であった。日本の金融機関は，リーマンショックの被害が少なく，欧州の銀行に比べて，財務の健全性を維持していた。船舶融資にも積極的に取り組み，海外船社とのBBC案件および中小型バルカーに関しては，傭船期間を短期化する融資案件にも対応していた。

大部分のBBC案件には，傭船者の側に本船の購入権利（Purchase Option：PO）が契約の条件として付帯されている。このため，通常の定期傭船契約と異なり，PO（買取権）の行使によって，傭船期間の終了後に，大半の船舶が欧州のオペレーターやギリシャ船主に買い取られると予測される。つまり，ギリシャ船主は，日本の船主を通じて日本の金融機関から融資を得られたことにより，ドライ市況が上昇すれば，船舶を買い取ることは確実である。具体的には，2－3年後にドライ市況が上昇し，中古船価格が高騰した場合には，欧州のオペレーターおよびギリシャ船主はPOを行使し，日本の船主から船舶を取得することになる。そのような状況下では，船腹不足に悩む邦船オペレーターに当該船舶を高額で貸し出すことが想定される。

したがって，将来的には，日本の船主が持つ一定割合の所有船舶が日本商船隊から海外へ流出する可能性がある。BBC案件が多くなると，日本商船隊の船隊構成において，将来に大きな禍根を残すリスクを抱えることにもなる。

（iii）BBC傭船料の前払い

海外オペレーター（運航船社）がBBCにより新造船を建造する場合に，傭船料を前払いする事例が生じている。この海外オペレーターが前払いする傭船料は，実質的に新造BBC船舶の自己資金として充当される。BBC案件に取り組む日本船主には，自己資金が不足している船主もおり，邦船オペレーターの新造案件が少ない状況下で，海外オペレーターは傭船料を前払いすることによって，BBC案件を成立させている。前払い分は傭船料から差し引かれるため，オペレーターにとっても損失にはならない。

日本の船主が新造船を発注する場合に，金融機関から船舶融資を受けるには，自己資金が必要とされる。一般的に，自己資金は，船価の10％である。金融機関は，船主の自己資金，企業与信，オペレーターとの傭船契約などを審査する。しかし，内航船主から外航船主に進出しようとする新興船主の中には，必要な自己資金を確保できない船主もいる。一方，欧州の金融機関は，船船融資から撤退または縮小しており，海外のオペレーターは，低金利で日本の銀行からの融資を活用することを目的に，日本の船主から船舶を傭船しようとする。通常，オペレーターが船主に支払う傭船料は週または月単位で処理される。しかし，最近，一部の海外オペレーターは，１年分の傭船料を日本の船主に支払うことで合意する事例がでてきた。この前払い分を造船所に支払い，船主の自己資金として金融機関が融資している案件が発生している。

平成 26（2014）年から平成 28（2016）年の海運不況期に国内外のオペレーターが相次ぎ倒産し，新造傭船と長期傭船が一方的に船主に返船された。この海運不況期の返船は，船主が船舶管理を手配する定期傭船契約が大半であった。これに対し，現在進展している海外オペレーターの傭船料前払い案件は，多くがBBC 案件である。BBC は，船主が所有権を持っているが，実質的な本船の管理はオペレーターが行う契約である。海外のオペレーターにとっては，資産を減らし，オフバランス（簿外債務での取引）で船舶を活用でき，日本の船主は，自己資金が不足していても新造船を建造でき，それぞれにとって利点がある。

しかしながら，BBC 特有のリスクとして，返船時の船舶の状態，オペレーター倒産時の船舶取戻しの処理など，問題点を認識する必要がある。海外のオペレーターは，BBC の場合，メインテナンスには力をいれない。仮に，PO が行使されなければ，返船されても，整備不良の船舶として戻ってくるだけである。さらに，傭船者（チャータラー）である海外のオペレーターやギリシャ船主が倒産した場合，船主は，本船の占有権を債権者から回復するために，多大な労力を要することになる。たとえば，バンカー代金（bunker：燃料油代金）や船員費用の未払いなど，傭船者の債務に関して複数の先取特権が設定されていることも多く，本船の占有権を回復するのに長期間を要することにもなる。

船舶先取特権（maritime lien）は，船舶に関する特定の債権者に，当該船舶と属具および未収の運送賃に対して認められる特殊な先取特権のことをさす。具体的には，総債権者の共同の利益のために生じた債権，雇用契約によって生じた船員の債権，入港税等の航海に関し船舶に課される諸税のような公益上の債権などについて認められ，他の先取特権や船舶抵当権に優先する（日本の場合は，商法 849 条に規定している。パナマ法は，抵当権に優先する船舶先取特権を裁判所費用，救助料，海員給与の３つに限定している）。船舶先取特権は，通常の先取特権とは異なる性質を持っており，通常の先取特権は目的物を債務者が占有していることが前提となっているため，第三者に譲渡されると消滅してしまうが，船舶先取特権は追及性を持っており，船舶が第三者に譲渡されても消滅しない。したがって，中古船を購入した後に，前船主のバンカー代金（燃料油代金）の未払いがあった場合，債権者から本船を差押え（arrest）されることもある。さらに，船員の給与未払いなどにより，船員に本船を差押えされる場合もありうる。抵当権者である金融機関が本船を売船した場合にも，抵当権に優先する船舶先取特権があり，売船代金を全額債権回収に充てることができない場合もある。

(iv) BBCスキーム組成の誘因とリスクへの対応

伝統的船主と新興船主の傭船契約への取り組み姿勢の差異は，究極的には，定期傭船と裸傭船に対する考え方の違いに帰着する。本業としては定期傭船であるが，部分的にBBCに取り組む船主も徐々に増えている。邦船オペレーター（運航船社）の新造案件がほとんどないため，日本の船主として世界の海運業界の中で単独で生き残るには，海外のオペレーターに目を向けざるをえず，リスクを取りながら，海外オペレーターの保有船の仕組み替え，BBC案件に取り組む必要がある。債権者が銀行に集中する船主業は本来，倒産の可能性は少ない。BBCを積極的にやりたい船主は少ない。中古船の仕組み替えも同様である。しかし，それをやらなければ，船主の船隊が縮小する。船隊の縮小は廃業につながる可能性がある。かくして，世界の海運不況が継続する状況下で，日本の金融機関がBBCを通じて間接的に海運市場に資金を供給していることになる。ただし，BBC案件では，POの行使により，船主の船隊に船舶が残存しないという問題がある。

③ メガコンテナ船対策とリスク処理

最近，コンテナ船は，コンテナ１万4,000個（TEU，20フィート換算）積みから２万個積みなど，ますます大型化してきた。メガコンテナ船は，船価が１億ドルを超える高付加価値物件で，船主が投機発注できる対象ではなく，船主がロットで保有することは困難なため，リース会社などが対応してきたが，実際にメガコンテナ船を保有する船主が現れ始めた。オペレーター主導で船台を確保し，オフバランス（簿外債務での船腹調達）の要件で対応することになる。船主としては，メガコンテナ船の保有を本格的に検討する時期に来ている。

今後は，日本の船主は，邦船オペレーターの案件だけに依存するのではなく，世界の海運会社を相手に対応することが求められている。

④　IFRS 導入による COA（Contract of Affreightment）化への対応

鉄鋼メーカー向けケープサイズバルカーや鉄鉱石専用船の長期契約が，これまで主流の連続航海傭船（連航船）契約方式から COA（数量輸送契約）に変更される可能性が高まっている。鉄鋼業界が導入を検討中の国際会計基準（IFRS）により，連航船が鉄鋼メーカーの貸借対照表にオンバランス（資産・負債計上）化される可能性が強く，財務指標のマイナス要因になりうることに対する措置である。現在，鉄鋼メーカー向け長期契約で主流の連続航海傭船は，特定の船舶が契約終了まで輸送に従事する。一隻を使い続ける契約方式のため，IFRS では，鉄鋼メーカーの資産・負債扱いの可能性があり，財務上の負担となることが懸念される。ただし，IFRS を採用すれば，海外企業との提携や M&A（合併・買収）を進めやすいという利点もある。こうした鉄鋼メーカーの鉄鋼原料の長期輸送契約で，特定の専用船を利用し続ける連続航海傭船がオンバランス対象とみなされる可能性が生じたため，鉄鋼メーカーは財務指標改善を目的としたオフバランス（簿外）化に対応して，船舶を特定しない COA へ転換することを考慮している。COA は，船舶を特定せず，一定期間内に一定数量の輸送を取り決める契約である。従事する船舶が適宜入れ替わっていくため，IFRS でもオフバランス処理されると考えられる。COA によるオフバランス化もどこまで配船条件を厳密に精査し，会計上の扱いが判断されるのかは，不透明な状況である。

したがって，定期傭船を活用している海運会社にとっては，事業戦略の根幹にかかわる問題となり，COA は契約の行使が集中する局面に備えて，契約数量に対し，船腹に余裕を持たせておく必要がある。すなわち，想定される連航船の隻数分の輸送量をCOA化しようとする場合，COAに必要な船腹は，同じ隻数の船舶では足りないことを認識しておかねばならない。

4．おわりに

瀬戸内海沿岸は，造船・海運業をはじめとする海事産業が集積して一大海事クラスターを形成しているが，とりわけその中核エリアである今治地域は，豊富な情報と人材が集まる世界有数の海事都市として進展している。海事クラスターの一員として，地場産業である造船・海運業の持続的成長・発展に貢献する潜在的能力を一層充実・強化させる政策を実施すべき時期に来ている。

世界の海事の中心は，現在，デンマークとシンガポールといわれている。将来，これを今治または神戸とマニラになるような取り組みが構想として考えられる。これに挑戦する価値と実現可能性は十分にあると認識される。

今や海事都市今治や神戸の発展を推進し，日本の海事産業の成長につなげるべきである。港湾設備だけでなく，海事専門知財の蓄積を生かした知識集約海事クラスターを構築することを推進できる海事経済特区の設置，世界海事大学（World Maritime University：WMU）のアジア太平洋キャンパスの誘致など，今治や神戸をアジアの海事産業の中心地とし，海事関連情報の交流する都市に変遷させ，多様な海事人材育成の拠点とするなど，産官学の連携によって実行可能なものとなりうる。海事都市の今治や神戸とマニラにアジアを代表する海事クラスターの拠点を形成する戦略を実施する早急な対応が求められる。

日本の商船隊が国際競争力を有するに至った最大の要因は，長年にわたりフィリピン人船員が国際競争力のある労働力として日本の商船隊に乗船し，安全運航に寄与したからであるといえる。したがって，今後ともわが国商船隊の安全運航を担うフィリピン人船員の教育と技能の向上は喫緊の課題である。フィリピンが世界のマンニングの中心としての地位を維持していくための施策が求められる。さらに，日比両国にとどまらず，ヒューマンインフラとして船員の主要供給地域であるアジア全体において優秀な船員を確保・育成することが不可欠な施策となる。そのためには，アジア・太平洋地域の船員問題に関する取り組みを主導し，海事分野で世界的な貢献を果たしていかねばならない。具体的には，産官学の国際的な連携によって，船員の教育・訓練を目指す，アジア人船員国際共同育成構想（Asian Seafarers' International Cooperative Education and Training Scheme）が考えられる。船員は船主の支援がなければ，資質の向上は困難である。アジア太平洋地域の船員の資質向上による質的競争力の強化とともに，国際海事社会に対する発言力を高める体制を整備することが，地域創生へ向けた基盤形成の根本的要件となる。

参考文献

岡山昭一（2015）『海運業の発達と現状』2015 年 9 月 30 日，p.1-109.

日野満（2014）「第 4 章　愛媛の国際海運業の発達と現状」清野良栄編著『海事産業の現状と未来－愛媛から世界へ－』晃洋書房，p.64-88.

本図宏子（2016）「愛媛県海事クラスターにおける集積効果とその発展について」（公財）日本海事センター.

本図宏子（2017）「日本の海事クラスターの経済規模と集積効果～愛媛県海事クラスターの事例分析とともに～」日本海事新聞 2017 年 3 月.

株式会社いよぎん地域経済研究センター（IRC）『IRC Monthly』2014 年 5 月号.

「海運業について～世界に誇れる地場産業『愛媛船主』～①－④』の概要」『ひめぎん情報』2005 年 12 月号，No.248 － 2006 年 9 月号，No.251 号.

「海運業の発達と現状～世界に誇れる地場産業『愛媛船主』～①－⑫」『ひめぎん情報』2012 年新春号，No.269 号－ 2015 年秋，No.280 号.

公益財団法人 日本海事センター「各県別海事産業の経済学－愛媛県－」平成 24（2012）年 6 月，p.44-55.

日本海事新聞（https://www.jmd.co.jp）.

今治市海事都市推進室（www.city.imabari.ehime.jp/kaiji）.

今治市海事都市交流委員会（https://www.facebook.com/imabrikaiji/）.

伊予銀行（https://www.iyobank.co.jp/）.

愛媛銀行（https://www.himegin.co.jp/）.

第 6 章　地方創生と公共交通
―コミュニティバスと地域再生・活性化―

1．はじめに

今や地域の公共交通は危機に瀕している。かつて全国津々浦々に存在した乗合バスは，高齢化・過疎化の波の中で次々に路線休廃止の現実に直面している。

公共交通は，文字通り住民の足として，通勤・通学・買い物・通院など地域住民の生活に欠くことのできないツールであると同時に地域経済・文化交流を支える重要な基盤でもある。そして，今後予想されるところのさらなる過疎化の進行と人口高齢化に伴う交通弱者の増大は，さらにその重要性を高めていくことは間違いない。

そこで本稿では，乗合バスが危機を迎える歴史を概観し，コミュニティバスなるものが出現するに至った背景を論述する。そこでは，従来の国の免許制度による民間事業者中心の乗合バスの多くが破たんを迎え，これを代行する形で市町村営バスが登場し，そしてその名前が変わっただけのコミュニティバスが地域交通を支える状況を概説する。

そして，行政の施策を座して待つのではなく，住民が自ら主体的に獲得した新しいコミュニティバスの事例を紹介する。そこには，単なる交通問題の解決にとどまらず，その獲得過程を通じた住民の主体的な地域活動・地域交流が地域の再生と活性化を促すことも合わせて述べたい。また，これら地域交通問題における地域コミュニティーと行政の役割分担の中で，「公」でも「私」でもなく，「官」でも「民」でもない新しい担い手が公共を支えるガバナンスにつながる可能性を示唆するものである。

2．地域交通におけるコミュニティバスの位置づけ

（1）乗合バスの危機的状況

戦後のモータリゼーションと道路整備の進展の結果は，マイカー優先と公共交通機関の衰退を招いている。特に路線バスの利用の低迷は深刻で，輸送機関別輸送人員の推移[1)]を見ると，乗合バスは平成5（1993）年を100とすれば，平成18（2006）年では68.4と3割以上の大幅な減少を示している。他の輸送機関を見ると，鉄道ではJRが98.6，民鉄が97.2とほぼ横ばいで健闘しているのに比べ，自家用自動車は平成14（2002）年の115.1をピークにやや微減傾向を示すものの110.4と増加している。さらに言えば，全国の乗合バス輸送人員は増加傾向の昭和45（1970）年度の100.7億人から平成19（2007）年度には42.6億人と約40年間で実に4割に縮小しているのである[2)]（図表6－1参照）。

平成19（2007）年に国交省自動車交通局が行ったアンケート調査[3)]によると，路線バスの廃止があった市区町村は，平成12（2000）年度以前は1,503市区町村中674市区町村（45%）となっている。平成13（2001）年度は130市区町村（9%）であるが，年々増加傾向にあり，平成17（2005）年度は255市区町村（17%）になっている（図表6－2参照）。また廃止路線数でみると，平成12（2000）年度以前は2,187路線である。平成13（2001）年度は254路線であるが，平成14（2002）年度から平成16（2004）年度にかけてはいずれも500路線近くと急増しており，平成17（2005）年度は555路線とさらに増加傾向にあることがわかる（図表6－3参照）。

その後も乗合バスの路線廃止の流れはとどまることはなく，国の資料[4)]によれば，平成19（2007）年度から平成27（2015）年度までの9年間だけでも廃止路線の距離は全国で13,108キロを数え，実に稚内市から鹿児島市の距離（1,810キロ）の6.5倍に達している。

これらの背景として，平成14（2002）年2月に施行された道路運送法改正によって乗合バスの路線廃止が許可制から届出制に変更され，路線撤退が事実上自由化されたことがあげられよう。乗車需要の絶対量の落ち込みの中ですでに

図表６－１　乗合バス輸送人員の推移（全国・３大都市圏・その他地方）

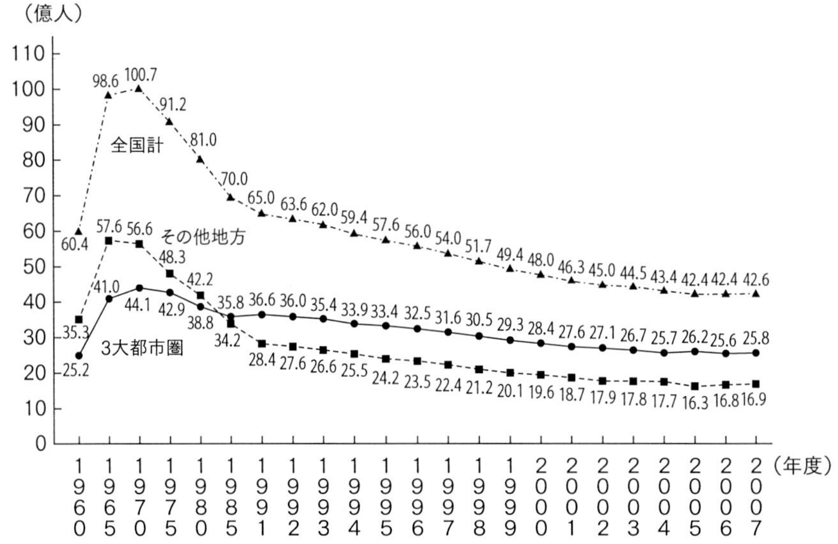

出所：日本バス協会『日本のバス事業 2010 年版』p.12 から一部修正。

図表６－２　路線バス廃止のあった市区町村数の推移

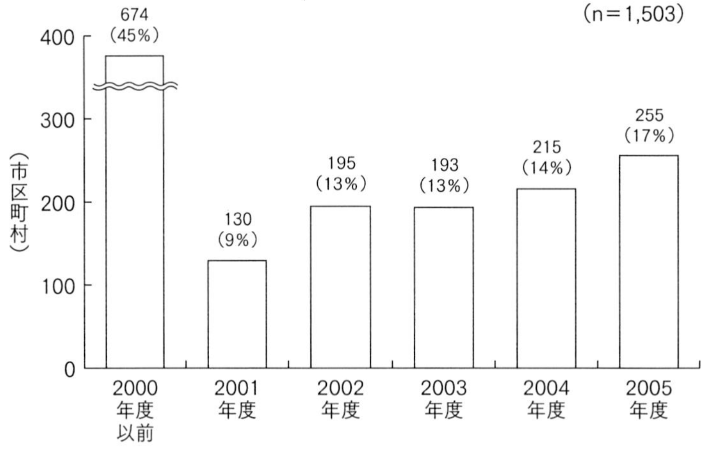

出所：国土交通省自動車交通局旅客課（2007）「バスの運行形態等に関する調査報告書」p.3 から一部修正。

図表6－3　廃止路線数の推移

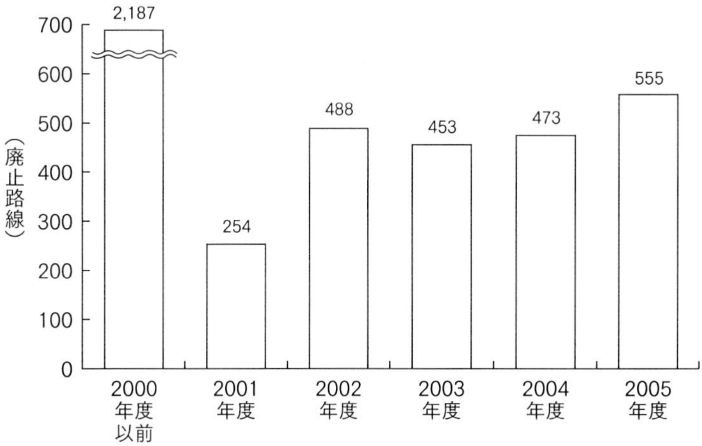

出所：国土交通省自動車交通局旅客課（2007）「バスの運行形態等に関する調査報告書」p.3から一部修正。

発生していたバス路線廃止が，平成14（2002）年法改正によって需給調整規制という歯止めが無くなり増加に拍車がかかったということである。

これらの相次ぐバス路線の廃止は市民生活に深刻な影響をもたらすことは言うまでもない。特に，自家用車の運転が自らできない高齢者・経済的困難者，そして高校生などいわゆる交通弱者と呼ばれる市民層にとっては死活問題となっている。さらに路線廃止によって発生する交通空白地域や交通困難地域は，地域の利便性を低下させ，さらなる過疎化を招来し地域活性化の重大な足枷となることは論を俟たない。

（2）乗合バス事業の法的枠組み

乗合バスは鉄道など他の公共交通機関同様，法律（バスの場合は道路運送法）に基づき，地域独占を前提にした厳格な免許制度（通説では講学上の特許と解せられる）によって一定の限られた業者によって運営され，国（旧運輸省，現国土交通省）が需給調整規制を含むコントロールを行うという仕組みの下にあった。そ

図表6－4　乗合バス事業者・車両数

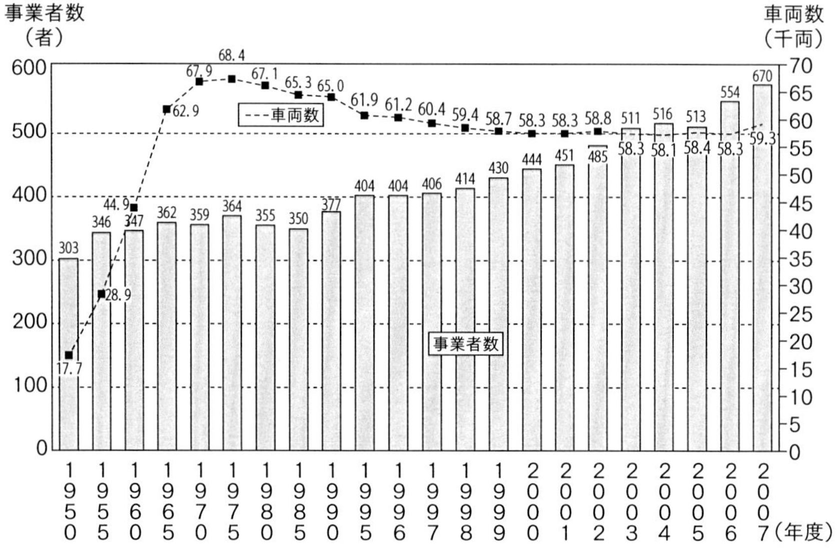

出所：日本バス協会『日本のバス事業 2010 年版』p.9 から一部修正。

のことは図表6－4にあるとおり，需要が爆発的に伸びた時期も事業者がさほど増えずその後も，400 前後で推移していることでわかる。

この護送船団方式ともいうべきシステムは，業界全体が上り坂の場合はうまく機能すると言える。増大する需要の中で，行政がそのパイを不満が出ないように公平に事業者に分配すれば済むからである。利用者である一般国民も供給増によってその果実のおこぼれに与かることができる。しかし，いったん需要が低迷し，減少することにでもなれば状況は一変する。森田朗[5]も指摘するように，免許制度における申請主義は需要減に対して効果的な手段や合理的な調整方法を用意していないからである。いきおい国は不満をかこつ業界の既得権や利益を守ることに汲々となり，利用者の利益は二の次となってしまう[6]。

図表6－5をみれば，乗客の減少の下落幅に対して，営業収入がそれほど落ち込んでいないことがわかる。もちろん，貨幣価値の変化も考慮すべきだし，また料金値上げも伴っただろう。しかし，この明らかな格差は，不採算路線の

図表６－５　乗合バス利用者と営業収入の推移

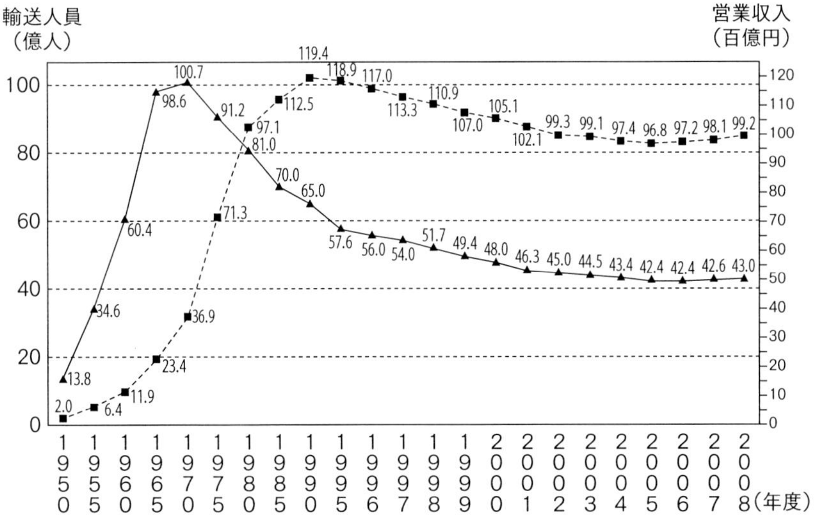

出所：『日本のバス事業 2010 年版』日本バス協会　p.9 から一部修正。

切捨てとその責任転嫁が何らかの形で行われたことを想定させる。そして，これを補完したものが，これから述べる市町村営バス（平成 18（2006）年法改正以前は法的に乗合バス事業でなく本図には含まれていない）であると考えられる。

（３）市町村営バスの歴史

①「元々の」公営バス（4 条バス）

市町村営バスとして最も歴史が古いものが，いわゆる市バスと言われる大都市の公営バス（平成 29（2017）年度で 24 団体[7]，ピーク時の昭和 58（1983）年度の 59 団体から大幅減[8]）である。これは，公営企業法が適用され，大都市の交通政策のため都市の利便施設として運営されるものである。若干の取扱いの例外があるが基本的に民間事業者同様，道路運送法第 4 条による免許を得て運営される（4 条バス）。これらの公営バスは大都市に限定され，その数も少なく民営バスの亜流として本論稿の対象とせず，小規模の市町村が運営するバスに焦点を絞ることとする。

② 「田舎の」市町村営バス（80条バス）（昭和45（1970）～昭和46（1971）年から広まる）

先述のように道路運送法が定める4条バス一本やりのシステムは，需要減に的確に対応できない。それは需要減が相対的に早かった地方での矛盾が先行した。加藤博和・福本雅之も「1960年代後半から過疎地域における公共交通確保が課題となってきた。」と指摘する[9]。そこで民間事業者を当てにできない過疎地の市町村が苦肉の策として自前のバス（市町村有自動車，当然，白ナンバーである）で対応しようとする。無料であれば届出（平成14（2002）年2月からは不要）だけで済むが，利用者の公平性の見地から必然的に応益負担として料金の問題が起こる。かといって規模の小さな市町村が地方公営企業法適用の4条事業者になるのはまず無理というものである。そこで，加藤・福本によれば，運輸省は，「道路運送法改正を伴わない公共交通確保策として，1970～71年に（しかも本省ではなく出先の各支分局の長である）各陸運局長から101条（現80条）（原文ママ）バスの許可に関する通達が出て，過疎地域において市町村の自主運行バスが広く運行されるようになった。」[10]（括弧内筆者注）

③ 「路線廃止の切り札だった」21条バス（昭和58（1983）年頃から広まる）

過疎地で始まった矛盾もいずれ中小都市や大都市縁辺部でも顕在化する。路線バス需要が下降傾向となり免許システムが破たんし始めたこと，また路線維持が全国的に社会問題化したことは，昭和47（1972）年に国が地方バス路線維持補助を制度化したことでそれがうかがえる[11]。これは，都道府県が指定した生活路線を対象に，国と自治体（都道府県と市町村）で経常欠損額を補助する制度である。路線廃止は，平成14（2002）年の道路運送法改正による路線撤退の自由化で始まるのではない。それ以前から各地に発生していたのである。ちなみに平成12（2000）年までの廃止路線数は，2,187に及ぶ[12]。

市町村営である80条バスの多くはもちろん直営で，2台程度の公用車で職員が運転するものが多いが，中には運転代行という名で，市町村内のタクシー会社や運送業者に委託するものも見うけられる。ただし，あくまで運営主体は市町村であって，車は民有であっても非営業車（白ナンバー＝自家用車）となる。

路線廃止への対応が中規模の市町村に及ぶとその規模から80条の公用車で

の対応は困難になる。そこで，上記運転代行を一歩進めた形態として，21条バスが登場する。21条バスとは，加藤・福本によれば「21条バスによる自治体運営バスは，不採算バス路線を廃止後，自治体が貸切バス事業者に同一路線の運行を委託し，経費から運賃を差し引いた分を補助することで路線を維持する方式として用いられるようになったのがきっかけ[13]」だとする。実質的には委託元の市町村が運営主体ではあるが，許可申請は受託先である貸切事業者が行うため，法的な運営主体は事業者であって，使用車も営業車（緑ナンバー）である。車体には「貸切」の表示がなされるが，外見上，従来の4条バスと変わらない形の運行となる。

21条バスは，道路運送法第21条第1項に一般貸切旅客自動車運送事業者が乗合旅客運送を行うことの禁止規定があって，その例外を特別に国土交通大臣が許可することを根拠としており，決して積極的に政策的に認められたものではない。

このように，道路運送法の予定する民営主体の許可システムの破たんを，法の例外である市町村営バス（80条バスと21条バス）が補完する形が1970年代以降，定着していくのである。

図表6－6　市町村営バスの種別（2006年の道路運送法改正以前）

	4条バス		21条バス	80条バス	
	補助なし	補助路線		委　託	直　営
運　営 （路線・ダイヤ策定）	事業者		市町村		
運　行 （運転，車両管理）	事業者				市町村
事業者の分類	乗合バス事業者		貸切バス事業者	運転代行業者	市町村
車　両	営業用 （緑ナンバー）			自家用 （白ナンバー）	
公的資金の有無	な　し	あ　り			

出所：岡山県生活交通対策地域協議会編『地域公共交通の知恵袋』（2006年3月）p.25。

しかし，①で述べた道路運送法が予定する公営バス，すなわち自治体が法的に事業主体となって運営する4条バスが全国でわずか39団体（道路運送法改正前の平成17（2005）年度[14]）に過ぎず，一方②以下の法の例外規定による市町村営バスが，914市区町村で1,072件の許可（平成17（2005）年現在。運行協定委託による4条バスも含む）[15]がなされている。例外的運用が，本則をはるかに凌駕しているこの実態は一驚に値する。

平成18（2006）年の道路運送法改正で，ようやく例外規定の見直しがなされ，80条バスは78条・79条で新設された自家用有償旅客運送制度に編入され，また21条バスは廃止され本則の4条許可に変更されたが30年近く異例の状況が続いたのである。なお，本稿では，新法適用のバスを除き，引き続き80条バス，21条バスの表記を使用する。

④ 「新たな地平を切り拓いた」公営コミュニティバス（4条・21条バス）～「ムーバス」の登場（平成7（1995）年以降）

平成7（1995）年，武蔵野市の「ムーバス」（関東バス（株）の4条バス）は，新たな市町村営バス形態の契機になったと言われている。いわゆる公営コミュニティバス（一般には単に「コミュニティバス」と称されることが多いが，筆者は後述する住民主体型と区別する意味で「公営」を冠した）である。それは加藤・福本[16]によると「ムーバスは，『運営と運行の分離』という新しい地域公共交通モデルを提示したと言える。すなわち，従来は運営・運行の一切をバス事業者（4条・21条）もしくは自治体（80条）が行っていたが，ムーバス以降の多くのコミュニティバスでは，バス事業者が4条もしくは21条許可を受けて運行・車両管理を担当し，路線計画と欠損補助を自治体が行う，という役割分担が明確化されたのである。」

先に示した図表6－6において従来，4条バスの「運営」は形式的には「事業者」であるが，補助を通じて行政の意向が反映される。また逆に，21条バスの「運営」は形式的に委託元の「市町村」なのであるが，廃止代替としての成立過程から事業者側の意向が強かった。しかしこの新方式は，オーナーとしての市町村の運営者としての役割と責任を事業者に対して明確化したところに意義があると言える。法的には4条・21条とも当該免許を受ける事業者が運営・運行とも行う形ではあるが，行政サイドの報告書[17]によれば「運行協定による委託」として，市町村が運営主体として位置付けられている。これは従来，受け身的に止むを得ず乗り出した市町村営バスを，むしろ前向きに積極的に捉え，単なる路線廃止に対する代替措置にとどまらず，従来から課題であった交通空白地域に対して市町村として関わっていこうという意思が示されている。

ムーバス以降，先進的でかつ財政的にゆとりのある市町村で，公営コミュニティバスが次々に生まれるが，必ずしもその数は多くはない。財政難の中で相次ぐ路線廃止の危機に，赤字補助による民営の4条バスの繋ぎ止め，あるいは80条・21条バスによる代替に追われる市町村が大半であるからである。しかし，やがてそれらも名前はいずれも地元の名前や公募の愛称を冠してコミュニティバスと呼ばれるようになるが，全国に1,000[18]あると言われるその実態は大部分が消極的なものでしかないのである[19]。

⑤　住民主体型コミュニティバス（4条・21条・80条バス）

ムーバスが切り拓いた「運営と運行の分離」は，もう1つ新たな地域公共交通モデルも引き出した。市町村営ではない，住民主体のコミュニティバス（以下，住民主体型コミュニティバスと呼ぶ）である。青森県鯵（あじ）ヶ沢町における全住民回数券購入方式（4条バス，平成5（1993）年）や岐阜県郡上市白鳥地区の商工会議所によるデマンドバス（21条バス，平成15（2003）年），さらに淡路市長沢地区ミニバス（80条バス，平成14（2002）年）の例があるが，やはりその全国区としての嚆矢は，平成16（2004）年開始の京都市の「醍醐コミュニティバス」であろう。

これは，京都市営バスや京阪バスの撤退によって交通空白地区となった京都市醍醐地区において住民が中心となって「市民の会」を立ち上げ，沿線企業の協力も得て，ヤサカバスによる4条バスを平成16（2004）年2月に開通に持ち込んだものである。コースや停留所の位置など住民の希望が最大限取り入れられ手作りのバス路線として運営がなされ，当初の予定以上の利用者で安定的な運営がなされている。また，神戸市の「住吉台くるくるバス」も，住民の強い希望が地元のNPOを動かし，内閣府の全国都市再生モデル調査による実証実験を経て，平成17（2005）年1月，みなと観光バスの4条バスによる開業を果たした。この間，区役所など関係行政機関，学識経験者も巻き込んだ東灘交通市民会議を立ち上げ，コース・停留所の位置決めなど住民主体で行い，「マイバス」の意識[20)]が醸成され，当初計画以上の乗客を得て黒字運営がなされている。

先に述べたとおり，市町村営バスの役割が拡大していく中で，明確で十分な財源措置がなされず，ただでさえ厳しい財政にあえぐ市町村の対応は必ずしも期待できない。また，安易に市町村営バスが，民間事業者にとって代わるだけでは，住民・利用者に危機意識も生まれず，民営時代以上の利用減につながる恐れがある。最終的に公営でやるにしろ，住民の主体的な参加による意識づけがなければ地域交通を維持できないことを，両事例は物語っている。

3．神戸市の2つの先行ケース

ここでは，地域にとって最も身近で切実な問題である地域交通の確保に地域住民が立ち上がった神戸市における2つの地域の事例を取り上げる。1つは，都市縁辺部のかつてのニュータウンともいうべき開発団地であり，いま1つは市街地から離れた農村歌舞伎の伝統をも有する典型的な過疎地（田園地域）である。都市部と田園地域という対照的な立地条件においてコミュニティーの成り立ち，歴史，状況も異なるこの2つの地域が，高齢化と人口減少という共通の課題のもとで，自らの力でともにコミュニティバスという新しい手段により，地域の危機を乗り越えるとともに地域の利便性を高めるに至った事例を紹介する。

（1）住吉台くるくるバス

① 住吉台の状況

神戸市東灘区住吉台は市の既成市街地東部の六甲山南麓部にあり，昭和40年代に造成が始まり，県営住宅を皮切りに眺望の良さを売りにした民間の戸建

図表6－7　神戸市全図

出所：筆者作成。

て・社宅・マンションが建設された。民間開発が主体であったため，急峻な斜面を棚田状に造成した形で，道路も狭く勾配がきついところが多い。ピーク時の昭和60（1985）年頃には人口5,500人を数えたが，平成16（2004）年のこの当時，4,400人に減少，また高齢化率（65歳以上）も23％と全国平均を上回る（神戸市人口統計）状況であった[21]。地域内には利便施設が少なく，大型スーパーや病院，社会福祉施設などを利用するためには，平野部のJR住吉駅などの鉄道駅に出なければならない。JR住吉駅と結ぶ市バスは住吉台の入口までしか来ず，バス停からは大きく迂回するか，315段の階段を上り下りしなければならない。このような状況の中でほとんどの住民が自家用車による生活を余儀なくされてきたが，高齢化の中で公共交通の利便性を求める声が次第に高まってきた。30年来の悲願として市に対し市バス路線の団地内乗り入れを要望し続けてきたが，道路が狭小でカーブが多いという地形上の理由とバス需要が少ないこと，市バスの採算上の理由から実現に至らなかった。

② 経　緯

平成7（1995）年の阪神大震災の結果，多くの被災した市街地の高齢者が県営住吉台住宅に入居し，バス導入の声はより切実なものとなって一気に高まった。被災者支援活動を母体とする地元のNPOが問題提議をし，市の企画調整局・東灘区役所を動かし国（内閣府）にバス運行実験（調査費）の補助を申請することとなった。平成15（2003）年9月に全国都市再生モデル調査[22]に採択され，NPOが事業主体となって，みなと観光（株）に運行委託し，平成16（2004）年2月21日から同3月31日の小型バスによる有償運行実験がなされた。2月中は無料，以後200円とし，1時間に1本の運行であったが，有償化後も客足は途絶えず成功裏に実験は終了した。またバスが単なる移動手段にとどまらず，高齢者の外出機会の増加や地域コミュニティー向上に寄与していることが判明した。

この結果を受けて，同年6月地元の熱心な世話人のもと，東灘交通市民会議が，東灘区山麓部各自治会，マンション管理組合，老人会，ふれあいのまちづくり協議会代表，協力者，NPOが参加し発足した。4回にわたり毎回50人程度の参加者を得て開催され，運行ルート・停留所の設置などバス運行に向けて，住民とNPO，バス事業者，行政が話し合いを行った。この間，住民と事業者により実物のバスを使っての現地調査を実施，バス停予定地近隣の住民への説得も住民が中心となって行われた。また，バス業界では難物である既存バス停留所の共用の調整（他バス事業者との調整）も市民会議を背景に乗り切り，平成17（2005）年1月11日の第4回会議で運行の正式決定と名称決定がなされ，同年1月23日運行開始にこぎつけた。この会議での議論の過程は「東灘交通市民会議速報」として全戸配布され，透明性の高い合意形成のプロセスが図られた。

同年5月には住民によって「住吉台くるくるバスを守る会」も発足し，「くるくるバス通信」の定期発行やバス定期券の現地販売委託などサポート活動もなされている。

当初のマーケティング調査では，1日あたり500人程度と予想された乗客人員も徐々に伸び，平成19（2007）年には平均900人，日によっては平日で1,000人を超えることもある。住吉台の世帯数（平成19（2007）年8月現在1,770世帯）からして相当高い実績を示しており，特に高齢者の外出意欲を高めていると考えられる[23]。

（2）淡河町ゾーンバス（初代）

①　淡河町の状況

神戸市北区淡河町は，六甲山系の北，市域の最北に位置し，面積約 38km^2，人口 3,240 人の典型的な純農村地域である。古くから宿場町として栄え，町内には「石峯寺の薬師堂や三重塔」，南僧尾の「観音堂」，「淡河八幡神社の御弓神事」などの貴重な文化財や伝統行事が数多く残されている[24)]。

町内には農村歌舞伎舞台も保存されており，自治組織もしっかりしている。交通機関としては路線バス（神姫バス）が町の東西を縦貫する県道三木三田線を走り，東は神戸電鉄岡場駅・三田駅，西は神戸電鉄三木駅に連絡し，また，南北に走る国道 428 号線を使って，北は吉川，南に新神戸トンネル経由で三宮を結ぶバス路線がある。過疎地を結ぶ路線であるため，本数がきわめて少なく，交通不便な地域である。したがって，足はもっぱらマイカーということになって，高齢化が進む中，町内交通や鉄道駅とのアクセスが課題となっていた。

②　経　緯

平成 17（2005）年に淡河町自治協議会が町民アンケートを実施したところ，交通問題が上位にあがり，地域貢献を考えていた NPO 法人（福祉施設家族会）が地元有志と相談し，「淡河町交通問題研究会」が発足した。平成 18（2006）年の道路運送法改正で自家用車を使った有償旅客運送制度が可能になったことを受けて，町内にある福祉施設がそれぞれ所有する送迎用車両を空いている時間帯に活用したゾーンタクシー計画が持ち上がった。

この話を受けた北区役所は，地域交通を所管する市企画調整局調査室へ連絡し，両所の職員が淡河町に入った。当初は，NPO 代表が，生粋の地元住民ではないこともあって，自治会など地元組織は諸手を上げて賛成という状況ではなかった。そこで，バス実現のため NPO 代表を盛り立てる会を創ろうということで，外部から学識経験者のブレーンを呼び，一緒に取組を進めることとなった。徐々にバスのメリットが理解されるようになって計画が進みだした。

具体的には，町内の福祉施設の送迎用バス 2 台を活用し，最寄の公共交通機関（バス停および北神急行電鉄谷上駅）までの運行が計画された。福祉施設家族会

(NPO) が運営主体と決まり，平成 19 (2007) 年から道路運送法に基づく過疎地有償運送の手続きに入った。法定の地域公共交通会議・過疎地有償運送運営協議会 (いずれも主宰者は神戸市企画調整局) など2年かけて登録手続きを行い，平成 21 (2009) 年3月運行開始にこぎつけた。両会議での協議過程では，既存交通事業者 (バス・タクシー会社，同労組団体) の反対もあって，鉄道駅への乗入は断念せざるを得なかったが，既存バス停への接続を重視する形で決着した。また，これらの障害がかえって地元住民をバス実現に結束させる結果となった。実施後は，計画を上回る利用があり，順調に運営がなされた。1人1回 200 円で平成 21 (2009) 年度 4,987 人の利用で黒字 (43 千円)，また平成 22 (2010) 年度も 6,037 人の利用で 101 千円の黒字となった[25]。

4．神戸市における新たな展開

(1) 国の動き

神戸市の住吉台と淡河町の2つのケースは，住民が主体となって地域公共交通を創出した事例として全国的にも注目を集めた[26]。しかし，その動きはさほどの拡がりを見せることはなかった[27]。一方で路線バスの撤退・休止の流れはとどまらず[28]，民営バスの単純な代行となる公営コミュニティバスの代替も限界を見せるに至った。

このような状況の打開を図るため，国は平成 19 (2007) 年に「地域公共交通の活性化及び再生に関する法律」(以下「地域公共交通活性化再生法」とする) を制定し，市町村が「地域公共交通総合連携計画」(以下「連携計画」とする) を策定できるものとし，「地域公共交通活性化・再生総合事業」(以下「総合事業」とする) として連携計画に基づく実証運行等の事業に対して国が補助することとした[29]。しかし，政権交代に伴う事業仕分けなどによる補助の見直しの背景もあって，総合事業といっても個別のバス廃止路線の代替実験など個別事案の計画にとどまるなど交通ネットワーク全体を対象とした連携計画は少数にとどまった[30]。

そこで，国は平成 25 (2013) 年 12 月に「交通政策基本法」を制定し，交通に関する施策に対する基本理念とその実現を図るうえでの基本となる事項を定めるとともに，国および地方公共団体の責務等を明らかにした。これは平成14（2002）年，平成18（2006）年と相次いで民主党・社会民主党による議員立法で共同提案された「交通基本法案」が元となって，同法案にあった「移動権」じたいは規定されなかったものの，その精神は盛り込まれているとされている[31]。運輸政策シンクタンクの板谷によれば，重要なことは「これまでわが国の交通事業は運賃収入をベースに営利事業として運行するのが原則だが，すでに多くの地域で公共交通は資金的な支援なしでは成立し得なくなっている。つまり地方の公共交通はビジネスモデルが根幹から崩れているので，緊急かつ効力のある対策が必要」[32]ということである。そこで基本法では，国の責務が明確化されるとともに，地方公共団体の実質的な役割がうたわれている。また注目すべきは第11条の「国民の役割」として「国民等は，基本理念についての理解を深め，その実現に向けて自ら取り組むことができる活動に主体的に取り組むよう努めるとともに，国又は地方公共団体が実施する交通に関する施策に協力するよう努めることによって，基本理念の実現に積極的な役割を果たすものとする。」と規定されている。板谷によれば「そこで求められる役割は，権利の実現を他人に要求することではなく，自ら交通政策に協力することである。関係者が相互に信頼し連携することで初めて，より望ましい交通体系を実現することができ，結果的に移動権が保障された社会が実現する」[33]とする。

この交通政策基本法を具体化する目的で，平成26（2014）年5月に地域公共交通活性化再生法が改正され同年11月に施行された。法制化に先立つ平成26（2014）年1月の交通政策審議会交通体系分科会地域公共交通部会中間とりまとめでは，「ともすれば民間事業者の事業運営に任せきりであった従来の枠組みから脱却し，地域の総合行政を担う地方公共団体が先頭に立って，地域の関係者が知恵を出し合い，『持続可能な公共交通ネットワーク』を構想し，その実現を図ることが重要」[34]とされ，地方公共団体の主体的な役割が全面に押し出された。このことについて解説すると，「これまでわが国の地域公共交通は基本的には企画から運行まで民間事業者もしくは独立採算制の公営事業者により実施されてきた。」[35]それは地域独占を前提に国がいわば特許事業として間接的にコントロールする仕組みであった。しかし，戦後のモータリゼーションによって事業者の経営が厳しくなり，合わせて規制緩和によって事業者への抑制が困難になった。この間の無策がコミュニティバスという名の収支を度外視した多くの市町村営バスを生み出したことは前述のとおりである。

そこで，平成 25（2013）年の交通政策基本法において国と並んで地方公共団体の責務がうたわれ，「地方公共団体が先頭に立って」[36] という表現で地方公共団体のイニシアチブを求めるシステムが必要になった。ここでいう地方公共団体が主に市町村を指すことは，平成 26（2014）年の改正地域公共交通活性化再生法の解説[37] で，地方公共団体の括弧書きに市町村を大きく，また一方，都道府県を小文字でなおかつ括弧書きで表していることで見て取れる。

地方公共団体すなわち市町村が主体となる理由付けは，公共交通の利用目的にはさまざまな分野があるがそれらを網羅的に把握しているのは各地域の総合行政を担う地方公共団体であり，各分野との総合調整能力を持つからとされている[38]。ただ，都道府県には国の窓口機能のため従前から専任の部課と職員がいるが，市町村にはこれまで公共交通には何らの権限もなかったため，専任職員がいないのが実情である。また今般の改正で，特段の財源も用意された訳ではない。

平成 26（2014）年の改正地域公共交通活性化再生法のポイントは，旧法の「連携計画」に代わり，「地域公共交通網形成計画」（以下「形成計画」とする）を地方公共団体が策定するというものである。なお，同計画は事業者など関係者により構成される協議会での協議を経て策定される。また，形成計画に基づく具体的計画である地域公共交通再編実施計画が関係する事業者の同意を得て策定され，国土交通大臣の認定を受ければ鉄道事業法や道路運送法等の特例の適用がある[39]。

（2）神戸市地域公共交通網形成計画（平成 29（2017）年 3 月策定）

国の一連の動きは，地域の公共交通に対する市町村の主導的な役割を迫るものだったと言える。一方，神戸市でも，地域の公共交通の維持活性化が重要な課題となりつつあった。従来から公共交通については，市役所内部では市バス・市営地下鉄を運営する交通局があったため，交通局がその主管とされ，都市計画や道路に関する部分的な関連セクションを除いて他に明確に所管する部局がなかった。そこでこれまでは，部局を横断する問題や単発的な課題を所管する企画調整局の庁内調整部門（調整課または調査室など），あるいは局地的な課題として区役所が対応することが常であった。しかし，地域公共交通の問題が国家的な政策アジェンダとして明確化されるに合わせて，平成26（2014）年４月，公共交通のスタッフラインが企画調整局から事業部局である住宅都市局に移管された。このことは，従来の地域公共交通の施策がその場しのぎの一時的なものから永続的な事業に位置づけされたことを意味する。さらに翌年の平成27（2015）年４月には住宅都市局に公共交通課が発足し，市は名実ともに地域公共交通施策を市の施策として内外に標榜することとなった。それは平成27（2015）年度の神戸市の職制改正[40]の項目にも取り上げられたことでも明らかである。公共交通課には公共交通係と交通企画係が新設された。平成28（2016）年度はさらに交通政策部を新設，公共交通課を傘下に置き，バス支援担当係長を増設して地域公共交通部門を強化した[41]。

平成27（2015）年新設となった公共交通課は早速に，前年に改正された地域公共交通活性化再生法で提示された地域公共交通網形成計画の策定に着手する。平成28（2016）年３月に交通事業者や関係行政機関など関係者で構成する神戸市地域公共交通活性化協議会を開催し５回にわたる協議をふまえて，平成29（2017）年３月に神戸市地域公共交通網形成計画を策定した[42]。この計画のポイントは基本方針・目標と６つの施策であるが，３つ目の施策として「地域コミュニティ交通の維持・充実」が掲げられている。

この計画にいう「地域コミュニティ交通」とは，全市の公共交通ネットワークを三段階に区分して，基幹公共交通ネットワーク（鉄道・新交通システム）・幹線公共交通ネットワーク（主要な路線バス，ロープウェー・ケーブル）の次に位置付けられたもので，「地域の日常生活を支えるきめ細かな公共交通ネットワーク」として，具体的には「路線バス・タクシー・コミュニティバス」があげられている[43]。

当該施策の内容として具体的には，交通事業者による効率的なネットワークの形成と並んで，「新たな地域コミュニティ交通の導入」として行政の支援のもと，「地域主体による地域コミュニティ交通の導入（事業主体：市民・交通事業者・行政)」の取組を行うものとされている[44]。

計画書には具体例として八多町と塩屋地域の取組事例が載せられている[45]。それでは，神戸市の具体的な事例をみていくことにしよう。

（3）八多町コミュニティバス（はたっこバス）

提供：八多町自治協議会。

①　八多町の状況

八多町は，神戸市域の北東部に位置し，面積は約 23km^2 で，南・西・北の三方を山に囲まれ，八多川・屏風川沿いに平野が広がる農村地域である[46]。平成 30（2018）年 5 月末の住民基本台帳によれば世帯数 1,336，人口 3,004 人，高齢化率 28.4%となっている。

八多町では，地域を運行する路線バス利用者の減少と路線バスの減便が繰り返されており，持続可能な交通手段の確保が課題となっていた。

②　経　緯

隣接する淡河町（ゾーンバス）の事例などを受けて平成 24（2012）年に地域，行政，有識者で地域の交通課題に関する勉強会が開始され，その後に既存のバス事業者（神姫バス）も参加するようになった。そこでは，利用者アンケートなどで路線バスのルート・ダイヤの変更が検討された。

平成25（2013）年10月から1年間，第1回試験運行により既存バスルートの一部変更を実施した。また平成27（2015）年10月から3カ月，第2回試験運行を実施し，1回目の結果をふまえて，地域をきめ細やかに運行するため，ここで初めて小型バスによる実験が行われた。この試験運行では既設のバス定期便と定期便の間に，附物（つくもの）地区・柳谷地区やふれあいセンターといった既設バスルートから外れた所に寄り道をするほか，鋭角度のカーブのため大型バスでは回れない経路による神戸電鉄岡場駅直結の路線が新設された。これにより八多町の中心である八多小学校や八多連絡所（旧区役所出張所）から行政・商業施設などが立地する神戸電鉄岡場駅への直行が可能となった。同年8月から地域住民に試験運行をPRするための「八多町交通ニュース」（発行 八多町自治協議会・北区まちづくり推進課）が発行された[47]。平成28（2016）年9月から3カ月，第3回試験運行を実施，実験結果やアンケートをふまえ試験運行した神戸電鉄岡場駅行きのルートをシンプル化するとともに，もう1つの鉄道駅である神戸電鉄道場南口駅への路線の新設も行った。これらの試験運行をふまえて，平成29（2017）年10月，図表6－8のかたちで本格運行を開始した。なお，翌月に発行された八多町交通ニュース11号には住民に公募した愛称が「はたっこバス」に決定したことを伝えている。

図表6－8　八多町コミュニティバス（はたっこバス）の緒元

項　目	内　　容
運行ルート	屏風辻バス停～岡場駅前バス停，屏風辻バス停～道場南口バス停
運行本数	平日のみ12本（屏風辻発7本・岡場駅前発3本・道場南口バス停発2本）
乗車定員	34名（小型バス）
運　賃	対キロ運賃
実施主体	八多町自治協議会（運行を神姫バスに委託）
運行者（法根拠）	神姫バス　　4条　一般乗合旅客自動車運送

出所：筆者作成。

③ 考 察

八多町の地域交通の状況をみれば，町内を横断するように県道三木三田線が通り，既存のバス路線（神姫バス）がなかったわけではない。ただ，人口減による乗客減とバス減便が負の連鎖となってますますバス離れを生む状況にあった。

実施主体である八多町自治協議会の関係者によれば，町内のバス運行のニーズは，平成18（2006）年に起こった小学校の校区問題が発端だったという。八多町の中心部に八多小学校があるが，校区内の神戸電鉄駅に近い八多町中地区に新興住宅地ができ生徒の多くがそこに居住していた。そこから八多小学校まで4kmの距離があり，中地区に近い別の小学校への校区外登校の問題がおこった。そこで，児童の日々の通学の足をどうするかが喫緊の課題となった。また年来の課題として，小学校や区役所連絡所がある中心部（附物地区など）から最寄りの生活拠点である岡場駅への直行ルートがなく，高齢者の買い物や通院の足をどう確保するかという切実で重要な問題があった。淡河町のようなボランティア輸送も考えられたが，運営・事故の問題などで踏み切れず，地域が選択した答えは公共交通，すなわち既存バス路線の改善であった。この結果，平成25（2013）年からの試験運行でも一貫して既存バスルートの変更を模索してきた。既存路線は神姫バスの運行であり，民間事業者はどうしても収益面から乗客が必ず見込める朝夕のラッシュ時にバス便を集中しようとする。結果として地域，住民の欲するルート・ダイヤを実現することが困難になる。そこで，地域の自治組織である自治協議会が実施主体となって，神姫バスに運行を委託するかたちが取られた。路線の権益問題が色濃く残る状況のもとで現実的な選択であったと言える。八多町バスが神姫バスのマークを付けてその既存路線（神姫バス定期便）の間に入って運行され，バス停では同じ時刻表に記載されている。メリットとして神姫バスが通常実施している交通系カード（パスモ，イコカ，ピタパ）の他，神戸市の高齢者向け優待カードの利用も可能である。

しかし，事業主体はあくまで自治協議会であり，運賃収入からガソリン代・人件費・車両整備費などを神姫バスに支払うが，赤字になれば八多町の負担となる。収支差額の一定割合と車両費関連について神戸市が補助を行う。これは，既存路線に対しても従来から路線維持のための補助が行われており，それとのバランスを考慮して要綱で定められている[48]。自治協議会は当事者として交通事業者と経費低減につき交渉するとともに，乗客増対策のためのポイントカード発行や季節や節目ごとのイベントを精力的に行っている。

概括すれば，八多町バスは住民主導による既存バス路線の路線変更・増便の実現の方途であって，国・自治体の補助要件の縛りやバス事業者の収支上の制約からの脱却を図り，地域・住民が希望のダイヤ・ルートを獲得する手段の1つを提示したものと言える。なお，八多町バスが実験段階で小型バスにすることで開拓した八多町中心部からの岡場駅直行ルートは，その後，通常の大型バスでも可能とわかり，既存バスルートが大きく改善されたことを付け加えておきたい。

（4）塩屋町コミュニティバス（しおかぜ）

提供：塩屋コミュニティバスを走らせる会。

①　塩屋地域の状況

塩屋地域はJR・山陽電鉄の塩屋駅の北側にある地域で，南北に流れる塩屋谷川を挟んで東西に急峻な斜面地が形成され，この斜面地に多くの住宅が立ち並んでいる。道路の道幅も非常に狭く急な坂道が多いということで，バスのような交通機関が利用しにくい環境にある。この地域の北側には，昭和30年代後半から開発団地が造成され，塩屋北町と塩屋台といった開発団地が形成されている。地域内の人口は1万8,400人，平成28（2016）年現在で8,200世帯が居住する。高齢化率は26.8%，このうち後期高齢者（75歳以上）の割合は12.2%となっている[49]。

② 経　緯

地域住民の足の確保のため，コミュニティバスの検討を始めたのは地域の住民であった。平成24（2012）年7月，「塩屋まちづくり推進会」でコミュニティバスの検討が開始された。同会は都市計画道路塩屋多井畑線の道路拡幅など都市計画やまちづくりの推進を図る住民組織であるが，定例勉強会で住民の足の検討がなされた。平成26（2014）年10月に同会が塩屋地区コミュニティバスに向けたアンケートを実施している。

翌平成27（2015）年2月に「塩屋コミュニティバスを走らせる会」が組織され実現に向けた動きが本格化する。同会は，まちづくり推進会を中心に，塩屋地区自治連絡協議会（自治会の連合組織），塩屋婦人会，ふれあいのまちづくり協議会（塩屋・塩屋北）など地域の各種組織で構成された。同年4月から5月にかけて地域内の塩屋小学校区と塩屋北小学校区を対象にニーズ調査のための全戸配布アンケートを実施し，一定の需要を確認し，試験運行による実証実験に入ることとなった。

同年9月に3社の交通事業者（いずれも市内のタクシー会社）によるプレゼンテーションをふまえて，塩屋コミュニティバスを走らせる会がこの地域のコミュニティバスの運行事業者を山陽タクシーに決定した。同社は従来から当該地域でのタクシー営業を行ってきて，地域の状況を知悉し，手狭な塩屋駅付近で親会社である山陽電鉄の高架下に乗降場を持つメリットもあった。同年12月に山陽タクシーが近畿運輸局に試験運行の事業申請を提出した[50]。同年9月に地元住民向け広報紙「塩屋コミバス便り」（塩屋コミュニティバスを走らせる会発行）が発刊され，11月にはアンケートで公募した愛称が「しおかぜ」に決定されたことにより，平成28（2016）年1月発行の広報紙第3号からは「塩屋コミュニティバスしおかぜ便り」に改名された[51]。

平成28（2016）年2月から4月にかけて第1回の試験運行を実施した。定時定路線型とディマンド形式の予約型の2種類があり，路線型は6つのコースのバス（4人乗りタクシー車両）で1日86便，30カ所のバス停留所を巡った。運賃は路線型が1人300円，小学生は200円，未就学児童は無料とし，予約型については，1人500円で実施した。この1回目の実験の結果は，路線型では3カ月間で約6,000人強の利用者，1便当たり0.91人，予約型では586人で，1便当たり1.1人という結果になった[52]。

この結果を踏まえてダイヤ・ルートの見直し検討を行い，平成28（2016）年9月と10月に第2回の試験運行を実施した。これは本格運行に向けた見極め運行と位置付けられた。路線型では，利用実績を見て利用の多かったバス停を結ぶ循環型の路線に変更した。これにより，使用車両が減って効率的な運行が可能になり，また，乗り継ぎをせずに目的地に行くことが可能になった。予約型の方はなかなか乗合が進まないという課題があったので，予約時間を1時間当たり3回に限定することによって，乗合率の向上を図ることとした。結局，路線型は，定時定路線型で4系統，1日55便，バス停は28カ所とし，朝の時間帯は急行便として，住宅団地と駅を結ぶようなピストンの運行系統を2系統，昼間の時間帯は2系統のバスを地区内で循環する時計回りと反時計回りを用意した。この内容で見極め運行，すなわち本格運行に移行できるかどうかを確認するための試験運行という位置付けで実施され，路線型は2カ月間で5,995人となった。期間は短縮したが，前回の実験とほぼ同等の利用者がいたということで，1便当たりの利用者も増えて利用が進んだものと判断された。予約型に関しては34人と非常に少なく，かつそれも，路線型の積み残し対応であったこともあり，実質的にはデマンド交通の機能ではなかったと報告されている[53]。

同年11月からも，第3回の試験運行という位置付けでアンケート，利用実態を踏まえて，一部の系統，便数を見直して試験運行を継続しながら本格運行に向けた調整を進めることとなった。ここでは朝の駅直行便が休止，予約型も採算面から廃止されている。

平成28（2016）年12月，本格運行に向けての神戸市地域公共交通会議が開催された。これは，同会議によって関係者の合意が得られれば，乗合運送の車両の選定，経路の設定，路線の新設・変更や停留所の設置，運賃設定の手続が

図表６－９　塩屋コミュニティバス（しおかぜ）の緒元（平成 29（2017）年４月）

項　目	内　　　容
運行ルート	定時定路線型，計２系統（循環型）
運行本数	18 便（日祝は９便）
車両（乗車定員）	ミニバン車両（定員６名）トヨタアイシス２台
運　賃	大人 300 円，小学生は 200 円，未就学児童は無料
実施主体	塩屋コミュニティバスを走らせる会（運行を山陽タクシーに要請）
運行者（法根拠）	山陽タクシー㈱　４条　一般乗合旅客自動車運送

出所：筆者作成。

簡略化，弾力化され，本格運行がスムーズに行われるためであった。そこでの合意を得て，平成 29（2017）年１月に本格運行に係る近畿運輸局への申請を山陽タクシーが提出し，平成 29（2017）年４月，図表６－９のかたちで本格運行がなされた。

なお，平成 30（2018）年 12 月に，再度，神戸市地域公共交通会議が開催され，運行計画の変更の承認を得て，平成 31（2019）年２月からダイヤ運行ルートの一部を見直し，増便改正を実施している。

③　考　察

塩屋地域のケースは，住吉台くるくるバスがモデルとなっており，行政も住民サイドもこれを意識して実現に持ち込んだと考えられる。すなわち，立上げ時には例えば試験運行の費用補填などは行政の補助があるが，本格運行以後は運営補助はない。その点は，既成市街地型のコミュニティバスとして収支均衡が少なからず期待されるからである。

八多町バスとの違いは，八多町が人口密度の低い市街化調整区域が中心の田園地域で，塩屋地域が市街化区域である都市部という点である。したがって，八多町（自治協議会）が交通事業者である神姫バスに運行を委託し，収支に責任を持つ立場にある一方，塩屋地域では収支差の補填は約束されていない，逆に赤字が続けばいつでも事業者である山陽タクシーは撤退する，という覚書[54]になっている。地元としてはそうならないように，住民の意見を吸い上げ事業者に伝え，かつ地域住民がバスを利用するよう働きかける。このように住民・事業者の役割分担が決められている。

地元関係者によれば，需要は必ず伸びる，地域内に商店街はあるが買い物が不便であり隣駅の垂水などに行かないといけない，コミュニティバスがあれば便利なので必ず乗る，と言われている。地元住民もバスのためには努力もしている。見極め運行実験後，乗客の反応を確かめ，事業者と相談して6人乗りの車にしてダイヤを効率化した。2台で回さないといけないので積み残しの問題が難しく，乗客の間で気遣いをして，途中でも降りて席を譲り歩く人もいる，とのことであった。JR塩屋駅の改札前に収支均衡目標の1日100人の掲示がなされ，住民の利用促進や意識啓発も行われている。本格運行開始後から徐々に利用は伸びており，目標乗車人数に達する日も増えてきているとの市会報告もなされている[55]。

塩屋地域のコミュニティバスは，地域住民と交通事業者の相互の信頼と互譲関係で成り立った地域交通の事例だと言えよう。

（5）淡河町ゾーンバス（新）

提供：淡河町地域推進協議会。

① その後の淡河町の状況と経緯

山間部の田園地域である北区淡河町において町内のコミュニティバスである淡河町ゾーンバス（初代）が運行された経緯はすでに述べたとおりである（前節3 (2) 参照）。淡河町ゾーンバス（初代）は平成19（2007）年から2カ年をかけて2回の地域公共交通会議と過疎地有償運送運営協議会での関係者の合意を得ることができ，国の登録を経て平成21（2009）年3月から運行を開始した。自家用有償旅客運送として1人1回200円（週2便他）で，NPO法人（福祉施設家族会）が走行距離に応じた維持管理費を社会福祉法人に支払いながら月平均400人に達し黒字運営を続けたとされる[56)]。

平成25（2013）年11月に国の登録を更新するため，第2回過疎地有償運送運営協議会が開催され，関係者の合意を得て運行が継続された。料金は1人1回250円とした。しかし，平成28（2016）年12月に運転者の高齢化等を理由

図表6－10　新淡河町ゾーンバスの緒元

項　目	内　　容
運行ルート （主な運行） ※町内運行限定	診療所便（集合場所～診療所）〔月～金〕 帰宅支援便（道の駅淡河 → 集合場所）〔月～金〕 幼稚園保育所便（淡河好徳幼稚園 → パンダこうとく保育所）〔月～金〕 グランドゴルフ便，ミニディサービス便（集合場所～行事場所）〔平日曜日ごと〕 お食事会便・福祉施設来訪者便・町内イベント便〔土日〕
利用者	淡河町住民とその親族，淡河町内の官公庁，病院その他の公共的施設の利用者
運行本数	予約があれば運行
乗車定員	登録車セダン型2台（白ナンバー）の定員内
運賃	1人1回あたり300円
実施主体	淡河町地域振興推進協議会（淡河町自治協議会の下部組織）
運行者（法根拠）	淡河町地域振興推進協議会 78条　公共交通空白地有償運送

出所：筆者作成。

に運行終了となった。

その後，地域住民から再開の要望が多く出され，地域の自治会が中心となって，平成30（2018）年２月に法定の公共交通空白地有償運送運営協議会（旧過疎地有償運送運営協議会）で，関係者の合意を得て淡河町ゾーンバスが再開される運びとなった。これは，初代ゾーンバス終了の翌日から困る高齢者が出てきて，放置できないケースを地域住民がボランティアで病院などの送迎を始めたことが背景にある。これらの活動を自治会がサポートするため，１年かけて先の法定協議会にかける準備を行い実現に持ち込んだものである。実施主体は淡河町自治協議会の下部組織である淡河町地域振興推進協議会で，自動車は推進協議会が購入し，町内の40代の住民を中心に30～60代の住民がドライバー登録をし運転を担う。平成30（2018）年５月16日から図表６－10のかたちで本格運行を再開した。

② 考　察

初代の淡河町ゾーンバスが平成21（2009）年から８年弱の長きにわたり，町民の足として親しまれ利用された。その結果，廃止によりたちまち困る住民が出て，自治会がボランティア輸送を支える形で再開された。なお，平成27（2015）年４月の省令改正により法人格のない自治会組織にも公共交通空白地有償運送が登録できるようになっている。

自治会関係者の話によると，運行開始後は乗客月平均400～500人で，収支でみればガソリン代だけで６～７万，車両維持費，通信費など必要経費がかかり人件費なしでトントンという話であった。初代の関係者は，美徳として行政に依存しない，補助はもらわずとも採算性はある，という考え方であった。実質的に人件費ゼロ，関係者個人の頑張りに依存していたと考えられる。現在，ドライバーは現役世代の30，40，60代で，100％ボランティアではもたない，１回の運転で３時間の拘束が必要である。市の補助などに依存してでも，時間給を最低賃金並みとして一定の人件費を確保していかないと，彼らの生活もあり家族の理解が得られぬ，とのことであった。新しいゾーンバスは，自治会として個人に依存するのでなく，組織が支え責任を持つ意味でサスティナブルな仕組みのコミュニティバスを目指したものだと考えられる。神戸市は淡河町が田園地域であることに鑑み，八多町と同様に収支差の一定割合を補助する運営補助を行うこととしている。

5．コミュニティバスの成立条件とその課題

（1）住民の当事者・参加意識

これまで述べたように，コミュニティバス成立の最大の条件はニーズにあることは言うまでもないが，それを左右するものとして住民・利用者の意識がある。先述のとおり，積極的な意味での公営コミュニティバスが，東京都を中心に拡大した背景には，それが潜在需要を喚起したことがあげられる。

ムーバスは当初は民間事業者が門前払いをしたような路線で，しかも100円という安価な料金ででも一応の黒字経営ができることを示した。行政広報や口コミによって潜在需要を掘り起こしたということである。この成功例が近隣都市にそして全国に公営コミュニティバスの意義付けと政策波及をもたらした。また，醍醐コミュニティバスや住吉台くるくるバスも，同様のことが言える。どちらも公的補助なしで4条バスが円滑に運営されている。両者とも当初の想定以上の利用客があったことが共通している。

この潜在需要を呼び起こすものは，一にかかって住民，利用者の意識である。住吉台くるくるバスで学識経験者として関わった森栗茂一[57)]も，「マイカーならぬマイバスが，地域コミュニティーをつなぐ」ことを述べている。また，住吉台では，印刷物による広報活動の他，地元集会所で回数券・定期券の販売を行うなどの支援活動が行われている。これらの住民はコミュニティバス獲得に向けて，「つくる会」や「守る会」などを通じて市民活動を展開して，その過程で自分たちのバスの意識を持ったと思われる。この住民の「マイバス」の意識こそ自発的な利用を促し，バスの安定的な運営を支えるものに他ならない。このように，地域の公共交通の確保には，それを自分たちのものとして，自分たちが乗って支えるという当事者意識ないし参加意識が不可欠である。

醍醐，住吉台の場合は，それなりに潜在需要があったケースであるが，大半

の市町村営バスは十分な需要が無い場合が多い。そうであればこそ，なおさらバスを維持するのは自分たちの利用であるという意識が必要なのである。東京都のワンコインバスのように積極的な公営コミュニティバスの登場以後，路線廃止代行のような消極的な市町村営バスも，地元名や愛称を冠して「コミュニティバス」と称するようになった。それは，すこしでも住民に親しまれ，愛着をもって利用してもらいたい，という切なる願いが込められている。しかし，いくら名前を変えたところで，それだけでは「マイバス」の意識は生まれるものではない。安直に，従来の路線の主体が民間から行政に移るだけでは，住民の危機感も生まれず，守ろうという意識も生じない。住民が自ら汗をかき，努力してこそこの意識が醸成される。その意味で，住民主体型コミュニティバスが期待される。公的補助を行うにしろ，立ち上げは住民が主体的に行わなければならないのである。

（２）コミュニティバスと地域活性化

前節で神戸市の新たな事例を紹介したが，いずれも地域住民の自主的自発的な取組を支援しながらも，地域によって市の支援の内容に違いがあることがわかった。具体的には市の支援はコミュニティバスの実現に向けた試験運行段階までが基本で，すなわち立上げのための経費，例えばコンサルタント派遣，住民向けパンフレット，試験運行経費（収支差額など）は等しく市が補助を行う。しかし，対象地域が基本的に人口が集中する市街地とそうでない田園地域とで区分し，後者は乗車人員や利用者数に自ずと市街地と比べハンディがある分，支援を厚くする必要がある。具体的には，本格運行後も運行補助および車両補助を一定限度で補助する点である[58)]。市は従来から西北神地域など田園地域を走る路線バスには，国・県と協調するなどして路線維持のための補助を行ってきており，これはその延長とも位置付けられる。したがって，先の八多町バスや淡河町ゾーンバスには運営補助があり，市街地である塩屋地域のしおかぜにはそれが予定されていない。メルクマールとしては，都市計画の市街化調整区域と市街化区域の差ということになるが，地域の実情に合わせた行政の対応といえる[59)]。

平成25（2013）年の交通政策基本法や翌年の改正交通活性化再生法はもはや，従来型のような交通政策が限界にきていることを示した。すなわち，国の免許制度のもとで国のコントロールを受けて民間事業者（一部公営事業者含む）が独立採算で公共交通を運営するシステムは機能不全に陥った。そこで最も危機的状況となった地域交通は，その地域をよく知り地域に根ざした地方自治体の手で再生，活性化することが求められるようになった。

ただ，それはもともと財政的に脆弱な市町村が自ら公営バスを走らせることを意味するのではない。地域の住民の意見を聞き話し合い，住民とともに適切な方法で地域交通を確保する必要がある。そこに求められるものが住民の地域交通を支える意識である。その意味で，安直な市町村営バスは住民の地域交通への意識を阻害する可能性もある。少なくとも立上げは住民の手で行われなければならない。

八多町や塩屋地域，淡河町のケースにおいて，住民の主導的な活動が行政の支援を引き出し，またさまざまなかたちでコミュニティバスを支える取組が見られた。八多町では自治会がバス利用を促し，町外からの集客を喚起するイベントを催すとともに，ポイント制による利用促進を行っている。塩屋地域では地域の商業施設とタイアップし，一定額の買い物で運賃割引がある利用促進券が発行されている。また，淡河町では住民の利便性を高めるためのIT企業との連携による予約システムの導入の取組を始めている[60)]。このように，地域がコミュニティバスを自ら獲得することによって，それを守る意識が醸成され，さまざまな活動を生み派生的な経済効果も生み出す。これらバス獲得の活動を通じて，地域コミュニティーの再生にもつながっていく。住吉台では，くるくるバスの活動をとおして地域全体のコミュニティー活動が高まったことが報告されている[61)]。

これらは，地域コミュニティーが自らの問題を自ら汗をかいて解決をはかるという新しいガバナンスの実例である。経済学的に言えば，公共財の自発的供給と位置付けることもできよう。また，視点を変えれば，自治組織やNPOが大きく関わっており，官でも民でもない新しい公共サービスの担い手の好例でもある。今，求められるのは行政サービスの多様な担い手である。コミュニティバスは「民」でも「官」でもない，また「私」でも「公」でもない，新しいガバナンスの可能性を持つ，身近で切実な問題の処方箋だと言える。

【注】

1）国土交通省第 1 回「バス産業勉強会」（平成 20（2008）年 10 月 9 日）資料 3，p.5。ちなみに平成 18（2006）年は自家用有償旅客運送制度が新設される時点である。
2）『日本のバス事業 2010 年版』日本バス協会，p.12。平成 18（2006）年の道路運送法改正による自家用有償旅客運送制度ができた結果，事業者の範囲が拡大されたため，従前との比較の上から最近時のデータは使用しない。
3）国土交通省自動車交通局旅客課（2007）「バスの運行形態等に関する調査報告書」p.3。全市町村 1,833 団体中，有効回答 1,503 団体，有効回収率 82.0%。
4）北陸信越運輸局（2017：57）参照。
5）森田（1988：168）参照。
6）森田（1988）によれば，昭和 30 年代から 40 年代前半までの道路運送法の許認可事務にかかる当時の運輸省の行動を詳細に分析し，そこでは，運輸省が法律に表された政策目的の実現よりも，行政活動の顧客である運輸事業者の抵抗をより少なくして服従を実現することに最大の関心を持ち，「正当化の技術」を駆使して事業者をコントロールしようとしたことが述べられている。
7）平成 29 年度地方公営企業年鑑第 3 章 3（七）（1）（ア）参照。
8）大谷内（2007：2）参照。
9）加藤・福本（2005：2）。
10）加藤・福本（2005：2）。
11）山崎（2008：47）参照。
12）国土交通省自動車交通局旅客課（2007）「バスの運行形態等に関する調査報告書」p.3。
13）加藤・福本（2005：2）参照。
14）大谷内（2007：2）参照。
15）国土交通省自動車交通局旅客課（2006）「地域住民と協働による地域交通のありかたに関する懇談会」資料，p.6 参照。
16）加藤・福本（2005：2-3）。
17）東京市町村自治調査会（2009：19-20）。当該報告書によれば東京都の多摩地区の自治体の 88%，特別区の 77%が運行協定による委託を実施している。
18）ウィキペディア「日本のコミュニティバス一覧」参照。https://ja.wikipedia.org/wiki/%E6%97%A5%E6%9C%AC%E3%81%AE%E3%82%B3%E3%83%9F%E3　%83%A5%E3%83%8B%E3%83%86%E3%82%A3%E3%83%90%E3%82%B9%E4%B8%80%E8%A6%A7　2019 年 4 月 20 日閲覧。
19）国土交通省自動車交通局旅客課（2007）「バスの運行形態等に関する調査報告書」によれば，519 団体と全体の 49%の市町村が廃止代替の市町村営バスを運行している。

20) 森栗（2006：2)。
21) 神戸都市問題研究所（2008：15）参照。
22) 都市再生本部（本部長：内閣総理大臣）において決定された「全国都市再生のための緊急措置～稚内から石垣まで～」(2002年4月8日）の一環として，全国各地で展開される「先導的な都市再生活動」を国が「全国都市再生モデル調査」として支援するもの。内閣府が所管，平成15 (2003) 年から平成19 (2007) 年まで公募，支援がなされた。
23) 神戸都市問題研究所（2008：139）参照。
24) 淡河町まちづくり研究会HP参照。http://www.ogo-machiken.com/about/ 2019年4月15日閲覧。
25) 相良（2011：4）参照。
26) 住吉台関係で平成16（2004）年2月17日付および平成17（2005）年1月24日付朝日新聞，平成17（2005）年1月26日付および平成18（2006）年1月23日付読売新聞，平成17（2005）年2月7日付および平成20（2008）年5月3日付日経新聞，平成17（2005）年10月7日付毎日新聞，淡河町関連で平成21（2009）年2月6日付日経新聞，平成22（2010）年4月1日付毎日新聞，平成23（2011）年3月10日付および平成28（2016）年2月7日付読売新聞，いずれも朝刊，参照。
27) 平成25（2013）年3月末現在で過疎地有償運送実施団体数は全国で82に過ぎない。国土交通省「自家用有償旅客運送の事務・権限の地方公共団体への移譲等のあり方に関する検討会」第1回（2013年10月8日）資料4，p.10参照。
28) 北陸信越運輸局（2017：57）参照。
29) 山越（2015：13）参照。
30) 北陸信越運輸局（2017：3）参照。
31) 山越（2015：16）参照。
32) 板谷（2014：1)。
33) 板谷（2014：2)。
34) 交通政策審議会（2014：6)。
35) 北陸信越運輸局（2017：4)。
36) 同上。
37) 北陸信越運輸局（2017：8）これは政府提案立法であり立法者の解説である。
38) 北陸信越運輸局（2017：11)。
39) 山越（2015：19）参照。
40) 『神戸市組織図2015年度版』p.168参照。「職制改正」とは各年度の重要な組織変更の対外公表文書である。
41) 『神戸市組織図2016年度版』p.171参照。
42) 平成29（2017）年3月末現在，全国で273件の形成計画が国交省に送付されている。北陸信越運輸局（2017：52）参照。
43) 神戸市形成計画，p.28-29参照。
44) 神戸市形成計画，p.47-49参照。

45) 神戸市形成計画，p.50 参照。
46) 八多ふれあいのまちづくり協議会 HP 参照。http://www.furemachihata.jp/publics/index/1　2019 年 4 月 15 日閲覧。
47) 平成 30（2018）年 3 月現在で発行は 12 号を数える。
48) 住民組織が交通事業者に運行委託し，市が収支差額の一定割合を住民組織に補助する方式は，西宮市の生瀬地区のコミュニティバス「ぐるっと生瀬」で平成 27（2015）年 10 月の本格運行から実施されている。ちなみに，生瀬地区での運行損失助成金は定額の限度額と運行経費の 60％が上限とされている。https://www.nishi.or.jp/kotsu/kotsu/kotsukeikaku/community-kotsu.html　2019 年 4 月 20 日閲覧。
49) 第 3 回神戸市地域公共交通会議会議録，p.10 参照。
50) 第 3 回神戸市地域公共交通会議会議録，p.10 参照。
51) 2019 年 1 月現在で，19 号まで発行され，住民への情報提供と利用促進を図っている。
52) 第 3 回神戸市地域公共交通会議会議録，p.10 参照。
53) 第 3 回神戸市地域公共交通会議会議録，p.11 参照。
54) この覚書は，本格運行への移行にあたって，山陽タクシーと地屋コミュニティバスを走らせる会が，本格運行後の乗車人員の目標とそれぞれの役割分担を定めたもので，平成 29（2017）年 3 月 27 日に締結されている。
55) 平成 30（2018）年 10 月 3 日神戸市議会決算特別委員会での高橋委員に対する林住宅都市局計画部長答弁参照。
56) 平成 21（2009）年 2 月 6 日付日経新聞朝刊，平成 22（2010）年 4 月 1 日付毎日新聞朝刊参照。
57) 森栗（2006：2）。
58) 平成 29（2017）年 3 月 21 日神戸市議会都市防災委員会での朝倉委員に対する岩橋住宅都市局長答弁および平成 30（2018）年 10 月 3 日神戸市議会決算特別委員会での高橋委員に対する林住宅都市局計画部長答弁参照。
59) 神戸市はコミュニティバスの補助要綱を地域ごとに作成している。
60) 平成 31（2019）年 1 月 11 日付神戸新聞朝刊参照。
61) 森栗（2006：1-2），神戸都市問題研究所（2008）参照。

参考文献

板谷和也（2014）「交通政策基本法成立後 地域交通政策 3 つの論点」，『研究員の視点』，交通経済研究所．https://www.itej.or.jp/assets/seika/shiten/shiten_156.pdf　2019 年 4 月 20 日閲覧．

大谷内 肇（2007）「近年の公営バス事業者の経営状況と再編動向」，『交通運輸情報プロジェクトレビュー 16』，慶応大学 SFC 研究所．

岡山県生活交通対策地域協議会（2006）『地域公共交通の知恵袋』．

加藤博和・福本雅之（2005）「地域公共交通サービスの運営からみた日本の道路運送関連制度の問題点」，『土木学会研究・講演集 No.32』．

交通政策審議会（2014），交通体系分科会地域公共交通部会中間とりまとめ「地域公共交通の充実に向けた新たな制度的枠組みに関する基本的な考え方」（2014年1月31日）.
神戸都市問題研究所（2008）「社会的包摂手法による地域の再生」，『NIRA委託研究報告書No.0708』.
国土交通省自動車交通局旅客課（2006）「地域住民と協働による地域交通のあり方に関する懇談会」資料，2006年1月.
国土交通省自動車交通局旅客課（2007）「バスの運行形態等に関する調査報告書」2007年3月.
国土交通省自動車交通局旅客課（2008）「福祉有償運送ガイドブック」2008年3月.
国土交通省自動車交通局（2008）「国土交通省第1回バス産業勉強会」資料，2008年10月.
相良幸信（2011）「住民活動の実践　淡河町ゾーンバス」，『アシステック通信64号』，兵庫県立福祉のまちづくり研究所.
高橋愛典（2006）『地域交通政策の新展開』，白桃書房.
寺田一薫（2005）『地方分権とバス交通』，勁草書房.
土居靖範（2002）「まちづくりとコミュニティバス－増加するコミュニティバスの成功への道を探る」，『立命館経営学 第40巻6号』.
東京市町村自治調査会（2009）「多摩地区におけるコミュニティバスおよび路線バス支援策に関する実態調査」.
日本バス協会（2009 － 2012）『日本のバス事業』2009 ～ 2012年版.
樋口浩一（2015）「コミュニティバスと地域活性化」，『地方創生の理論と実践―地方活性化システム論―』，創成社.
北陸信越運輸局（2017）「地域公共交通活性化再生法の制度概要〔基礎編〕」，平成29年度地域公共交通スタートアップセミナー資料，2017年.
森栗茂一（2006）「マイバスが走る「幸せの町」～神戸市住吉台くるくるバスのその後」，『月刊福祉2006年8月号』.
森栗茂一（2007）「くるくるバスがもたらした持続可能なオールドニュータウン～住吉台くるくるバス開通のその後」，『交通工学Vol.42 No.1』.
森田朗（1988）『許認可行政と官僚制』，岩波書店.
山越伸浩（2015）「地域公共交通の活性化・再生への取組に関する一考察―地域公共交通活性化・再生法の改正における国会論議を踏まえて―」，『立法と調査No.367』，参議院事務局企画調整室.
山崎治（2008）「乗合バス路線維持のための方策」，『国立国会図書館レファレンス2008年9月号』，国立国会図書館.

第7章　地方創生と歴史的資源の活用
—デジタル化史料を用いる人と人との繫がりの創出—

1．はじめに－歴史的資源の活用に向けて

地域活性は，いろいろな人々を，いかにしてある地域と結びつけるかが要点となる。そのために，まずは「箱物」を造り，そこで「形」あるものを造り出し，それによって人と地域とを結びつけるきっかけとする方法は，公共事業の一環として頻繁に行われるケースの1つだ。その地域に暮らす人々は地域特性を活かした「形」あるものを造り出し，その地域の外に暮らす人々は「形」を求めて，その地域を訪れる。この相互の交流により，その地域には内外の人々が関わることになる。その「形」あるものは，しばしば他の地域にも生み出され，結果として競合してしまい，あるいは競合させられることになり，「形」あるものが消え去ることになる。菓子類はその代表例である。第三者となる地域の会社が，ある地域とある地域で類似の菓子を製造し，違いはパッケージだけといったことはしばしばある。その地域の人々にとって，その地域とは何だろうか，と考えてしまう。ある地域も別の地域も，名前が異なっているだけなのであろうか。

その地域と人々をつなげ，その地域にしかなく，競合しにくいもの，の1つに観光資源がある。その中でも，その地域の歴史と関わる観光資源は，他の地域とは競合しえない。大阪城は大阪に存在し，東京には存在しない。通天閣もそうである。こうした観光資源は，その地域外の人々を招き寄せるのには役に立つ。近年の通天閣下の賑わいはすさまじい。くまモンまでやってきて，餅つきをする。20数年前の新世界界隈には「いかがわしい女性の声かけに注意し

てください」といった張り紙が見られたが，今やジャンジャン横町もチェーン店が並び，観光客の健全な遊び場と化している。地域は人々を引きつけた。しかし，それは地域外の，ほとんどは大阪へ来る観光客である。大阪のおばちゃんたちは「大阪人は通天閣なんかいかへん」というが，地元の人にとっては惹かれる場所ではない。実は，この点が地域活性の重要な落とし穴と化している。その地域に暮らす人々が見向きをしない場所は，いくら観光資源であっても，外から訪れる人々に見向きをされなくなったら寂れるばかりである。外的な刺激で地域活性を行うと，この点からしばしば錯誤が生じる。そこに住む人々が，地域に誇りを持ち，元気にしようとする意気込みがなければ，観光資源も意味をなさない。

観光資源の１つに，歴史的資源がある。それは，本来はその地域に暮らす人々とその地域を結びつける役割をするべきものであるが，その役割を活かして，その地域の価値を再評価する手段に使い，地域活性に活用できないか。

その地域に暮らす人々とその「土地」との同一性を，目に見えない形でつなぐ，「土地」と「人」，または「人」と「人」の「繋がり」を創出するのが，歴史的資源の役割でもある。このような「繋がり」が希薄化している現在，この「繋がり」を再創出することは，地域を活性化する上で必要不可欠な資源となる。歴史的資源を地域への投資のための観光資源として扱うのではなく，地域に暮らす人々の「繋がり」を再び紡ぐ資源として活用することは，地味ではあるが，地域創生，地域活性の１つの方法となる。歴史的資源とされる対象は広範囲にわたる。一案として，図表７－１の大区分を考える[1)]。

これらの項目のうち，A-a 類，B-a 類，B-b 類は比較的，観光資源としても着目されている。その中で，比較的注目されていない項目は，地図類（A-b-2）と雑紙類（A-b-3）であろう。もちろん，郷土館などでは展示もされ，地域資源として積極的に収集している地域もある。これらの資料を展示するだけではなく，記憶を蘇らせる手段として提示し，記憶をもとにさまざまな情報を提供する場を作る。そこで，参加者が各自の記憶を掘り出しながら，参加者同士の繋がり，各自のその土地への思いの再確認と繋がりの再認識を行う。それによって，「地域」を見つめ直すことで地域活性に繋げ，地方創生へと繋げることは

図表７－１　歴史的資源の区分案

A　有形資源	a　非言語資源	1　自然景勝
		2　建造物（古墳，神社仏閣，仏像など）
		3　美術工芸品
	b　言語資源	1　古文書，文書，書籍類
		2　地図類
		3　雑紙類（ちらし，ポスター，引札，など紙類）
B　無形資源	a　非言語資源	1　祭礼
		2　民俗行事
		3　遊戯
	b　言語資料	1　民話，伝説類（物語）
		2　言い伝え，言語遊戯類（非物語）
		3　歌謡

出所：筆者作成。

できないか，これが現在，私たちが取り組んでいる課題である。各自の記憶，思い出を，史的価値を有するものとして評価し，また資源そのものの再評価をすることで，「地域」との繋がりを深めるきっかけを創り出すことも必要となる。

本章では，このような課題への取り組みとして，「関西大学教育研究高度化促進費『大阪に関する地域資源の掘り起こし・再評価とDCH（Digitalised Cultural Heritage）化による繋がりの創出－関西大学図書館所蔵資料の活用』（2018～2019年度）」での大阪に関する資料のデジタル化とワークショップによる「繋がり」創出の場のモデルを紹介し，その在り方を考察する。

2．歴史的資源のデジタル化

地図の原物，拡大複製図は，郷土資料館や博物館などミュージアム系で常設展示されている。大阪にある「くらしの今昔館」では，美濃部政治郎による鳥瞰図『大阪市パノラマ地図』(大正 12 (1923) 年) がパネルにされ，光床として原寸の約 7 倍に拡大され，フロアに敷き詰められている。複製地図もグッズとして同館で販売されている。観光資源として再活用される一例であるが，大阪市内在住者，元在住者がじっくりと見て，地域について語るという目的は持っていない。

ミュージアム系での地図展示には，どうしても「展示物」対「見学者」の二項対立が生じてしまう。まして，その間に「ガラス」が入り込めば，地図は「展示物として見る」という目的が先立ち，地域の資料とはなっても，それ以上の活用が見込めない。

地図の本来の目的は，その実空間を二次元平面に閉じ込め，見えない空間を一度に見せることで，行きたい場所へ行きやすくする案内をすることにある。地図は，ピンポイントのある時点での情報を与える。目的地へのアクセスルートがわからなければ，地図を開いて現在地を確認し，目的地への最短ルートを探る。現在はスマホに地図を表示させれば，自動で道案内もする。研究者にとっては，過去のある地域の様子をわかりやすく示してくれる資料となる。

その一方で，地図は過去のある時点と現在を繋ぐ役割を果たしている。

私たちは，時間とは，知らぬ始点から知らぬ終点まで一方的に進む非可逆的な流れであると感じている。しかし，地図は時間を可逆的に遡らせ，ある過去の時点を現在と結び付ける役割を果たす。ある過去の時点の記憶が，平面の地図から蘇る。児童文学者の清水真砂子は，イギリスの児童文学者フィリッパ・ピアス (Philippa Pearce) の『ハヤ号セイ川をいく』を批評するさいに，「自分たちの住む土地にひそむ時間の重なりに直面する」[2)] という表現を使用したが，まさに地図は「自分たちの住む土地にひそむ時間の重なり」を私たちに直面させる。続けて清水は，「土地の歴史を知るということ，過去にでくわすということは，点の連なりである線を流れとしてたどって可能になるかに見えながら，実は面の重なりを一枚一枚はがしていくこと」によると述べる[3)]。「時間が層をなして降りつもって」[4)] と指摘するように，平面の地図には，見る者がその土地で過ごした時間が層をなして降りつもっており，見る者は一枚一枚時間の層をはがすことで，その土地で過ごした自分の記憶を蘇らせる。

清水は，非可逆的に流れる時間を「クロノス（水平）の時間」とし，その時間に降りつもる時間を「カイロス（垂直）の時間」とする[5)]。前者は「うつろわない」時間であり，「散文的」な時間という。味気ない，情緒の少ない時間が「クロノス」である。私たちはこの時間の中で生き抜いている。後者は「うつろう」時間であり，「詩的」な時間とする。「初恋はレモンの味」などと呼ぶような，甘くも酸っぱくも味を感じる時間が「カイロス」である。A という場所では，例えば昭和 10 年，昭和 30 年，平成 10 年，平成 30 年，それぞれの A という場所がカイロスの時間の中に息づいている。私たちはクロノスの時間に生き，ふだんはカイロスの時間と交わることがない。あるとき，地図を介して，私たちのクロノスの時間は一枚一枚はがされ，思い出と呼ばれる記憶として，その時間が現れてくる。これがクロノスの時間とカイロスの時間の接点である。この接点に立ち，層をなして降り積もるカイロスの時間が天日干しでもされるように並べられると，地図を見る者は，改めて自分と土地とのつながり，さらには，その場にいて，同じように接点の時間に立っている人たちとの繋がりを再確認する。個々人の，この再確認の作業を地域活性として活用できないか。これが，本章の課題となる。

地図を見る者がカイロスとクロノスの時間の接点に立ち，時間の層をはがしながら，その土地での個人の思い出を顕現させる。それは，個人の思い出であるとともに，その土地にまつわる記憶でもある。同時に，その土地に，その時に生きていた人々の記憶が蘇ると，この場にはいない，その人々の有する記憶，思い出も，私たちは背後に感じることができる。降りつもる時間の層は，その時間を有する者の思い出だけではなく，無数の，背後に存在する人々の思い出の層でもある。しばしば文学作品を「モノフォニー（単声）」と「ポリフォニー（多声）」という概念で分析するが，それにならえば，地図を見る者の背後には無数の「声」が聞かれるということになる[6)]。私たちは地図を見るという作業を通して，「ポリフォニー」の世界に入り込むわけである。このような「時間」と「声」の重層性は，その土地の「歴史」であり，その土地の歴史的な「価値」を示す。地図を囲んで見る，話をする者どうしは，お互いにその土地の「価値」を再評価し，その土地に生きること，生きたことを，良くも悪くも感じることになる。土地の「価値」とは「地価」ではない。その土地に生きること，生きたことを評価することである。その評価を肯定し，その土地の在り方を考え直すきっかけとなれば，その時に，その地域に暮らす人々からの地域活性が始まることになる。

3．関西大学教育研究高度化促進費プロジェクトでデジタル化した地図

私たちのプロジェクトでは，大学の学術資産の公開促進という立場から，関西大学総合図書館に所蔵されている地図をデジタル化している。著作権の問題があるため，昭和 20 年までの地図を作業の対象とする。

関西大学は創立 130 年を越える大学だけに，大阪，および大阪周辺の古地図を各種所蔵している。しかし，大半が折りたたんだ元の状態で保存している関係で，折り目の裂け，購入時の虫食い，経年劣化など，利用しにくい地図も多い。プロジェクトの目的は，アーカイブの構築ではなく，デジタル地図を学外に持ち出して公開することにあり，大阪で暮らしてきた人たちに興味を引いてもらい，大阪について語り合う際にカイロスの時間を顕現させる，何らかの特徴を有する地図を選択しなければならない。また，大型地図のスキャニング作業は学内では処理を施せず，外部の業者に作業を委託しなければならないので，費用の問題も生じる。限られた予算内で，できるだけ点数を増やす，という条件がつき，さらに思い出を掘り起こせる情報を有している，ひどい劣化がない，シミなどの汚れが少ない，という条件で地図を選定した。大型地図のスキャニングが可能であることから，平成 30（2018）年度は凸版印刷に業務委託をした。同社のスキャナーに関する説明は割愛する。

平成 30（2018）年度は江戸期から昭和初期まで，堺市地図を含めて，合計 12 本（2 本はパイロットスキャニングのため浦研究室所蔵地図を利用）を凸版印刷に業務委託してデジタル化を行った。

デジタル化した地図は以下の通りである。

1 『大湊一覧』天保 10（1839）年　60cm × 100cm
2 『浪華名所独案内』江戸末期（不詳） 35cm × 50cm
3 『大阪実測図』明治 23（1890）年　140cm × 220cm
4 『新町名入　大阪市街全図』明治 33（1900）年　113cm × 148cm
5 『大阪市全地図』明治 34（1901）年　36cm × 52cm
6 『大阪防衛部隊配備要図』昭和 3（1928）年　61cm × 44cm
7 『堺市実測明細図』明治 30（1897）年　44cm × 56cm
8 『堺市全図』昭和 10 年代（不詳） 50cm × 70cm
9 『京阪神付近実測精図』明治 45（1912）年　105cm × 87cm
10 『近畿名勝旅行地図』大正 4（1915）年　37cm × 52cm
11 『堺市鳥瞰図』昭和 10（1935）年　19.5cm × 99.5cm（浦所蔵）
12 『大阪市街全図（附著名諸会社銀行商店案内）』大正 2（1913）年　76cm × 109cm（浦所蔵）

現在のプロジェクトに先だって，関西大学なにわ大阪研究センター特別研究「文・社・情連携による地域文化資源の発掘，デジタル化および地域活性資源化－ DCH 構築による地域研究ハブ形成の実践－」（2015 ～ 2016 年度）で，『大阪市及附近営業者紹介地図』（大正 3（1914）年，187cm × 213cm）をデジタル化し，現在，関西大学社会的信頼システム創生センターが管理している。

凸版印刷でのスキャニングデータの解像度は 800dpi となっているが，これは文章で説明するよりも，実物を見ていただくしかない。パイロットスキャニングでは地図 12『大阪市街全図』を二部取り込んだが，例えば川筋の青の印刷のずれが異なっていることまで，はっきりと読み取れる精度である（図表７－2，3）。図表７－２は，地図 12『大阪市街全図』のモニター上での地図全体像で，図表７－３は拡大した画像である。拡大倍率は不明だが，さらに拡大できるほどの高精度である。このデータを分割・整理し，日立製作所の画像拡大観賞用システム「名画ナビゲーション・システム」を利用して，拡大操作をする。データの分割・整理方法は，本稿では割愛する。

費用は高額で，合計約 100 万円であった。大きな施設を建設することを考え

図表７－２ 『大阪市街全図』モニター画面（全体）

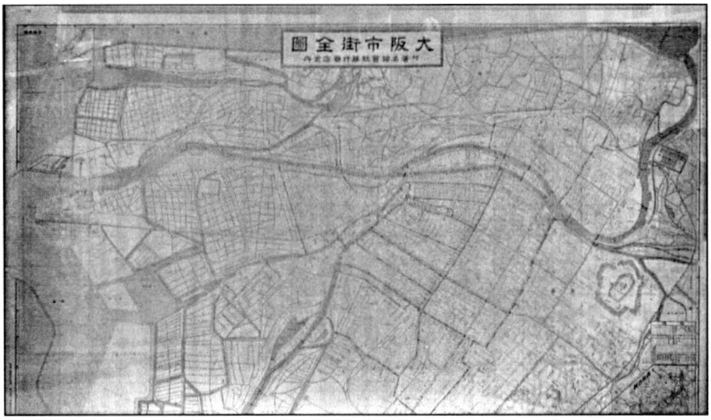

出所：筆者撮影。

図表７－３ 『大阪市街全図』モニター画面（部分拡大）

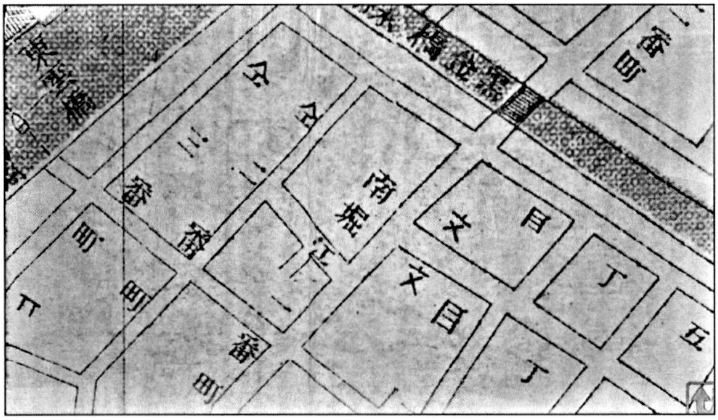

出所：筆者撮影。

ればコストはかなり安上がりであり，維持費用も大きな負担となることはない。地方自治体が中心となり，図書館や大学の所蔵する歴史的資源のデジタル化を促進することは，地域連携事業としても地域活性の役割を担うことができると考える。

その他，絵葉書，古写真，ちらし・ポスター類，広告などの紙媒体の歴史的資源のデジタル化も，地図と同様に地域の思い出を掘り起こし，地域の過去の姿を知ることで現在，未来を考えるきっかけを作る素材となる。会場でのデジタル公開を前提とすれば，市販の高性能スキャナー，あるいは高性能デジタルカメラによる撮影でも，十分に見応えのあるデジタル画像を提供できる。

大阪では，大阪市立中央図書館デジタルアーカイブ，堺市立図書館地域資料デジタルアーカイブが優れた成果を公開している。このような静的なデジタル公開のみならず，データを使って参加者相互が話を自由にできるような「しゃべくりの場」という動的な動きをどのように作り出し，運営するか。この点が，地域活性に大きく関わってくる。デジタル化とデジタル化したデータの公開だけでは，どうしても画面と個人の関わりが中心となってしまう。デジタル化したデータを人と人を繋ぐ媒介として，いかに活用するかが重要となる。

４．事例分析―記憶を呼び起こす地図

（１）先行展示―プロジェクト発足のきっかけ

前述のように，本プロジェクトに先行して『大阪市及附近営業者紹介地図』（大正３年）がデジタル化され，現在は関西大学社会的信頼システム創生センター（STEP）が管理している。平成29（2017）年６月３日（土），同センターが天神橋筋商店街に当時開設していた「関西大学リサーチアトリエ」で，大阪市内北浜にある花外楼所蔵絵画のデジタルデータの小展示会を開催し，この地図も同時展示した。この地図には，おそらく費用負担をした商店，病院などの名前が地図上に印刷されており，当時の大阪の様子を比較的詳しく示している。

私が担当者との打ち合わせで訪問したさいに，多くの来訪者がデジタル地図に興味を示し，地図から引き出された思い出を多数語り合っていた。たまたま来場した若い人たちも興味を示し，勤務先近辺の百年前の状況や出身高校の位置を確認するなどしていた。

この小展示会の参加者の多くは，たまたま天神橋筋商店街に買物に訪れて，何かやっている，というので立ち寄った。そのため，地図を見ることが目的ではなかった。年配の方が私たち関係者に思い出を語ってくれるだけではなく，地図を見て語り合って若い層の人たちにも昔の様子を語ることもあり，その場

での交流が深まるという結果を見ることができた。その他，「実家が書いてあった。その横に広場のような空き地があって，友達と遊んだ。」，「祖母がよく口にしていた橋が書いてあった。そんな橋はないと思っていたが，実在したことがわかり，改めて祖母のことを思い出した。」，「子どもの頃あそんだ場所が描かれていた。道路拡張工事でなくなってしまったが，久しぶりに思い出した。」，「このお店は母がよく買物をしていた。今は別の場所で営業している。」など，地図が個人に関わる記憶を呼び起こしていた。多様な年齢層の訪問者が興味を示し，期せずしてお互いの思い出を語り合う空間ができあがっていた。まさに日常を流れるクロノスの時間に，地図を介してカイロスの時間が現れている。重層をなすカイロスの時間が一枚一枚めくられ，次々と思い出が蘇る。その思い出のカイロスの時間は，他者のカイロスの時間と交差し，新しい思い出が蘇る。そして，その思い出には多数の人々が登場し，まさにポリフォニーな情景が思い出として現れる。そのような瞬間を垣間見ることになった。顕現したカイロスの時間は，ポリフォニーな響きを持って，その場に居合わせた人と人との新しい繋がりを作り出す。ささやかではあるが，その地域が生き生きする瞬間である。その場に居合わせた私たちも，このような盛り上がりに驚いたが，残念ながら，このような盛り上がりを予想していなかったため，語られた思い出を記録することができなかった。

この体験をきっかけに，次の点がクローズアップされることになった。

① 大正時代の地図でも，いろいろな思い出，記憶，情報を呼び起こすことができる。いろいろな地図があれば，もっとおもしろくなるのではないか。

② 商店街の一画で開催したので，多様な地域の話が出てきた。各地域で展示すれば，その地域独自の記憶や思い出が呼び起こされ，地域の知られざる情報が得られるのではないか。何百人も集まる講演会での一方的な話ではなく，地図を媒介に語り合い，参加者が講師となり，聞き手となるような場があれば，地域の活性に役立つのではないか。

③ 多様な年齢層，階層の交流が行われ，人と人の繋がり，人と地域の繋がりが創出され，場合によっては地域を越えての地域と地域の繋がりが創出され，地域の活性に繋がるのではないか。

④　語られた記憶をどのように記録に残し，ドキュメント化し，フィードバックするか。一対一の対面のインタビューではなく，聞き手である私たちに複数の人が語りかけ，大阪であるだけに，それぞれが別々の話を同時に語りかけてくる。それをどのように記録するか。参加者どうしの語り合いに，聞き手はどのように関わるべきか。

⑤　大学の学術資産としての地域関連蔵書を公開することは大学の地域連携活動として，地域の活性に貢献できるのではないか。

以上の点を踏まえ，文理融合となる５学部６人の教員でプロジェクトを申請し，採択された。

（２）プレイベント「魅力再発見！　空堀にぎわい　いま　むかし」

（日時）平成 29（2017）年 12 月 13 日（水）～ 14 日（木）　11：00 ～ 16：00

（場所）大大阪芸術劇場（大阪市中央区谷町６丁目　空堀商店街）

（共催）関西大学社会的信頼システム創生センター，関西大学なにわ大阪研究センター特別研究「なにわ大阪の『笑い』に関する調査と研究」（2016 ～ 2017 年度）班

（後援）空堀商店街振興組合，空堀商店街協同組合

大阪市内の谷町にある空堀商店街の一角，「大大阪芸術劇場」で，プレイベントを開催した。明治時代の長屋を改装して，持ち主の藤田富美恵さんらが地域交流に活用しようということで平成 29（2017）年９月にオープンした。会場そのものが地域活性を目的とした交流施設である。「デジタル化した大正３年（102 年前）の大阪の古地図をご覧いただきながら，思い出・風景の記憶を自由にお話しいただき，意見交換をしていただくイベントです。地図をみながら，皆様のお話を聞かせていただくことを楽しみにしています。」という主旨で，空堀商店街近隣の方々に参加を呼びかけた。（1）と同じく『大阪市及附近営業者紹介地図』を使用した。参加者は両日で合計 50 名程度で，たまたま商店街を通りかかってイベントを知り立ち寄った方々もいた。プロジェクトメンバー３名と協力スタッフ１名が立ち会った（図表７－４，５）。

この時点で「関西大学教育研究高度化促進費」の採択が決定しており，メン

図表７－４　プレイベントちらし

出所：関西大学社会的信頼システム創生センター作成。

図表７－５　イベント風景

出所：筆者撮影。

バーが関係する研究プロジェクトの共催で開催した。このプレイベントでは，次の２点を探る目的があった。

① 特定地域で，世代を超えた住民同士が，一枚の古地図から，どのような話題で，どのような交流が行われるか。

② 語られた思い出，風景を，どのようにドキュメント化するか。

①については，商店経営をしている方々は，週末や夕方よりも，平日の方が短時間でも参加しやすいであろうと考えていたが，地域住民の参加者は大半が高齢者であった。しかし，戦時下の大阪での生活から，路面電車，筋や橋，川など，同世代どうしで共通の「思い出」があり，それが地図を見ることをきっかけに言葉で表現され，カイロスの時間が浮かび上がって来た。

そうなると，思い出や風景が次々に言葉として表出し始める。93歳の男性は，「昔のことは何も覚えていないし，たいしたことは話せない。」となかなか話をしなかった。ところが，「空堀商店街のあたりは，大阪大空襲で被害を受けなかった」という他の参加者の話をきっかけに立ち上がり，地図を指しながら，このあたりまでは火事があったが，そこから北側は焼けなかった，この地図の通りには，誰の家や商店があり，それがどのように並び，どんな家であったか，を語り始めた。そこから，今の空堀商店街のあたりの様子，東横堀川の様子やそこにかかっていた橋の話などを，次々にはっきりと，精確に語った。

やはり90歳代の女性は，「この辺以外には住んだことがないし，昔のことは忘れた」と言って，他の参加者の話を聞くだけだったが，そのうち，子供の時に見た縁日の話，心斎橋あたりに買物に行った話，終戦直後の生活などを，断片ながら，話し始めた。そのような話がもっと聞きたいと言ったところ，次々と思い出が蘇り，終戦後の空堀商店街近隣の様子などを語った。

さらに，それがきっかけとなり，90歳代の女性は，「これは人にはずいぶん長い間話したことがない」と断りをつけ，大阪大空襲の際に安治川に飛び込み，自分たちの方には火がこなかったが，火に巻き込まれて多くの人が亡くなった話などを語り始めた。

このような連鎖が続き，1人が話したことがきっかけとなり，クロノスの時間上にカイロスの時間が次々と現れ，あたかも断層のごとく，複数のカイロスの時間の残層を目の当たりに見ることとなった。

このプレイベントでは，私たちが予想もしなかった繋がりが創出した。まず，地域に住む同世代の人々の交流が始まった。当日，「どこに住んではるの」，「今はひとりぐらしで，のんきにやってます」，「あんたとはスーパーで時々顔合わしたな」という話が頻繁に聞かれた。同じ地域に住みながら，交流がほとんどないのではないかと疑っていたが，まさにそうであった。このイベント後に，お互いに誘い誘われ，横の交流が盛んになったと聞いている。

もう一点，昔の話をしても若い世代は聞いてくれないどころか，つまらぬ話をしているといわれ，自分に自信をなくす高齢者もいるが，このプレイベントでは「大学の先生が，つまらぬ話と思っていたことを一生懸命に聞いて，質問してくれ，自分の話をこんなにきちんと聞いてもらえ，とてもうれしかった」という声が多数あったと聞いた。個々人の歴史あるいは人生体験の語り，いわばオーラルヒストリーを通じて，「聞く」ということが，個々人の生きている証しに繋がる。地域活性の主体は地域ではなく，地域に住む人である。地域を外に知らしめるという活動も地域活性には重要だが，地域の中で地域を改めて知り，地域に暮らす人々の人生を再評価することも，地域を活性化する重要な要素として検討されなければならない。

②については，多くの課題が残された。オーラルヒストリーの聞き取りは，基本的には個人に対するインタビュー形式で取り組まれるが，このようなイベントでは，多数の人々が同時に，さまざまな情報を提供することになる。A地域についてご存じのことをお話しください，B地域の思い出をお話しください，のように順序立てて話を聞くと，カイロスの時間は露出しにくい。話もあちこちに「飛ぶ」ことになる。当日は，参加者に許可を得て，会場の様子を録画・録音したが，当然，声と声が重なりあい，発話者の識別が難しい。まさにポリフォニーの状況である。業者に依頼して文字化したものの，音声記録であり，「ドキュメント」として，どのようにまとめるか，予想以上に困難な状況に直面した。思い出や情報をメモに書いてもらうように頼んだが，多くの方から「書くほどの大切なことではないから」と断られた。音声も，「その点をもう少し詳しく話していただけますか」とレコーダーを向けると，「たいした話ではないから」と話を中断された。これは，その後のイベントでも同じことであった。思い出を地域活性に利用する以前に，ドキュメント化の方法を考えなければならないことを痛感した。

（3）ワークショップ「大阪の魅力再発見！　古地図で見る！おおさか　にぎわい　いまむかし」

（日時）平成30（2018）年4月14日（土）　11：00～16：00

（場所）大阪府立中之島図書館　本館3階

（協力）『大阪春秋』編集室

「大阪検定」協力事業として，本プロジェクト主催のワークショップを開催した。今回も『大阪市及附近営業者紹介地図』を使用した。あわせて，原地図の約90%サイズの印刷地図，スキャニングしてB5サイズに拡大印刷した絵葉書10枚を展示し，デジタルデータ化した戦前の大阪の商品のラベル80点をデジタルサイネージで再生した。今回は録画，録音は実施しなかった。その代わりに，用紙に思い出を自由に書き込む，印刷地図に直接情報を書き込む，付箋に書き込んで貼る，という形で思い出を書き込む方法を試みた。プロジェクトメンバー４名が立ち会った（図表７－６）。図表７－７はデジタル地図の投影場所の様子を示す。

約60名の入場があり，８割の参加者は２時間以上滞在し，参加者どうしで話を深めていた。会場は中之島公園内にあり，公共施設でも府立図書館という，さまざまな地域の匿名の利用者が集まる場所であったため，若い年齢層の参加者も見受けられた。参加者は古い大阪に関心があり，資料を探すために来館した際にワークショップの開催を知ったという方，当日たまたま来館し会場に来たという方が多かった。建築士，大学教員，公務員，地域ガイドのボランティアといった方の参加も特徴的であった。空堀商店街のプレイベントとは，参加者の層がまったく異なっている。

参加者が自らのカイロスの時間を掘り起こして地域についての思い出を語るというよりは，参加者どうしが自身が知りたい情報を自身が持ち得ている情報と交換するという状況であった。大正３年の一枚の大阪市内地図から，実に多くの情報がもたらされることになり，情報交換が深まるため，多数の来場者が滞在時間２時間以上ということになった。

図表７－６「大阪の魅力再発見！」ちらし

出所：（株）アスウェル作成。

当然，語られる話も必ずしも思い出や体験ではなく，「知識」であった。もちろん，思い出や体験が混じることもあるが，参加者にとっては，それは新しい「知識」となり蓄積される。そのような「知識」としての情報交換の場という性質を帯びたため，参加者がノートや手帳に情報を書き込む姿がしばしば見られ，思い出を書き込む用紙の回収は極めて少なかった。地図への書き込み，付箋紙の使用も，決して多くなかった。書き込まれた内容も，「知識」として知り得ていることが多かったと思える。

先にも述べたように，生活地域での，そ

図表７－７　ワークショップ風景

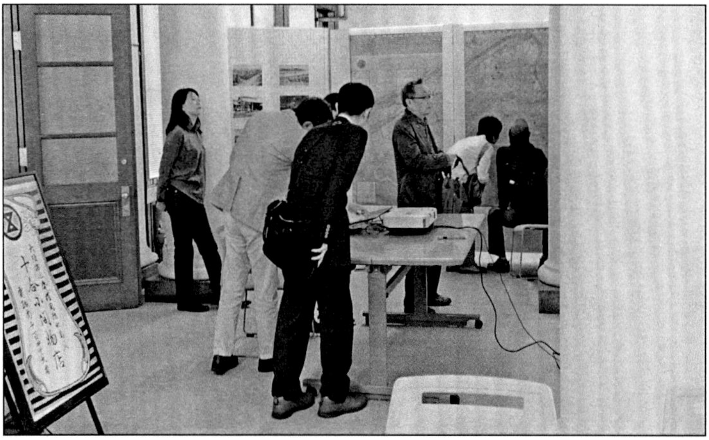

出所：筆者撮影。

の地域住民を対象とした開催ではなく，会場も多数の人々が自由に訪れることができる公共施設であり，このような場所でのワークショップ開催が地域活性と，どのように関わるか，私たちも予想ができなかった。今回のワークショップでは，「大阪」という歴史的社会空間に深く関心を持つ不特定の人々が集まった。多くの人はその場で知り合い，そして再びどこかで出会う可能性は低い。しかし，この場で得た情報は，どこかで披露され，拡散されることになる。大阪について知りたいという「大阪 Lover」の交流の場を提供することも，大阪の地域活性には必要であることを，このワークショップで認識することができた。

目には見えない「何か」がその土地にはあり，その「何か」は記憶としてカイロスの時間に留まる。その「何か」を特定地域に住む人々から引きだし，「形」にすることで「何か」を可視化し，それを，小さいながらも地域活性の起爆剤に使えないだろうかという考えが，私たちの根底にある。地域活性を必要とするのは，その「何か」がどんどん消え去ってしまい，その地域の過去が忘れられ，それがその地域を弱体化させる[7)]。そのため，「何か」を引きだし，各地に伝えるトランスミッターも，地域活性には必要であろう。A 地域での

「何か」からＢ地域の「何か」が引き出されるかもしれない。このようなトランスミッターに知識の充電をしてもらう場を設定することも必要であろう。小さな活動だが，大きな流れになれば，さらに新しい歴史的資源が掘り起こされ，地域活性にとっての有益な資源となる。

商品ラベルのサイネージでの表示は，年配者にはなつかしく，若い層には新鮮であったようだ。「大阪大空襲ですべて焼けてしまって記録が会社に残っていない，本店のラベルがあった。驚いた。」，「子供の時によく買ってもらったお菓子屋さんのラベルがあった。今はないお店なのでなつかしかった。」といった感想が聞かれた。この商品ラベルは，約200枚が和紙に貼り付けられ，こよりで綴じたコレクションで，東京の古書店から入手した。地図ばかりではなく，このような歴史的資源もカイロスの時間を引き出す。１で示したＡ（有形資源）のうちa-3（非言語資源－雑紙類）に分類される紙類の歴史的資源の活用も，考えるべき課題の１つだ。

今回のワークショップでは，参加者から，母が戦前に卒業した女学校の位置を知りたい，少しでも詳しい情報がほしい，という質問が出された。他の参加者から情報を得られなかったが，個人的に調べて情報を入手することができた。参加者から情報を引き出すことを主として考えており，逆に私たちに情報を求められた場合，どのように対応するかという点も考える必要がある。参加者どうしの新しい繋がりから地域活性へと進める上で，その繋がりのきっかけとなる歴史的資源を提供する側は，参加者とどのような繋がりを持つべきか。私たちは，「何か」を可視化するきっかけを提供するだけでよいのか。新しい課題が現れた。

（４）ワークショップ「声はずむさかいのまち～戦前の堺市資料を見て，堺を語ろう」

（日時）平成30（2018）年11月24日（土）　15：00～16：30

（場所）関西大学堺キャンパス

今回のワークショップは，平成30（2018）年度関西大学と堺市の連携事業企画「声はずむさかいのまち」の一部として開催した。この企画は，「教育研究

図表7－8「声はずむさかいのまち」ちらし

出所：関西大学作成。

高度化促進費」とは別の企画の公開講座である。堺市民を主な対象とする4回の講座で，毎回前半に1時間の講義と後半に歴史的資源を展示してのワークショップを行った。講義では，『住吉堺名所並豪商案内記』（明治16年）に掲載された旧堺市内豪商の案内による堺市の歴史的産業の紹介，堺港と神戸港の比較による港湾都市の発達，堺市の経済発展と今後の見通し，堺市の歴史的変遷を解説し，ワークショップでは，戦前の堺市地図，明治から昭和期戦前の堺市案内の類に掲載された広告（複写），戦前に堺市で発行された諸資料を展示して，自由に語る形式で実施した。その第3回に，『堺市鳥瞰図』デジタル地図を借り受けて公開した。参加者は約50名であった。講義は事前申し込み制で，ワークショップは自由参加としたが，講義を聴いてからワークショップに参加する流れになり，ワークショップだけの参加者はいなかった。プロジェクトメンバー2名と当日の講師が立ち会った（図表7－8）。

第3回講座で公開した『堺市鳥瞰図』は，かつてイオンモール鉄砲町の一角に複写が展示してあり，市内に古くからある某店にも複写が展示してあるので，地図そのものについては周知されているようであった。終戦直前に小学生であった方々から，当時の姿が思い出されるということで大変好評であった。鳥瞰図であるために，実際の立地と異なって描かれている建物があり，これをめぐっての正しい，正しくないの軽い討論も行われた。

堺市立図書館がデジタルアーカイブをインターネット公開しており（『堺市鳥瞰図』は含まれない），第1回の講義で扱った『住吉堺名所並豪商案内記』も全ページ閲覧できるが，高齢者には，インターネットは使いにくい面がある。そのため，このような歴史的資源の展示を毎回楽しみにしていたと言う参加者もいた。郷土史関係本から復元した戦前の一部地域の商店街地図の展示は，間違いなどの指摘もあり，その商店街にまつわる思い出，その地にあった商店の現在などの話を聞くことができた。戦前に府立堺高等女学校が発行した『言葉遣イニ就テノ注意』という小冊子の複写物なども利用した。参加者にとって未知の史料への関心は高かった。

市内で町家の保存活動をしている方，市内特定地域の地域活性事業に関わっている方，堺市の戦時中の記録や戦時中の軍部関係の施設の調査に取り組むNPO関係者，図書館関係者などの参加もあり，祖父の実家の位置の確認や本家の位置の確認がしたいということでの参加もあった。堺市に長年生活し，堺市に愛着のある方の参加が多く，ワークショップでは，例えば戦前の酒類醸造商店のちらしから，お互い初対面どうしの参加者たちの話が盛り上がり，特定地域での歴史的資源活用による話しの場の提供ならではの場面がしばしば見受けられた。何らかの形で堺市の地域活性に関わっている方々の参加があり，この場での交流が行われ，また，この交流がきっかけで，そのような地域活性事業に興味を持つ方々も現れるという点で，大学という機関が地域活性化事業に関わる人々，団体のハブとして機能することができた。このように大学がハブ組織となり，関係者の集まる場を提供し，関係者どうしの繋がりを創出するという役割を果たすことも，地域活性化には今後検討されなければならない。私たちが企画した事業で地域活性を進めるだけではなく，私たちはあくまでも表には出ず，人と人，人と組織の繋がりを創出し促進する媒介となり，さらに各地域での地域活性を発展させる力添えとなる。大学での地域活性事業では，その地域に居住しない教員が地域活性に関わることが多く，どうしても地域住民の現実を充分に把握することが難しい面がある。

今回もまた，情報のドキュメント化には苦労し，ドキュメント化は断念せざるを得なかった。記入シートを毎回用意したが，毎回記入は断られ，録音も「そんな話をしても昔のことやから」ということで断られた。しかし，レコーダーを止めると，とめどもなく話が続く。メモを取ろうとすると別の参加者からの話も飛び出すため，メモを書くひまもない。次々に参加者に声を掛けられ，展示している広告にある商店の話，思い出などを語っていただくため，聞くのが精一杯であった。ここで語られた情報を整理して，次の講座で公表すれば，さらに話が出てきて，別の話を知っている方を連れて来られるかもしれない。記録を取る体制も検討しなければならない。

デジタル地図については，今回は操作を避ける高齢者が多かったことが印象的であった。自由に操作していただくように何度も声をかけたが，私が操作をし，指示にしたがって画面をスクロールすることがほとんどであった。その原因の１つには，数人の男性がスクリーンの前に陣取り，私に操作の指示をしながら，その方々の思い出話が延々と続いたことがありそうだ。

この企画も，目に見えない「何か」を可視化する場を提供することを意図した。トランスミッターとしての参加者という発想があることを前節のワークショップと同じように感じたが，(2) のような特定の狭い地域での開催ではないため，(3) と同じように，参加者からのフィードバックがまったくなかった。これは，講義での学びが目的で参加している方々にとっては，講義を受けることで受け身になってしまい，私たちとしては私たちにいろいろなことを教えてほしいという立場であっても，教える側と教えられる側という立場になってしまうからではないかと考える。空堀商店街の施設，図書館という公共施設で開催する場合と，大学という大きな教育機関で開催する場合との違いも，今後検討すべき課題である。

（５）ワークショップ「昔の地図で見るなつかしい大阪～拡大地図を楽しむ～」

（日時）平成 31（2019）年３月 11 日（日） 11：00 ～ 16：00

（場所）大阪市立中央図書館 5F 中会議室

（共催）大阪市立中央図書館

今回は，11：00 ～ 11：30，13：00 ～ 13：30 の２回，地図のデジタル化についてと地図の見所について２名のプロジェクトメンバーが，それぞれ 15 分ずつ同じ内容の解説を行ってから，ワークショップに入った。入れ替え制ではなく，解説は自由参加として，午前中から会場にそのまま滞在してもかまわない形式とした。入場者は約 80 名であった。プロジェクトメンバー３名が立ち会った（図表７－９）。

今回は，これまでの『大阪市及附近営業者紹介地図』のデジタル地図，原地図，印刷地図と，新たにデジタル化した12点の地図をすべて使用した。デジタル地図のうち，市立中央図書館所蔵の『大阪市街全図（附著名諸会社銀行商店案内）』の原地図も展示した。同図書館は，大阪史料のデジタル化と活用に積極的な機関であり，会場には端末を２台設置し，地図と同時に当時の絵葉書などのデジタル化された歴史的資源を閲覧できるようにした。また，図書館所蔵の関連図書を併置して，自由に閲覧してもらえるようにもした。

住宅地域に立地していることから，近隣に住む方々の参加も多く，本を借りに来た時に館内の案内を見て来ました，という声を多数聞いた。今回も，地域の活性化に関わっている方，図書館ボランティアの参加が多く，今まで以上に熱心な話し合い，情報交換などが行われた。祖父が戦前に勤務していた商店の名前があるかもしれないので見に来たという参加者や，本家の商店の戦前の位置が確認したいという参加者など，特定の目的を持った参加者もいた。また，地図のデジタル化に興味を持つ大学院生，大学教員も参加していた。

今回も録音，録画は行わなかった。市立図書館の「思い出のこし」プロジェクトのシートに記入していただくということで，図書館司書の立ち会いがあり，詳細は知らされていないが，シートに書き込んだ参加者もあったと聞いている。これまでと同じく，私たちは話相手として話しかけられることが多く，メモを完全に残すことはできなかった。今回の参加者の，特に高齢者の熱心さには私たちも圧倒されてしまった。例えば，堺市の地図を示しながら最初に解説した内容に間違いがあるという指摘がなされると，近くにいた方が私も堺市の住人で，あなたの解説とは違う話を知っていると話に加わり，さらに，いやいや，そうではありませんよ，と話に加わる方があ

図表７－９「昔の地図で見るなつかしい大阪」ちらし

出所：大阪市立中央図書館作成。

る。3人で情報を付き合わして，正解と思われる情報を導き出そうとする。そうなると，3人で話が咲き，堺市についてのさまざまな情報，それぞれの祖父母から聞いた話，子供の頃の思い出と話が進み，お互いに満足して会場を出て行かれた。この3名の方は来館したときにワークショップ開催を知り参加されたのであるが，ボランティア活動などに関わっていないということであった。

印刷した地図を囲んで，さまざまな情報交換もなされていた。地図上に書かれた商店，会社について，思い出，現在の情報などが交換され，そこから，その商店，会社周辺の思い出や情報が次々に出された。8名程度が地図を囲んで2時間以上話し込んでいたようである。一枚の地図から，それも大正3年の地図から多くの話題が出て来て，話が盛り上がるのには，毎回驚かされる。共通する情報もあるが，地図を見る人の数だけの異なる情報や思い出がある。70代の方と40代の方とが，共通する思い出を持つこともある。それぞれのカイロスの時間の顕現がクロノスの時間に繋がれて交わる瞬間である。年を隔てた者どうしのカイロスの時間は，クロノスの時間の上に乗り流れ出すが，新しいカイロスの時間として層を残すことになる。このように，異なる世代のカイロスの時間を同時に顕現させ，それぞれが歩んでいる異なるクロノスの時間が同じクロノスの時間となる瞬間を多数創出することこそが，人と人との新しい繋がりを創出することであり，これが，その地域に暮らす人々による地域活性には重要なプロセスとなるはずである。

今回のワークショップでは，参加者から地図上の区画についての疑問が出され，現代の地図も持ち出して，その場にいる参加者たちと謎ときが始まった。結局，解決しなかったが，後日その方から詳しく調べた結果をメールでお知らせいただいた。この調べられた結果は，次のワークショップの時の説明として使わせていただくことになるが，どのような形でフィードバックして，地域の歴史的資源として活用するか，今後の課題となった。

今回も，大学がハブとなり，関係者，関係組織を結び付けて行くことによって，新しい形の地域活性が進むのではないか，という可能性を強く感じた。デジタル地図を所有する大学組織が，どのような形で地域図書館と連携するか，歴史的資源を活用する地域活性において考えなければならないという課題も明らかとなった。

5．まとめ

歴史的有形資源のうち，言語的資源を地域活性に活用する可能性を考察した。費用を投資して，いわゆる「箱物」を整備する地域活性，さまざまな資源を活用して外部からの人の流入を図る地域活性に比べて，地味であり，大きな成果がすぐに得られるプロセスとは，当然言い難い。しかしながら，その地域に暮らしてきた人たちひとりひとりの思い出，情報が，即座に「歴史的資源」となり，地域の貴重な歴史，それも「正史」には記録されない事実が累積され，無限の「歴史的資源」となる。設備投資による地域活性とは大きく異なり，積み重ねられた記録は，永遠にその地域と結び付けられることになる。地域の記録，それも個人の思い出と情報から構築される，その地域に根ざした真の歴史は，未来へと伝承される。人が暮らしてきて，今暮らしが営まれ，そしてこれからも暮らし続ける地域の本来の姿を知り，元気が枯渇した地域にあっては，過去の元気な姿を知ることで，地域を活性化する方法を見いだせるであろう。旺盛な地域にあっては，行き過ぎをセーブする資料ともなろうし，さらなる発展をなしとげ，地域を活性化する資料ともなるだろう。

もちろん，どのレベルで「地域」を見るか，という点によって，方法は検討されなければならない。今回は，大阪市を中心とする地域での事例であるため，比較的，歴史的資源も多く，関わる人々も多い地域であるため，歴史的な言語資源を活用する方法は有効であった。国内すべての地域で，この方法が地域活性に有効であるとは考えていない。その地域にあった方法を考察，検討しなければならないことは言うまでもない。

私たちは，その地域に「何か」として存在するが目に見えず，言語化もされないものを，可視化し，言語化することによって，「何か」が何であるかを知り，地域に関する知られていない事実を知り，地域のよさを確認するとともに，地域に住む匿名の住人どうしの繋がりを創り，そこからその地域との繋がりを創り出すことによって地域活性を，小さいながらも進めてみようと考えている。新しい人と人の繋がりは，相互の社会的な信頼関係を構築し，さらには地域社会との目には見えない信頼関係を構築する。力は小さいが，その地域の一人一人が，何らかの形で主体的に地域活性化の動きに参加することが大切である。

デジタル化した史料，あるいは原物を使って，可視化されておらず，言語化もされていない「何か」を引き出すためには，その「何か」が地域にとっては貴重な「何か」になるという点を，お互いに理解する必要がある。「自分の語る話は，昔の繰り言で，なんもおもろうない」と語る側は考えるが，そうではなく，表には現れない貴重な「歴史的事実」であり，地域にとっては「貴重な事実」であることを，主催する側も学習して理解しなければならない。主催者が中心になるのは運営であり，運営側は貴重な事実を引き出すための「仕掛け」として立ち働くことが必要となる。この点を十分に認識しなければ，カイロスの時間を顕現させられず，相互の信頼関係も構築できない。

このような文化史的な視点を福祉政策に導入することも，歴史的資源を活用する地域活性には不可欠であろう。その人がその地域に生きた証しを言語化し，それによって自己の生きた意味を改めて考えるきっかけにもなるであろうし，「回想法」として思い出を聞き取ることも可能であろう[8)]。大阪に限らず，多くの地域で，かつてはこのような「しゃべくりの場」が随所に自然発生し，目には見えない地域の「何か」を伝承してきた。この場で話をしながら，笑い合うことで，地域の健康な暮らしも支えられてきた。相互に語り合うことで笑いが生じ，健康な暮らしに繋がり，地域が元気になる。

地図のデジタル化は，決して廉価ではないが，箱物を作ることを考えれば，はるかに費用を抑えることができる。大型史料でなければ，近来の高性能のデジタル機器を使用すれば，比較的手軽に作業を進めることもできる。本稿では検討できなかった点については，改めて稿を起こしたい。残念ながら，ドキュメント化が，まったく解決できなかった。記録を残すという点で重要な課題だけに，さらなる検討を慎重に行いたい。

【注】

1）これは歴史的資源を活用する上での対象を検討するための暫定的な区分であり，私案である。
2）清水真砂子（1995）『子どもの本のまなざし』洋泉社，p.190.
3）同 p.190-191.
4）同 p.192.
5）同 p.197.
6）文学作品における「ポリフォニー」の問題は，旧ソビエトの文芸学者ミハイル・バフチン（Mikhail Bakhtin）が 1929 年に発表した『ドストエフスキーの詩学』（邦訳『ドストエフスキーの詩学』ちくま学芸文庫，1995 年）で提起された。
7）この発想は，平成 29（2017）年 9 月 23 日に大阪市内空堀の「大大阪芸術劇場」こけら落としトークショーで橋爪節也氏が指摘された内容に示唆を受けた。要旨は「現代の大阪は大阪文化の解体に向かっているのではないか。大きくなったからすごくなるのではない。大きくなっても，現代の大阪は人が集まってくる場所がない。人が集まり，解体されていく『何か』を止める拠点がぜひにも必要であり，ここ『大大阪芸術劇場』がそのような拠点になることが必要だ。」である。
8）回想法との関わりでは，六車由美『驚きの介護民俗学』（医学書院，1992 年），同『介護民俗学という希望』（新潮文庫，2018 年），鈴木正典・須藤功『昭和の暮らしで写真回想法①〜③』（農山漁村文化協会，2014 年）など，多数の研究書がある。福祉政策と地域活性の連携も検討が必要である。

参考文献

清水真砂子（1995）『子どもの本のまなざし』洋泉社.
鈴木正典・須藤功（2014）『昭和の暮らしで写真回想法①〜③』農山漁村文化協会.
六車由美（1992）『驚きの介護民俗学』医学書院.
六車由美（2018）『介護民俗学という希望』新潮文庫.
Bakhtin, M. (1929), *Probemy poètiki Dostoevskogo*（望月哲男・鈴木淳一訳『ドストエフスキーの詩学』ちくま学芸文庫，1995 年）.

第 8 章　希望を切り拓く次代の地域創生

1．地域創生とは何か

（1）地域創生の担い手

これからの時代が明るくなることを信じて希望を切り拓こうと，それぞれの地域で「地域創生」に取り組む人たちがいる。地域創生とは，「地域の問題を解決すること」や「地域を元気にすること」である。地域振興，地域活性化，地域づくり，地域おこし等々とも呼ばれる。国では，中央の視点などから地方創生と呼ぶ。

地域は，人が集まって，生活をし，なりわいをして成り立っている。地域の主役は，住民・市民である。地域創生の担い手は，組織のセクターで分けると，企業（市場）セクター，行政（政府）セクター，NPO（非営利組織）セクターに大きく分かれる。まず，企業が市場メカニズムの中で地域の需要を満たそうと経済産業活動としてビジネスを行う。満たせない地域需要が生じた場合には（企業・市場の失敗），行政が地域政策として税金等を使って施策・事業を行う。それでも満たせない地域需要が生じた場合には（行政・政府の失敗），NPO（民間非営利組織）がボランティア力や非営利力を活かして活動・事業を行う。さらに，NPOでも満たせない地域需要が生じた場合には（NPOの失敗），企業，行政，NPOがそれぞれの特徴を活かし協力し合って「協働」で地域需要を満たす取り組みを行う。

（２）地域創生で重要な目的と理念と活動継続

地域創生において，こうすればこうなる，といったような成功の方程式はない。成功する上で模範解答はなく，解答は個々の地域の現場にあり，それら解答は異なり多種多様である。地域創生では，目的に向かって地道に活動を続けることが最も難しく，最も大事なこととなる。成功事例・モデル事例・先進事例などと称して，特定の地域創生の取り組み事例がもてはやされることがある。だが，時を経てそうした成功事例が過去の話になるケースは少なくない。場合によっては，成功事例ともてはやしたことを忘れたかのように失敗事例として取り上げられるケースもある。一時の成功をモデル事例と評して，そこから汎用化したあるべき論のノウハウを別の地域に頭から押し付けて，ミスリードしてしまうケースも見られる。長い間細々とでも成功し続ける地域の取り組みはそう多くはない。それ故に，実践活動においては，目的達成を自問自答しながら細々とでも長く続けることが大事になり，事例を調査研究・分析して紹介する際には評価のモノサシを慎重に当てるよう努めなければならない。

地域創生の取り組みで成功し続けるためには，担い手の間で「目的と理念」を共有し続けることが必要となる。時が流れ，担い手各々にさまざまな環境変化が起こる中，人間同士同じ思いを同じ程度で持ち続けるのは容易なことではない。さらには，実践の作業，特に裏方での作業を担う者「裏方さん」が地域づくりの中に居続けることは実に難しい。それ故に，地域創生の担い手は，目的と理念を常に意識して自問自答するように努めていき，裏方での作業を担う者を大事な存在として向き合うように心がけなければならない。

（３）次代の地域創生のあり方

希望を切り拓く次代の地域創生として，本稿では，「市民公益活動・ビジネスによる地域創生」，「地域イノベーションによる地域創生」，「自治権の確立による地域創生」の３つのあり方を取り上げる。また，それぞれの地域創生のあり方として参考となる事例を併せて紹介する。

2．希望を切り拓く次代の地域創生

(1) 市民公益活動・ビジネスによる地域創生

① 市民公益活動による地域創生～NPOの社会的存在意義～

(i) 地域創生を担うNPO法人

地域創生の担い手の1つがNPO（民間非営利組織）である。NPOには，狭義のNPOとしてのNPO法人（特定非営利活動法人）やボランティア団体等から，広義のNPOとしての公益社団法人・公益財団法人や社会福祉法人，学校法人等までさまざまに存在する。平成10（1998）年に市民活動団体として非営利組織の法人格を持つようになったNPO法人（特定非営利活動法人）は，近年，次代の地域創生を牽引する担い手として期待が高まっている。現在，内閣府の調べによると，NPO法人として認証された団体は，5万団体を越える。平成30（2018）年12月には，NPO法（特定非営利活動促進法）が平成10（1998）年に施行されて20周年を迎えた。

(ii) NPO法の礎となった「市民公益活動基盤整備に関する調査研究」

1980年代後半，市民活動（今で言うNPO活動）の担い手の間で，自分たちの活動を「公益性」の高いものだとして「市民公益活動」と意識的に呼ぶようになった。その社会的認知を促進させ，その発展を図るために，法律の整備と支援の仕組みづくりを模索し始めた。そうした動きは全国的な盛り上がりを見せ始めていたが，その牽引役の一端を担ったのが社団法人奈良まちづくりセンター（奈良市）であった。1980年代後半頃から研究会等の開催や海外視察を行うなど，問題提起や研究・議論に本格的に取り組み始めた。研究の柱となったのが，「市民公益活動基盤整備に関する調査研究」（第一期：平成5（1993）年1月～平成6（1994）年1月，第二期：平成6（1994）年12月～平成7（1995）年11月）であった（以下，NIRA調査という）。筆者はこのNIRA調査の事務局を担った。独自に研究の企画を立てて，国（旧経済企画庁）の総合研究開発機構（NIRA）に提案し，NIRAからの委託研究という形で公的資金を得て調査研究を行った。これが日本で初めて本格的に市民公益活動（NPO 活動）の歴史的経緯，法制度，活動団体の実態・課題，展望等について調査研究を行うものとなった。そして，その後に成立する NPO 法の礎となった。

平成 7（1995）年 1 月の阪神・淡路大震災の応援活動を契機に，ボランティア団体・市民公益活動団体の社会的認知が一気に進み，その活動しやすい社会基盤整備として，市民公益活動を促進させるための法律の立法化運動が急速に進み始めた。平成 7（1995）年末には，NIRA 調査などがベースとなって，市民公益活動団体（NPO）に法人格を付与する「市民活動促進法案（通称：NPO 法案）」の骨子が与党三党で大筋合意された。その後も，市民と国会議員の間で幾度となく議論が行われた。NPO 法は，日本のそれまでの多くの法律とは立法過程がまったく異なっていた。市民と国会議員の協働による議員立法であり，市民が主導して作った実質上の「市民立法」とも言えるものであった。市民が法案の条文を具体的に作成し，国会議員に提案して検討を繰り返した。NPO 法が成立する直前には，「市民活動」という言葉や概念に対して，否定的な捉え方を持った与党自民党の一部議員の反対によって，法案の名称や条文の中から「市民活動」という言葉が削除され，「非営利活動」という言葉や概念に変更された。そして，平成 10（1998）年に法案の名称を「特定非営利活動促進法案」に変更するなどの修正がなされて成立した。

（iii）NPO 活動の基盤整備の実現と課題

NIRA 調査では，市民公益活動（NPO 活動）を支える社会的な基盤整備として，次のような考え方，実施すべき重点方策を提言した。「（i）市民団体の組織としての自己確立を促し，個々の団体の活動の充実と団体相互の協力関係をはかるため，各種の支援組織を設立し，その活発な運営をはかる。（ii）寄付税制の改善等によって個人・企業・財団からの寄付や助成を活発にし，また行政による補助事業や委託事業を市民団体向けに的確に促進する。（iii）行政の縦割りにとらわれない自由度の高い活動を促すとともに組織の安定と自己確立のため，現行公益法人制度を再検討し，必要な非営利法人制度を確立する。（iv）以上の各項を国民的合意として積極的に，かつ長期的視点にたって推進するため，民間公益活動基本法の制定について検討し論議する。」

現在，これらの提言は一定の実現を見たと言える。（ｉ）は全国各地で設立されたNPO支援センター等の中間支援組織，（ⅱ）と（ⅳ）はNPO法の成立・改正や認定NPO法人制度，あるいは自治体や国によるさまざまなNPO支援策（補助事業・委託事業），（ⅲ）は公益法人制度改革などである。しかし，それらの中身については，未だに不十分なところがあるのが実情である。

（ⅳ）地域創生の牽引役として期待されるNPOの社会的存在意義

NIRA調査では，地域創生などの市民公益活動（NPO活動）を担う市民とは，「広く所属や立場を離れて個人としての自由意志で発言し行動する人々」のこととした（行政区域としての市町村への居住如何は関係がない）。また，NPO活動の社会的存在意義について，「行政や企業との違い」などから次のように整理して，あるべき姿として提言した。そこには，活動の担い手自身が自分たちの活動について，「社会的認知」を得たいという思いもあった。

「（ｉ）本来的に行政や企業に任すことができない，あるいは行政や企業だけではできない活動を新しい時代に即して組織化すること。（ⅱ）多数の団体が多様な価値観によって行動することにより，行政や企業だけでは実現しにくい多元的な社会を実現すること。（ⅲ）行政や企業では取り組みにくい先駆的・冒険的な活動を行ったり，行政や企業の行動を第三者の立場で監察し，独自の問題提起を行うことにより，新しい社会状況を切り開き，自己変革できやすい社会にしていくこと。（ⅳ）金銭や名誉よりも自らの志や社会への貢献を大切にする人々にとっての，自己実現の機会となること。（ｖ）行政や企業での就業システムとは異なる職務形態や就業形態を出現させ，活動に参加する人々を通じて新しい職業観ひいては人生観を生み出すこと。（ⅵ）以上のような働きを通じて，地域社会の再構築，日本社会のゆるやかな変革を可能にすること。（ⅶ）世界の人々から信頼を得ることにより，国際社会での新しい立場を確立することが可能になること。」

これらあるべき姿として求めた社会的存在意義について，現在，NPO法人がどの程度まで果たせているのか，課題は多いと言わざるを得ない。現在，各地域では，さまざまな社会問題が深刻化し，経済状況が不安定さを増し，行政の政策に市民・住民の声が反映されにくい状況があるなど，地域の将来が不透明な状況にある。だからこそ，地域創生においても，そうした市民・住民による公益性のあるNPO活動がますます必要とされている。だが，NPO法人は増えたにも関わらず，NIRA調査で提言した社会的存在意義を適切に果たしているNPO活動は不十分であると言わざるを得ない。

行政でも企業でもない市民公益活動を担うNPO法人は，今改めて，自らの社会的存在意義を振り返り，自問自答を行う必要がある。社会・地域の中でなくてはならない存在として真に必要とされ，地域の希望を切り拓く「牽引役」としての役割をさらに追い求めていかなければならない。

②　市民公益ビジネスによる地域創生～「社会的課題の解決」とは何か～

(ⅰ) ソーシャルビジネスの広がり

市民公益活動，NPO活動の活発化とともに，NPO法人等が「公益の担い手」であるとともに，「経済の担い手」でもあるとして，経済産業政策等にも位置づけられるようになった。「社会貢献・地域貢献（公益）」と「ビジネス・お金儲け（私益）」を両立して行おうとする公益・私益両立型ビジネスが生まれ，少しずつ発展するようになった。社会・地域で需要が潜在化して市場メカニズムが働きにくい分野において，NPO活動の中に「ビジネス化」するケースが生まれてきた。

1990年代には，市民活動団体（NPO法人等）によるコミュニティビジネス，事業型NPO，ワーカーズコレクティブ，女性起業家，市民起業家，社会起業家，社会的企業などといった言葉とビジネス形態が生まれた。コミュニティビジネスは，「地域を元気にする公益ビジネス」である。2000年代には，ビジネス化の範疇が地域性の高いものから，国際的なものや多様な分野のものまで幅広くなっていき，「ソーシャルビジネス」という言葉とビジネス形態が広がるようになった。ソーシャルビジネスは，「社会的課題を解決する公益ビジネス」である。ソーシャルビジネスの担い手は，かつてはNPO法人等を主に指すものであったが，2010年代には企業等によるものが増えてきている。

(ⅱ) ソーシャルビジネスの曖昧さ

ソーシャルビジネスを特徴づける定義として,「ビジネスの手法を用いて社会的課題を解決するもの」として説明されることがある。だが,ソーシャルビジネスと称する企業・NPOの活動について,その実態の一端を見る限り,社会的課題の解決という「公益性・社会性」はあまり高くなく,一般的なサービス事業等の営利ビジネスと特に変わらないものが見られる。中には,「社会的課題の解決を名目(厳しく言えば出し)としたビジネス」になっている場合があるなど,ソーシャルビジネスの「曖昧さ」が生じている。

図表8－1　NPO活動の発展とビジネス化(約30年間の歩み)

時　期	NPO活動の発展とビジネス化の歩み
1990年代前半	市民公益活動の基盤整備の調査研究
1990年代後半	市民公益活動のNPO法制化(NPO法成立) NPO等によるコミュニティビジネス創出
2000年代前半	市民公益活動・NPO活動の経済産業政策化 NPO等によるコミュニティビジネス普及
2000年代後半	NPO等によるソーシャルビジネス普及
2010年代	企業等によるソーシャルビジネス普及

出所：筆者作成。

最近では,ビジネス性を重視したソーシャルビジネスをもっぱらとする企業・NPOのことを「ソーシャル系」,「市民公益」の特性を重視した活動・ビジネスを行うNPOのことを「市民系」と呼ぶことがある。行政による公的資金等の支援事業が行われる場合には,その事業で想定する支援対象が「ソーシャル系」か「市民系」かに実質的に分かれる場合もある。そうした場合には,行政の支援対象のあり方を巡って,両者の間で「溝」が生じて議論が起こる場合もある。

事業成果の「評価」では,「市民系」は公益性・社会性を高く求めるため,評価の数量化が難しい傾向にある。一方,「ソーシャル系」はサービス事業等の消費者・ビジネス対象が明確に特定しやすいことから，短期的な視点で評価の数量化が行いやすい傾向にある。そのため，行政にとっては，「ソーシャル系」を対象にした方が公的資金等による支援事業を行いやすい状況が一部にある。

(ⅲ)「社会的課題の解決」の捉え方の曖昧さ

それではなぜ，ソーシャルビジネスの「曖昧さ」が生じやすくなっているのであろうか。それは，「社会的課題の解決」における「社会的（ソーシャル）」というものと，「課題の解決（課題当事者の利益）」というものの捉え方の違い（曖昧さ）に原因の１つがあるとみられる。「社会的（ソーシャル）」について，「市民系」のNPOでは，公益性・社会性の高さとして強く意識する傾向がある。一方，「ソーシャル系」の企業・NPOでは，マーケットとして確立していない成長途上のビジネス分野であると意識する傾向があるとみられるのである。

また，「課題の解決（課題当事者の利益）」について，「市民系」では，目に見えにくい対象も含めて，「不特定多数の利益」（社会・地域全体や市民全体の課題解決）と捉えることが多い。NPO法においても条文の中で，NPO活動（特定非営

図表８－２　市民公益活動・ビジネスとソーシャルビジネスの類型・特性（現状）

	市民系	ソーシャル系
組織性	市民公益の特性を重視した活動・ビジネスを行うNPO	ビジネス性を重視したソーシャルビジネスをもっぱらとする企業・NPO
「社会的」の捉え方	公益性・社会性の高さを強く意識する傾向	マーケット未確立の成長途上のビジネス分野と意識する傾向
「課題の解決」の捉え方	不特定多数の利益と捉える傾向	特定（消費者等）の利益と捉える傾向
事業成果の評価	公益性・社会性を高く求めるため評価の数量化が難しい	特定の消費者等が明確で短期的な評価の数量化を行いやすい
事業特性	共感の輪，協力・参加・寄付が集まりやすい	一般的な営利ビジネスと変わらないものとなりやすい

出所：筆者作成。

利活動）を「不特定かつ多数のものの利益の増進に寄与することを目的とするもの」としている。それゆえに，「市民系」のNPOでは，「共感の輪」が広がりやすく，活動・ビジネスの対価としてだけでなく，寄付や参加・協力が集まりやすい。一方，「ソーシャル系」では，目に見える個人の消費者ニーズ等を対象として，「特定の利益」（一部の課題解決）と捉える傾向があるとみられる。そのため，一般的なサービス事業等の営利ビジネスと特に変わらないものとなりやすい。一般の営利ビジネスは，対価を払ってくれる消費者，ビジネス対象が目に見える形で明確に特定できてこそ成り立つものであるからである。

(iv)「社会的（ソーシャル）」のイメージの変化

「社会的（ソーシャル）」という言葉について，現在では，良いイメージを持たれて，肯定的に捉えられていることが多い。だが，かつて1990年代までは，否定的なイメージを持たれることがあった。「市民（活動）」という言葉と同様に，政府や大手企業の取り組みに異を唱える政治的・運動的な意味合いを持つものと誤解して固定観念を抱き，アレルギーを持つ人がいた。それは，「社会的活動」や「市民活動」というものが，一部の課題当事者とともに，社会・地域全体や市民全体の抱える課題の解決を目指すものであったからである。当時は，社会・地域全体や市民・国民全体のあり方を考えて公益事業を行う担い手はもっぱら行政（政府）であり，企業・経済成長，経済的な効率性を最優先として，そこから生じる社会・地域の負担や市民の負担には多少目をつぶるという風潮が少なからずあったためとも考えられる。

そうしたことから逆に，昨今，「社会的（ソーシャル）」や「市民（活動）」という言葉が肯定的に捉えられるようになった要因として，社会・地域の抱える問題を解決するNPO活動が活発になってきたこととともに，そうした言葉を使う際に，社会・地域全体や市民全体をイメージすることが減ってきていることがあるとも思われる。

(v) ソーシャルビジネスから「市民公益ビジネス」へ

このように，「ソーシャルビジネス」という言葉とビジネス形態について，昨今，「曖昧さ」が生じやすくなっている。曖昧さが今後さらに広がって行くと，「ソーシャルビジネス」の社会的存在意義が見えにくくなり，あるいは失われていく可能性がある。また，NPO自体の社会的存在意義も見えにくくなる恐れがある。「社会的課題の解決（公益）」と「ビジネス・お金儲け（私益）」を両立して行おうとする公益・私益両立型ビジネスについて，今後は，「ソーシャルビジネス」というよりもむしろ，「市民公益ビジネス」と称していくのが適当であると筆者は考える。

［事例］地域と共に歩む市民公益ビジネス
～特定非営利活動法人生野共働の家「ぱん食店こさり」～

「社会的課題の解決（公益）」と「ビジネス・お金儲け（私益）」を両立する「市民公益ビジネス」の事例として，地域の人々の健康と暮らしを大切にし，地域で助け合って働くことの喜びと誇りを創造している特定非営利活動法人生野共働の家「ぱん食店こさり」の取り組みを紹介する。「こさり」の経営理念は，「おいしくてより安全なパンづくり」と「障がい者と健常者が対等に共に働くこと（共働）」であり，昭和63（1988）年の創業当初（NPO法人化は平成21（2009）年）から経営の随所で貫かれている。スタッフの数は，障がい者と健常者がおよそ半々である。

（ⅰ）「地域の人々の健康」を大切にする経営
～おいしくてより安全なパンづくり～

大阪市生野区の地下鉄北巽駅からほど近くの住宅街，「天然素材・無添加」の大きな文字の看板がかかった３階建ての建物。それが，「おいしくて，身体にやさしくて，そして，人に優しい」パン屋さんとして，地域の人々から愛される「ぱん食店　こさり」である（大阪市生野区巽北4-13-20）。「こさり」の店名は，ハングル語で「ワラビ」の意味で，「地域にしっかり根付き，根気よく，力強く成長する」との思い（理念）が込められる。

「こさり」で働く障がい者や健常者のスタッフたちは，自らが健康であることの大切さを強く認識していることから，パンを買ってくれる顧客にも，健康であって欲しいとの思いを強く持っている。そのため，「こさり」では，「おいしくてより安全なパンづくり」を理念に，素材１つひとつに細かくこだわってパンを製造している。パンの生地は，すべて国内産小麦，天然酵母，生イーストを使って焼いている。副材料にも気を配り，野菜や果実，レーズン，クルミなども無・低農薬，有機栽培のものを使っている。パンに入れる具も，ほとんどすべてが自家製造で，餡，クリーム，ジャム，ピザやカレーのソースなども自前で作っている。チリトマトウィンナーパンのチリソースも，玉葱を刻むところから自前で作る。

顧客の要望に応じた「対応パン（オーダーパン）」も積極的に開発し製造・販売している。糖尿病の人には砂糖を使用しないパン，アトピー性皮膚炎の子供には卵を使用しないパンなど，顧客の要望に応じたパンを次々と開発している。パンと共に製造・販売するクッキー等も食品添加物を入れずに無添加で作っている。店内に併設する喫茶コーナーでも，メニューはすべて無・低農薬，有機栽培のものを使用している。「こさり」のパン等がすごいのは，身体にやさしくて安全な上に，味が他の多くのパン屋を勝るほどにおいしいと評判なことである。

(ⅱ)「地域の人々の暮らし」を大切にする経営
〜アトピーの子供たちに友達と同じパンが食べられる感動を〜

最近はアトピー性皮膚炎の子供が多く，パンを食べさせられなくて困っている親たちが多い。多くのパン屋では，パンをやわらかく膨らませるために，卵や乳製品などが当たり前のように入っており，アトピーに影響があるからである。子供たちが通う保育園では，給食でパンを出す際には，アトピーの子供だけはご飯を食べてもらうなどの対策を取ることが多い。そうした中，アトピーでも食べられる「対応パン」の注文を受けた「こさり」では，卵や乳製品を入れなくてもパンの生地がかたくなりにくいように，代用品として菜種油を入れてやわらかくする工夫をした。また，パンの種類ごとに工夫をして，例えば，メロンパンでは卵を抜いて，その代用品にかぼちゃを使って黄色い色を出すようにした。それにより，アトピーの子供も，友達と同じ種類のパンを平等に食べられるようになった。

こうした「こさり」独自のパンは地域で評判となり，保育園では逆の発想も生まれていった。アトピーでない他の多くの子供たちが，アトピーの子供に合わせたらいいのではとの考えから，「こさり」が開発したアトピー用のパンをすべての子供たちに出すようにしたのである。そして，「こさり」にはまとまった単位でパンの注文が多く来るようになった。今では，10カ所ほどの保育園に「こさり」独自のパンの販売を行っている。店舗販売では雨の日などに売れ行きが落ちる時もあるが，保育園では安定して購入してもらうことができ，運営の基盤を支える重要な柱となっている。

(iii)「地域で働く喜び」を創造する経営
～先駆的にパン屋を営む障がい者と仲間たち～

ぱん食店としての「こさり」は，障がい者の共働作業所としての顔も持っている。昭和63（1988）年11月，身寄りのない重度重複障がいを持った１人の青年の家として発足した。彼は５歳の時に両親と生き別れ，さまざまな人と共に生き，共に育ってきた。彼の中学校卒業を契機に，「彼の家を建てる会」が設立された。地域のさまざまな個人・団体と協力して２階建の住居を購入し，「生野共働の家こさり」が設立された。その住居の１階部分を，手づくりパン製造作業所として活動を始めた。

それまで多くの作業所では内向きの仕事が多かったことから，地域の人々と交流して支え合い，仕事に活気が出て，毎日買ってもらえるものは何かと考えて，「手作りパン」の店を開業することにした。今でこそ，障がい者が健常者と一緒に働くパン屋は珍しくなくなったが，「こさり」は全国でそのさきがけ的な役割を果たした。

(iv)「地域で働くことの誇り」を創造する経営
～障がい者が独自に地域に出て営業展開～

創業当初はパンがなかなか売れなかったが，障がい者や健常者のスタッフたちは，それぞれに独自の営業活動を展開することで，定期的な注文を獲得していった。「こさり」には，知的・身体・精神等のさまざまな障がいを持ったスタッフがおり，それぞれに誇りを持った働き方をしている。

車イスの障がい者スタッフたちは，お金のかからない公園等で集まって会議をして，街頭や駅前，区役所前などで“ゲリラ”的に販売活動を行うなど試行錯誤を繰り返した。自分たちで独立して店を持ちたいとして，平成5（1993）年には第2店舗「ウィールチェアー」を開店して，パン・クッキー等のほかさまざまな自然食品を仕入れて販売を始めた。

「こさり」を始めて10年が過ぎた頃から，「新しい展開をしよう」との機運が高まった。平成12（2000）年7月，スタッフらが資金を出し合って，現在の大通りに面した店舗を開店した（移転後の旧建物は改築し「グループホームめぐり」にした）。それにより，売上アップとともに，スタッフの待遇改善と「脱作業所」，そして地域に開かれた人的交流の促進など，スタッフ共通の目標実現を一層図っていった。

創業当初は，奇異の目で見られることの多かった障がい者スタッフの出張販売は，今では地域の人々に認知され，喜ばれるようになっている。大阪市役所（区役所）や大阪府庁，大手家電メーカーの工場，地元の高校，老人ホームなど各所で定期的に出張販売をしている。

（v）地域で助け合って働く「共働」経営の創造

障がい者スタッフは，障がいの種類（知的・身体・精神等）や程度はさまざまで，1人ひとりが異なる性格や特技を持つ。それが，個性となって仕事の分担にも活かされている。そのため，障がい者も健常者と同様に，1人でも欠けると業務に支障が出る。毎月1回スタッフ全員（障がい者・健常者の皆）が集まって報告・議論するスタッフ会議でも，「こんなことが気になる」，「ここをこうしたらどうか」等の意見を自由に出し合っている。パンの新商品開発では，スタッフ全員が試食して，皆でこれだったらいけるとなった段階で店に出している。あらゆる場面で，「共働」（障がい者と健常者が対等に共に働く）で経営する姿勢を貫いているのである。

（2）地域イノベーションによる地域創生

①　NPOの苗床機能による新産業創造

（i）ベンチャー企業以上のベンチャーとして地域創生を担うNPO

地域において，イノベーションが起こり，新たなビジネスが生まれて，新たな産業が創造されるためには，さまざまな経営資源と地域資源が必要である。だが，それらがあったとしても，地域で需要が顕在化し需給関係が生まれて市場メカニズムが働かなければ，企業はビジネスを展開できない。地域でイノベーションが起こり，潜在的な需要が顕在化して市場メカニズムが働くようになることで，企業は，経営資源と地域資源を使って商品やサービスを供給してビジネスを展開していく。

地域イノベーションは，深刻な社会的課題を抱える地域において生み出されやすく，新たなビジネスが創造されやすい。地域において社会的課題が発生するようになると，その課題解決のために，NPO（市民公益活動団体・ボランティア団体等）による活動が活発に展開されることがある。市場メカニズムが働かないような潜在的な需要に対して，NPOがイノベーションを発揮して，公益性・非営利性の特徴やボランティア力を活かして先駆的に活動を展開する。

NPOによる社会的課題解決の活動活発化や「ビジネス化」に伴って，地域の潜在的な需要が顕在化し需給関係が生まれて市場メカニズムが働きやすくなる。それで企業が参入しやすい環境が創られていく。NPOの活動・ビジネスを模倣して，企業も次々とビジネスを展開するようになり，新しい商品・サービスのビジネス分野が誕生し拡大する。そして，新たな産業として成長していき，新たな市場を形成するようになる。

このように，NPOは，地域においてイノベーションを起こし，新たなビジネス・産業を創造するきっかけ役となることがある。そうした意味でNPOは新産業の「苗床機能」を果たしているとも言える。また，NPOは，そうした非常に高い先駆性を持つことから，起業家としては企業を上回る「ベンチャー企業以上のベンチャー」であり，地域創生の重要な担い手であると言える。

(ⅱ) NPOの苗床機能による新産業創造の事例

1980年代，福祉，介護，子育て支援，環境保全，情報化支援などの活動に対する潜在的な需要が，地域における「社会的課題」として，徐々に顕在化するようになっていた。だが，当時はまだ市場メカニズムが働きにくいため，ビジネス展開する企業はほとんどなかった。公共性・非営利性の高い分野であるにも関わらず，必然性への認識の低さや対応の難しさなどから，行政もあまり政策対象としていなかった。そうした中，1980年代後半から，そうした地域における社会的課題を解決しようと，NPO（市民公益活動団体・ボランティア団体等）による活動が活発化し，その中には「ビジネス化」するところも出てきた。そして，NPO活動の活発化や「ビジネス化」がきっかけとなって，企業が次々と新たにビジネス展開するようになり，新たな産業・市場が創造されていくケースが見られるようになった。

そうしたプロセスを経て創造された新たなビジネス・産業の事例として，以下のようなものがある。

・インターネット関連ビジネス（ITビジネス）
・高齢者や障がい者のための介護サービス
・車いすや介護ベッドなどの福祉・介護商品関連ビジネス
・太陽光発電や風力発電などの再生可能エネルギーを普及させる環境ビジネス
・不登校の子どもなどのための教育支援ビジネス

[事例] NPOの苗床機能によるインターネット関連ビジネスの創造

(ⅰ) 阪神・淡路大震災で生まれたインターネット活用の情報ボランティア

阪神・淡路大震災が起こった平成7（1995）年1月当時，日本ではインターネットの導入が，アメリカ等の諸外国に比べて遅れていた。パソコン通信は多少普及していたが，インターネットはまったく普及しておらず，大手企業や行政機関でもほとんど利用していなかった。インターネットの利用は，ごく一部の研究機関や特殊な業種の企業，あるいは「おたく」と呼ばれた趣味の世界など，非常に限定的であった。日本でもインターネットの存在自体は一部で知られていたが，その技術や機能のビジネス等への用途や活用方法，有用性などは，ほとんどまだ誰もわからなかった。

そうした中，阪神・淡路大震災での被災者支援活動において，インターネットやパソコン通信の技術を持った人たちがボランティア団体（NPO，市民公益活動団体）を立ち上げて，「情報ボランティア」の活動を始めた。

（ⅱ）情報ボランティアによる被災者支援活動

震災発生の直後から，いくつかの情報ボランティア団体としてのNPOが，ほぼ同時発生的に生まれて活動した。ワールドNGOネットワーク（WNN），市民活動情報センター（SIC），情報ボランティアグループ（情報VG），インターボランティアネットワーク（IVN），ボランティア・アシスト・グループ（VAG），インターVネットなどである。

情報ボランティアは，自ら被災地を訪れて集めた情報やNPOによる被災者支援活動の記録報告書（未解決のニーズや知りたい事項等）から，質問事項をインターネットやパソコン通信に投稿して，回答（解決情報）を得た。ネットニュースに掲載されている情報を整理して，その中から被災者の人々が求める情報を検索して伝えた。また，インターネットに独自のホームページを作成して，当時まだ普及していなかった電子地図を掲載した。その電子地図の上に，被災地の人たちに役に立つ情報を項目・地域別に掲載した。被災地におけるバス停，治療可能な病院，保健所，避難所，救援センターなどの情報である。電子地図の活用では，住友電工システムズ（株）が協力してくれた。海外からの震災ボランティアの中には，その被災地情報が掲載された電子地図を印刷して，それを持参して被災地を訪れる者もいた。

（ⅲ）NPOによる被災者支援NPOの情報化支援活動

震災支援活動を行うNPOに対して，インターネットの導入・活用を働きかけて支援するなど「情報化支援」を行うNPO（情報ボランティア団体）も誕生した。筆者が携わったワールドNGOネットワーク（WNN）と市民活動情報センター（SIC）では，次のような震災支援NPOの情報化支援活動を行った。

・NPOの事務所・活動場所訪問によるインターネット技術の指導

・パソコンや電子メールソフト（当時，日本では未販売で英語版輸入）等の日本語操作マニュアル作成
・電子メールによるボランティア自動受付システム（ソフト）の開発
・インターネットのテレビ会議システムを活用した被災地の子供たちのニュージーランド訪問支援
・アメリカのFEMA（合衆国連邦緊急事態管理庁）からの知識・ノウハウ学習
・駅や公共施設等でのインターネット環境を整備する「Public Access Point構想」の提言

また，NPOの情報化支援活動においては，インターネットを使った新たなビジネス開発に興味を持っていた企業から次のような協力を得たり，インターネット導入支援事業を協働で行った。
・NTTからのISDN導入支援（共同研究事業）
・アップル・コンピューター（株）からの数十台のパソコン寄付
・NEC日本電気（株）（meshnet）からの数十件のメールアカウントとホームページサーバー提供
・富士通（株）（Infoweb）からのメールアカウント提供とセミナー等での施設提供
・ヤマハ（株）からのルータ提供
・大阪大学大型計算機センターからのサーバーや教室提供

(iv) NPOの震災支援活動で明らかになったインターネットの有用性

阪神・淡路大震災での被災者支援活動において，NPOによる情報ボランティア活動や情報化支援活動が展開されたことで，次のような点でインターネットの用途や活用方法，有用性が実証的に明らかとなった（現在では，当たり前のことばかりであるが）。インターネットの「どの技術や機能が社会・経済活動で使えるか」，「ビジネスのどんな用途に使えるか」，「その活用方法」，「どの程度に有用性があるか」などが明らかになったことで，その後のインターネットの急速な普及に弾みをつけた。

・マスメディアに載らない細かい情報でも，利用者の立場からそれを編集して，リアルタイムに発信でき，大量の情報を生のまま伝えられる（例：大学入試の詳細な変更情報等）。
・個人でも自分の情報を多くの人に簡単に発信できる。
・被災地に連絡する場合に，電話等ができなくても，伝言などの情報がインターネットで相手に伝わる。
・誰でも広範囲の人と情報をやり取りできる。
・誰でも，交通機関の時刻表，診療可能な病院，入浴可能な場所などの地域性のある情報を保存して発信できる。
・情報を必要な時に誰でも検索でき，更新も簡単にできる。
・被災地から遠く離れたところにいる人でも，仕事のために被災地に行けない人でも，誰でも後方からの支援活動として，情報を編集し，発信する支援活動ができる。
・インターネットの電子メール等を活用することで，組織のメンバーの誰でも平等に，他の組織のメンバーと柔軟に連絡ができ，人的ネットワークを構築することが容易になる。
・インターネットを使って情報の共有化が誰でも容易にできることによって，組織間の相互メリットの創出が進みやすくなる。

（v）NPO によるインターネット関連ビジネスの創造

このように，NPO によるインターネットを活用した情報ボランティア活動や情報化支援活動は，1つの社会実験のような役割を果たして，日本における新たなインターネット関連ビジネス（IT ビジネス）が普及・創造されていくきっかけとなった。NPO がインターネット関連産業・市場を創造する「苗床機能」の役割を果たしたのである。阪神・淡路大震災では多くの人々が犠牲になった。震災当時，インターネット利用による NPO の支援活動がなかったならば，日本でのインターネット普及はさらに何年も遅れていたと思われる。

そして，情報ボランティア活動が展開された震災時からしばらく後，インターネットの利用は，マイクロソフトの Windows95 の発売（1995 年 11 月）も相乗効果をもたらして，企業や行政などにも急速に広がっていった。また，平成7（1995）年11月の「Asia-Pacific Economic Cooperation（APEC）大阪会議」において，阪神・淡路大震災の情報ボランティア活動で蓄積されたNPOが持つ経験，技術・ノウハウ，人的ネットワークなどが，その会議の運営に活かされた。

② 技術継承による新産業の革新的創造と成熟産業の発展的創造

地域創生では，地域イノベーションが欠かせない。地域イノベーションは，「無」から「有」を生み出すものもあれば，すでにあるものを別のものに応用したり，転換したり，発展させたりするものもある。地域経済においては，「新産業」と「成熟産業」の両方が必要であり，重要である。新産業が生み出される場合のみならず，成熟産業が発展的に存続し続ける場合においても，地域イノベーションが欠かせない。

「新産業」の革新的創造としては，時代の変化や社会的ニーズの変化に合わせて，既存の産業が事業転換して，あるいは革新を生み出して，地域に新産業を創造し続けることが求められる。「成熟産業」の発展的創造としては，古くからある成熟産業が時代の変化の有無に関わらず発展的に存続し続け，人々の生活や文化などの地域基盤を支え続けていくことが求められる。成熟産業の中で，必要とされなくなった産業は消滅していく。

地域の経済産業活動は，地域の社会，文化，政策などのさまざまな要因と複雑に絡み合っている。新産業の革新的創造，あるいは成熟産業の発展的創造で成功している地域では，地域に内在するさまざまな資源を地域の人々共有の財産として継承し，有効活用し続けていることがある。例えば，地域共有財産である経済的・文化的資源として，地域の人々が協力して「技術」の継承に取り組んでいることがある。地域のコミュニティにおいて，それまで培ってきた技術が人から人へと伝えられているのである。

[事例] 技術継承による新産業の革新的創造～新潟県燕・三条市の金属加工業～

（i）燕・三条市における金属加工業の事業転換の歴史

新潟県の燕市と三条市は隣接し，越後平野のほぼ中央に位置している。約

400年前から金属加工業が集積しており，時代の変化に合わせて「事業転換」を繰り返し，発展してきている。

1600年代，燕市と三条市では，信濃川がたびたび氾濫して，水害が多く発生したため，新田を開発して農業を発達させることが難しかった。そこで，江戸（東京）から和釘職人を呼びよせて，農家の副業として，「和釘」の製造を始めた。信濃川を利用した流通が発達しており，和釘の多くが江戸に運ばれて売られ，日本を代表する和釘の産地となった。

燕市には銅山があり，銅の精錬所があった。銅を使って，鍋などの銅器が「鎚起技術」を用いて生産された。鎚起技術は，１枚の銅版を大小さまざまな金槌を用いて打ち延ばすもので，継ぎ目のない銅器がつくられる。燕市の和釘職人は，その製造技術を利用して，鍬などの農工具や，煙管，矢立，ヤスリなど生活用具の金属加工製品に「事業転換」していった。銅製品として煙管の製造は，燕市で培われた「金属圧延技術」や「彫刻技術」と融合して発達していき，日本有数の煙管生産地となった。また，鋸の目立て用の道具としてヤスリの製造も始まり，代表的な産地となった。1900年代初頭，燕市でナイフやフォーク等の「金属洋食器」の生産が始まった。金属洋食器の製造でも，それまで培った金属加工業の技術が生かされた。銅の煙管や矢立の製造技術である「金属の地抜き技術」，「鎚起技術」，「金属圧延技術」，「彫金技術」などである。第一次世界大戦時にロシアからの金属洋食器の大量注文をきっかけにして，製造技術の機械化による大量生産に転換したことで飛躍的に発展して，燕市は世界的な金属洋食器の産地となった。第二次世界大戦後には，ステンレス製の洋食器の大量生産に成功して，それが基幹産業となった。ステンレス加工技術の発達などから新製品開発を次々に行った。また，台所用器物や調理用具などの「金属ハウスウエア」に事業転換する製造業者が増えた。燕市は，金属洋食器と金属ハウスウエアの国内主要産地となっていった。近年では，最終消費財の関連産業に事業転換して，自動車部品やゴルフクラブ等も生産している。

三条市の金属加工業も，約400年前からの和釘の生産が起源となった。三条市では和釘の製造をベースにして，「鍛冶金物」の製造に事業転換した。包丁やはさみなどの利器工匠具が製造された。1900年代初頭には，蓄積された鍛冶や研磨などの技術をもとにして，ペンチなどの作業工具の製造を開始した。第二次世界大戦後には，作業工具の一大産地となった。そして，製品の高級化やデザインの高度化などの製品差別化に取り組んでおり，電機や自動車などの機械部品加工などへの事業多角化の事業転換を進めている。

（ii）技術を継承した事業転換による新産業の革新的創造

燕市と三条市の金属加工業が，約400年もの長きにわたり，なぜ，時代の変化に合わせて次々と上手く事業転換を図り，新産業を創造し続けることができているのか。

燕市と三条市ともに，約400年の間，金属加工業は国内外を代表する産地として発展する一方で，時代の変化による衰退や危機的状況が何度もあった。だが，そのたびに，社会のニーズの変化に合わせるなどして，地域の中で長年にわたり培ってきた伝統的な加工「技術」を活かし，新しい技術も融合させるなどして，柔軟に「事業転換」を繰り返してきた。そして，新たな分野の製品を次々と開発して，金属加工業を創造し続けてきた。

技術継承による事業転換以外の新産業創造の要因としては，工程分業でリスク負担が軽減されたこと，業種別の全国規模の工業組合が存在したこと，産地卸問屋が存在したこと，広域の交通網や物流網があったこと，支援機関の協力が積極的にあったこと，などがある。

[事例] 技術継承による成熟産業の発展的創造～沖縄県の伝統工芸産業～

（i）独自の発展と戦災から復興した沖縄の伝統工芸産業

沖縄の伝統工芸は，島嶼性や亜熱帯の地理的要因と，過酷な歴史的背景の中で育まれてきた。沖縄は，14世紀から16世紀にかけて，日本，中国，東南アジア諸国との交易で最も栄えた。その頃，陶器，漆器，染物，織物などの工芸が，さまざまな国の技術や文化等を活用しながら飛躍的に発展して，それら工芸品を輸出するまでに発展した。沖縄県は，沖縄本島を中心に363の島々から構成される。1429年から1879年までの450年間，独立した王政の国「琉球王国」であった。

琉球王国は1600年代，日本（江戸幕府，薩摩藩）に侵略されるとともに，中国の政治的影響を受けた。沖縄の工芸製品は，中国や日本への献上や贈答の製品として輸出もされ，琉球王国の外交を支えた。明治12（1879）年，日本政府が軍隊を派遣して，琉球王国を滅亡させて，沖縄県として日本国に併合した。それによって，沖縄の工芸は大きく変化した。国の事業として進められてきた工芸は民営化され，市場経済に移るようになった。価格や生産性，使いやすさなどに対応する技術が優先され，時代にあったシンプルで生活実感のある工芸製品が求められるようになった。時代の変化による盛衰はあったが，沖縄の伝統工芸は産業として徐々に成長していった。

だが，第二次世界大戦において，昭和20（1945）年，日本軍とアメリカ軍の間で地上戦「沖縄戦」が起こり，沖縄県民の4人に1人が犠牲になり，土地が荒廃する中，沖縄の伝統工芸産業の多くは被災して壊滅してしまった。戦後，沖縄の伝統工芸産業は，何もなくなった状態から復興を目指さなければならなかったが，わずかに生き残った人々と残された資料などから少しずつ復活させていった。そして，沖縄の人々の熱意と努力によって，戦災から復興して，大きく成長を遂げていった。

（ii）沖縄県の伝統工芸産業の現状

沖縄県では，国の伝統的工芸品として指定されている工芸が16品目ある（平成30（2018）年11月7日現在）。東京都と京都府が17品目で，沖縄県は日本全国で品目が3番目に多い。具体的には，「壺屋焼」，「琉球漆器」，「琉球びんがた」，「喜如嘉の芭蕉布」，「読谷山花織」，「読谷山ミンサー」，「首里織」，「琉球絣」，「久米島紬」，「宮古上布」，「八重山上布」，「八重山ミンサー」，「与那国織」，「知花花織」，「南風原花織」，「三線」である。

沖縄の伝統工芸産業は，観光客の増加など堅調な観光需要を背景に，全体的には安定的に生産が行われている。製造業全体に占める割合は小さいものの，県内全域に製造産地が点在する。観光産業の振興をはじめとして，地域経済の活性化や雇用の創出にも重要な役割を果たしている。地域の人たちから多くの支援を受け，地場産業として新たな工芸品が創造されるなど，沖縄の伝統工芸産業は今後も成長する産業として期待されている。

(iii) 地域の文化と誇りと共同体をベースとした技術継承による成熟産業の発展的創造

沖縄県における伝統工芸産業は，何百年もの長い歴史を持ち，時代の変化による盛衰があっても，成熟産業として存続し続け，人々の生活や文化などの基盤を支え続けてきた。また，第二次世界大戦で一時は壊滅したにも関わらず，数多くの伝統工芸産業が蘇るように復興を遂げ，現在も多くが存続し発展し続けている。では，なぜ沖縄の伝統工芸産業は，過酷な歴史的背景の中，存続し，蘇り，発展し続けることができているのか。

沖縄は，日本本土とは異なる過酷な歴史を持っており，それ自体が沖縄の人々の絆を強固なものとしてきた。日本本土との差別の中で生きてきた沖縄の人々にとって，伝統工芸をはじめとした沖縄独自の「地域文化」は自らの存在証明としてのシンボルとも言え，生活の中で世代を超えて受け継がれている。アイデンティティとして「沖縄県民意識」(「ウチナンチュ」意識) が非常に強く，郷土に強い誇りと愛着とこだわりがあり，人間関係も親密である。そうした地域文化や沖縄県民意識こそが，沖縄の伝統工芸産業を支える原動力となっている。

沖縄県の人々は，相互扶助や血縁関係を大切にする「地域共同体」の意識が強く，地元の行事や祭りへの参加意識も高い。「郷友会」「県人会」「結いまーる」等の地域共同体を大事にする組織があり，沖縄の伝統文化を保存し継承する活動が活発に展開されている。古くからの沖縄独自の言葉「しまくとぅば」なども守り受け継がれている。沖縄の伝統工芸品は，そうした相互扶助の地域共同体意識のもとで生産されている。

沖縄では，日本復帰後，学校の授業や行事など教育現場において，沖縄の伝統工芸を学ぶ教育が取り入れられている。首里高校に染色デザイン科が設置されるなど，教育現場で伝統工芸技術者の後継者育成が続けられている。そうしたことで若い人たちが伝統工芸に関心を持つようになっている。

その他，自治体やNPO法人沖縄県工芸産業協働センター等の民間団体による継続的な支援も活発に行われてきている。

（３）自治権の確立による地域創生

①　国策下の地域政策から自治の地域創生へ

地域創生の取り組みは，これまで各地域において多種多様に行われてきた。地域の人たちに希望を切り拓くような次代の地域創生の方法は無限にあり得る。だが，いかなる方法を用いたとしても，地域創生においては「自治権」というものが必要不可欠となる。地域創生を行うためには，地域の住民・市民や自治体が自治の権利・権限を持って，自治が機能する必要がある。「自治」とは，自分たちの地域の運命は自分たちで決めることである。自分たちが意思決定権を持ち，自分たちでルールを作り，自分たちの地域資源を使って，自分たちで実行し，自分たちで責任を負うことである。

地域の自治権は，住民・市民の主権とともに，国（中央政府）の政策によって実質的な意味において制約されることがある。特に，安全保障政策や外交政策などの国策において，国の専権事項として，地域（住民・市民，自治体）と国の間ですれ違いや利害対立が起こる場合がある。そうした場合，国策による自治権の制約が障壁となって，地域創生に取り組みにくくなり，地域を発展させることが難しくなる場合がある。また，安保や外交の国策を優先させるために，国が地域に対して「国策下の地域政策」として「アメとムチ」政策（補助金をばらまくなどの補償型政治）などを展開する場合がある。それにより，国の補助金等への依存体質が強化され，経済・財政構造の自立力が低下するとともに，自治権や自治意識・権利意識が後退して自治力・自律力も低下していく。そのため，地域創生の取り組みでは，国との交渉・調整による「自治権」の確立が避けては通れない。

[事例] 沖縄における「米軍基地問題と国策下の地域政策」

（ｉ）沖縄の自治権をめぐる闘いの歴史と現在

日本の歴史においては，市民あるいは地域にとって，「主権」や「自治権」は時の権力者から与えられるものとし，市民・地域が自ら「主権」「自治権」を確立・獲得するという動きは決して多くはなかった。そうした日本社会にあって，沖縄での「自治権」をめぐる闘いの歴史と現在は，自治権確立の真の意味を示すとともに，今後の日本での地域創生における自治権確立の可能性のバロメーターになるとも言える。

沖縄にある米軍基地問題が象徴するように，「日本であって日本にはない」沖縄の人々の苦しみ，他律の歴史は，沖縄が「琉球王国」であった時代に日本（江戸幕府，薩摩藩）に侵略された約400年前に遡る。第二次世界大戦後，昭和47（1972）年までの米国の施政権下にあった時代，占領政策の中で，沖縄には法的にも実質的にも「自治権」というものはまったくなかった。当時，米軍の高官は，「自治は神話なり」，「米軍政府は猫で，沖縄は鼠である。猫の許す範囲でしか鼠は遊べない」などと公然と発言していた。沖縄の人々は，自治権を「勝ち取る」ために，極めて激しい闘争を米軍と行った。そして，現在，沖縄県民と日本政府との間において，辺野古新基地建設をはじめとした米軍基地問題をめぐる対立が続いている。沖縄県民の中には，「自治は神話なり」とされた米国施政権下での「自治権」獲得と同じような闘いが，現在も日本政府との間で続いていると話す人もいる。

（ii）米軍基地に妨げられる沖縄の地域創生

沖縄県には現在，日本の米軍基地（専用施設・区域）の約7割が集中している。広大な米軍基地の集中によって，県内各地域では，オスプレイ等の米軍航空機の騒音（爆音）や墜落等事故，米軍演習による原野火災，軍人・軍属による凶悪犯罪・窃盗罪等の事件や交通事故など，日本本土の人々からは想像できないほどの深刻な被害が現在も頻発し続けている。米軍基地とその軍人・軍属は，日米地位協定により治外法権的な状態にあり，もたらされるさまざまな基地被害を日本の法律と倫理で防ぐことは難しい。

沖縄の地域経済は，かつての基地依存型から大きく転換して，現在では，基地関連収入が県民総所得に占める割合は約5%にしか過ぎない。今では広大な米軍基地の存在が，沖縄の地域経済の発展を妨げている。地域創生の取り組みは米軍基地が集中することによって妨げられ，沖縄と日本本土との地域間格差の解消を進みにくくしている。

（ⅲ）沖縄への米軍基地集中の経緯・要因
～日本本土から沖縄に移された米軍基地～

そもそも，なぜ，沖縄に日本の米軍基地（専用施設・区域）が集中しているのか。それは，戦後，米軍基地の多くは日本本土にあったが，それらの多くが沖縄に移されていったからである。日本本土は，米軍基地の多くがなくなったことで，経済成長を着実に遂げていった。

防衛省資料によると，国土面積の約0.6％しかない小さな沖縄県に，現在，日本の米軍基地（専用施設・区域）の約70.6％が集中している（日本本土77km^2，沖縄186km^2，2017.1.1現在）。だが，第二次世界大戦の終戦から1960年代までは，米軍基地の多くは沖縄ではなく日本本土にあり，現在とはまったく逆の構図であった。琉球政府（米国統治下），防衛省，沖縄県の資料によると，昭和31（1956）年時点で日本本土に米軍基地の87％があり，沖縄は13％であった（日本本土1,121km^2，沖縄164km^2）。

日本本土では，1950年代前半から米軍基地で被害を受ける住民による反対

図表８－３　日本本土と沖縄の米軍基地面積の割合推移

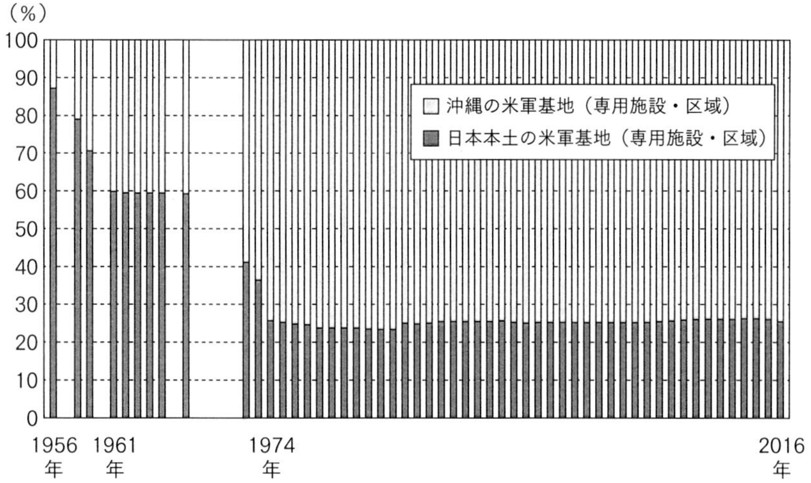

出所：琉球政府，防衛省，沖縄県資料より筆者作成。

運動が各地で起きていた。内灘闘争（石川県内灘村），砂川闘争（東京都立川基地），北富士演習場反対闘争（山梨県），浅間山演習場反対闘争（長野県），妙義山接収計画反対闘争（群馬県）などである。そうした反対運動や日米両政府のさまざまな政策利害等によって，1950 年代後半に日本本土の米軍基地は大幅に整理・縮小されるとともに，沖縄に移されていった。岐阜県や山梨県に駐留していた米軍の海兵隊が撤退して沖縄に移された。米軍の伊丹飛行場（大阪空港），内灘演習場，新潟飛行場，小牧飛行場（名古屋空港・小牧基地），千歳基地（千歳空港），辻堂演習場（神奈川県）など次々と返還されていった。それにより，日本本土の米軍基地は，昭和 31（1956）年の 1,121km^2 から昭和 36（1961）年には 312km^2 となり，5 年間で 4 分の 1 弱にまで激減した。米軍基地の減少で軍事的負担が減ったことなどもあり，日本本土は目覚ましい経済復興を遂げていった。

一方，沖縄では 1950 年代，住民の反対運動は武力で押さえつけられ，真和志村（現那覇市），伊佐浜（現宜野湾市），伊江島など各地で「銃剣とブルドーザー」と呼ばれる強制的な土地接収がなされ軍用地化されていった。1950 年代後半には，日本本土から海兵隊等が移され，キャンプ・シュワブ，辺野古弾薬庫，キャンプ・ハンセン，北部訓練場，キャンプ・マトリアス，キャンプ・コートニーなど米軍基地が拡張されていった。そして，沖縄の米軍基地は，昭和 31（1956）年の 164km^2 から昭和 36（1961）年には 210km^2 に面積が増加した。こうして，日本本土と沖縄の米軍基地の割合は，昭和 36（1961）年に日本本土 60％対沖縄 40％となった。

その後，昭和 47（1972）年の沖縄返還（復帰）を挟んだ数年間に，日本本土の米軍基地が激減する一方，沖縄では維持・機能強化された。日本本土では，昭和 43（1968）年の佐世保港での原子力潜水艦の放射能漏れ事故，米軍板付（いたづけ）基地（福岡空港）の F-4 ファントム戦闘機の九州大学構内への墜落事故等で，反米軍基地感情が高まったこと等もあり，米軍基地が急速に整理・縮小されていった。米軍板付基地が運用停止となり，横田基地の戦闘機部隊が沖縄の嘉手納基地に移駐した。

一方，沖縄では，嘉手納基地が機能強化され，戦闘機騒音もさらに激化するようになった。日本本土に展開していた米軍航空機の移転先として沖縄の普天間飛行場が選定され，第１海兵航空団のホームベースとされた。こうした日本本土から沖縄への米軍移設によって，沖縄返還の昭和 47（1972）年時点で米軍基地の割合は逆転し，日本本土 41％対沖縄 59％となった。

さらに昭和 48（1973）年には，日米間で「関東計画」（関東平野地域における施設・区域の整理統合計画）が合意された。首都圏にあった空軍基地を削減し，横田基地に集約して，６つの米軍基地が返還されることになった。こうして日本本土の米軍基地は昭和 47（1972）年の 197km^2 から昭和 49（1974）年には 95km^2 へと半減した。一方，沖縄では米軍基地が維持・強化されて，昭和 49（1974）年には 277km^2 となった。こうした日本本土から沖縄への米軍移設によって，昭和 49（1974）年時点で日本本土と沖縄の割合は，日本本土 26％対沖縄 74％にまで逆転が進んだ。この割合がその後ほぼ固定化され，米軍基地の沖縄集中という構図が出来上がって，現在に至っている。

平成 28（2016）年 12 月には，沖縄県北部の国頭村（くにがみそん）と東村（ひがしそん）にまたがる「米軍北部訓練場」（78km^2）の一部（40km^2，多くが国有地）が返還となり，沖縄の米軍基地の割合は 74％から 70.6％になった。だが，それは米軍にとっては利用価値のなくなった部分を返還して，オスプレイの運用効率化を図るなど基地の再編・強化を図るもので，沖縄県民にとっては基地被害の拡大を意味しているとも言える。

(iv) 嘉手納町での嘉手納基地と「国策下の地域政策」

那覇市から北へ約 23km に嘉手納町がある。町の南部にある広大な米軍「嘉手納飛行場」は，約 3,700m の滑走路を２本有する極東で最大の空軍基地（19.86km^2）である。町の北部には，広大な米軍「嘉手納弾薬庫地区」（26.58km^2）がある。嘉手納飛行場と嘉手納弾薬庫地区に挟まれた東西に隙間のような狭いエリアに嘉手納町の住宅地・市街地がある。極めて密集した生活空間で嘉手納町の人々は暮らしている。

第二次世界大戦後，米軍基地の拡張が続き，その都度，住民の宅地や農地が接収されて姿を消し，ついには町域の約 82％が米軍基地となった。昭和 42（1967）年には約 3,700m の滑走路２本が完成した。嘉手納町の住民たちは，残された約18%のわずかな土地での生活を余儀なくされた。そのため，恒常的に発生する基地の爆音等に苦しむとともに，生活や経済活動等のさまざまな面で大きな制約を受けている。

平成20（2008）年完成の再開発ビル「ロータリープラザ」等に象徴される「沖縄米軍基地所在市町村活性化特別事業」（通称：島田懇談会事業）は，嘉手納町の地域政策を大きく変える契機となった。島田懇談会事業は，平成8（1996）年に当時の梶山静六官房長官と岡本行夫首相補佐官が立ち上げ，宮城篤実嘉手納町長などが協力し，島田晴雄慶應義塾大学教授を座長とする懇談会の提言を受けて始まった事業である。平成7（1995）年の米軍兵士による少女暴行事件，普天間飛行場の県内移設問題，米軍用地強制使用での沖縄県知事の代理署名拒否など，過重な基地負担にこれ以上耐えられないとする沖縄県民の世論の高まりを背景に行われた「国策下の地域政策」である。嘉手納町では最も多い総事業費218億円余（1回きり）をかけて，「嘉手納ロータリー」を中心とした町中心部の再開発，マルチメディア関連企業誘致，道の駅等の整備などが行われた。町の公共施設が入る「ロータリープラザ」の1階玄関ロビーには，島田懇談会事業の功労を称え，後世に伝える趣旨で，赤胴色に輝く3体の肖像レリーフが設置されている。それぞれのプレート内に，功労者として梶山静六，岡本行夫，島田晴雄の3人の上半身をかたどった彫像が収まっている。

島田懇談会事業は，その後のさまざまな「アメとムチ」政策（補償型政治）とも言われる「国策下の地域政策」が確立していく1つの契機ともなった。国が基地負担を伴う安保政策を進める上で，県を飛び越え，ターゲットとなる基地所在市町村と直接ピンポイントで交渉して，地域振興策等の名目で一時金を交付する手法が定着していった。沖縄の抱える米軍基地問題を国の安保政策ではなく，地域の経済問題とすることで，本土の無関心とともに沖縄県民の目をそらす結果も生んだ。

(v) 東村高江区でのヘリパッド新基地建設と「国策下の地域政策」

国頭郡（くにがみぐん）東村は，沖縄本島北部の東海岸に位置し，「山原」（やんばる）と呼ばれる豊かな森や海など自然が多く残る地域である。東村内には

写真８－１「沖縄米軍基地所在市町村活性化特別事業」の功労を称える肖像レリーフ

左から，島田晴雄慶應大学教授，梶山静六官房長官，岡本行夫首相補佐官（肩書きは当時）
出所：筆者撮影。

「米軍北部訓練場」が広大に広がる。東村の高江区では，集落を取り囲むように新たな米軍基地「ヘリパッド（ヘリコプター着陸帯）」が平成28（2016）年までに建設された（その後も工事継続）。オスプレイ用にも使用されるヘリパッドの新基地建設を巡っては，沖縄県民と日本政府の間で激しい闘いが繰り広げられた。反対の声を上げる沖縄県民，建設工事を強行しようと全国の警察官や機動隊を大量動員して反対する県民を力ずくで排除する日本政府，そこで次々と負傷する県民，そうした光景が長い間見られた。そして，日本政府は，「国策下の地域政策」として，沖縄県や東村を飛び越え，高江区と直接ピンポイントで交渉して，一時金を交付するなど「アメとムチ」政策を行った。

高江区の集落では，日常事として，頭上を低空飛行で大型のヘリコプターやオスプレイがバチバチと耳（というより頭）に響く大きな「爆音」を立てて頻繁に飛んでいく。ヘリコプター等からロープを使った降下訓練をする兵士の姿もある。一般の公道（県道）では，武装した米軍の兵士たちが隊列を組んで道端を行進していることもある。筆者が現地調査に訪れた際には，人里近くの片側一車線の道路の左右道端（県道の歩道）で，武装した米軍の兵士たち20人位が隊列を組んで行進していた。戦闘用の迷彩服を着てリュックを背負って，手には大きな「銃」を持っていた。ジャングルで戦闘訓練をした後と見られた。米軍の兵士たちは銃を持って平然と歩いているが，そこは民間地で一般の公道（県道）であるから，日本の法律が適用されたとしたら，無論，法律違反である。

写真８－２　銃を持って公道を歩くアメリカ軍の兵士とカフェの看板

出所：筆者撮影。

(vi) 沖縄の地域創生の展望

嘉手納町や東村高江区などにおいては，国の専権事項と位置づける安全保障政策として米軍基地を存続・強化させ，新たな基地建設も果たしてきた。基地の維持や新規建設を前提に，「国策下の地域政策」として，地域振興策等の名目で一時的に大きな国費が投じられた。だが，基地が存在することによる弊害をカバーするほどの経済効果を生むことはできてこなかった。また，地域創生で必要な「自治」の地域力を育むものとはならず，地域振興を実感できるものとはなってこなかった。基地問題も解決せず，負担はほとんど軽減されず，むしろ増加する部分もある。さらに，沖縄県民と日本政府との間に激しい「闘い」という関係が生まれるまでになっている。

米軍基地を前提とした「国策下の地域政策」から脱却して，どうしたら本来の「自治」としての地域創生を進めることができるのか。安保政策（基地問題）と地域創生（自治）の矛盾解決がまさに求められている。

引用・参考文献

今瀬政司（1995）「電子ネットワークを活用した情報ボランティア活動―インターネットとパソコン通信―」『地域開発』日本地域開発センター，368号，p.8-16.

今瀬政司（2011）『地域主権時代の新しい公共 希望を拓くNPOと自治・協働改革』学芸出版社.
今瀬政司（2012）「おいしくて，身体にやさしく，人に優しい「ぱん食店 こさり」」『中堅・中小企業の感動商品や感動サービスに関する調査研究報告書』法政大学大学院中小企業研究所.
今瀬政司（2015）「人を大切にし合う共働経営～特定非営利活動法人生野共働の家「ぱん食店こさり」～」人を大切にする経営学会『第2回全国大会』2015年9月13日，電気通信大学.
今瀬政司（2016）「日本と違う沖縄のいま～東村高江 米軍ヘリパッド建設問題～」『市民活動情報センター ニュースレター』市民活動情報センター，2016年1号.
今瀬政司（2016）「日本と違う沖縄のいま～嘉手納基地と国策のまちづくり～」『市民活動情報センター ニュースレター』市民活動情報センター，2016年2号.
今瀬政司（2016）「日本と違う沖縄のいま～本土から沖縄に移された米軍基地～」『市民活動情報センター ニュースレター』市民活動情報センター，2016年3号.
Masashi Imase (2017), "Regional factors in which geographical concentration of new industries and mature industries is created -Comparative of Tsubame city & Sanjo city's metal processing industry and Okinawa prefecture's traditional craft industry –", Uddevalla Symposium 2017: *Innovation, Entrepreneurship and Industrial Dynamics in Internationalized Regional Economies,* University West, Trollhattan, Sweden, pp.309-326.
Masashi Imase (2018), "As an element of the regional innovation cluster, the citizen/non-profit sector that fulfil the "seedbed function" of the new industry", Uddevalla Symposium 2018: *Diversity, Innovation, Entrepreneurship-Regional, Urban, National and International Perspectives,* University West, Trollhattan, Sweden, pp.207-223.
今瀬政司（2018）「沖縄米軍基地問題と国策下の地域政策」地域活性学会『第10回研究大会』2018年9月15日，拓殖大学.
今瀬政司（2019）「NPO法20周年とNPOの社会的存在意義」『町家くん通信』奈良まちづくりセンター，2019年1月号，p.2-3.
Masashi Imase (2019), ""Collaboration" with company and government by citizen / non-profit sector important for regional innovation and creation of new industries", 22nd Uddevalla Symposium 2019 on *"Unlocking the potential of regions through entrepreneurship and innovation",* Paper session IVb, Gran Sasso Sience Institute (GSSI), L'Aquila, Italy, June 29th 2019.
今瀬政司（2019）「市民公益ビジネスによる地域創生」地域活性学会『第11回研究大会』2019年9月14日，大村市コミュニティセンター.
NPO法人市民活動情報センター・ホームページ http://sicnpo.jp/（2019年4月30日閲覧）
沖縄県（2016）『第8次沖縄県伝統工芸産業振興計画（素案）』.
沖縄県（2017）『平成28年度工芸産業振興施策の概要』.
沖縄県・NPO法人沖縄県工芸産業協働センター『沖縄の工芸品』.
総合研究開発機構（1994）『市民公益活動基盤整備に関する調査研究』奈良まちづくりセンター.
琉球政府・防衛省・沖縄県資料.

第 9 章　地方創生と農業

1. はじめに

平成 24 (2012) 年の第 2 次安倍政権で掲げられた「地方創生」という政策は，東京一極集中を是正し，地方の人口減少に歯止めをかけ，日本全体の活力を上げることを目的としている。この政権は，「インバウンドの推進」等とともに「強い農業」を成長戦略の柱の 1 つに位置付けた。これは，農業改革を推し進めることにより，農業を産業化して地方を元気にする政策である。減反政策の見直しと JA 組織の大きな変革は，農業による地域創生の手掛かりになる。

農業といえば，きつい，きたない，危険の 3K や年寄り，田舎臭い，格好悪い，儲からない，というイメージが強い。しかし，農業は今，大きく変化しようとしている。平成 31 (2019) 年にテレビで放映された「下町ロケットⅡ」は，GPS を使った自動運行トラクターのベンチャー企業と大手企業との開発競争の話であった。AI や IoT，ビッグデータ，ロボット技術が農業分野に入ってくる。加えて，農業政策の大きな転換で，日本の農業には大きな変革の波が押し寄せている。これまで日本の農政を牛耳ってきた農林水産省と JA グループ，農林族議員の「農政トライアングル」の解体とコメの減反政策の中止による大量離農が変革を呼び込む。

この章では，安倍政権の取り組む農業改革と農業をビジネスにする可能性，最後に農業のビジネス化を成功させたモデル農業者に焦点を当てる。

２．日本の農業の現状と課題

（１）食料自給率

農林水産省の発表によると，平成 29（2017）年度の日本の食料自給率は 37％である。国内で消費された食料のうち，国産の占める割合のことを「食料自給率」というが，63％の食料を海外からの輸入に依存していることになる。この数字はカロリーベースではあるが，もし輸入が何らかの事情でできなくなった場合に，日本国民はどうなるのであろうか。海外依存度が高ければ高いほど，輸入元の国が不作になってしまったり，戦争などの情勢によって輸入ができなくなったりすると，途端に食料不足になってしまうリスクがある。

図表９－１は食料自給率推移であるが，食料安全保障の面からも，食料自給率を改善していく必要がある。生産額ベースでは 66％ であるが，長期間にわたって低下傾向である。また，畜産物の飼料についても，自給率 25％ で，大部分を輸入に依存している。

図表９－１のように，食料自給率は，自給率の高い米の消費が減少し，飼料や原料を海外に依存している畜産物や油脂類の消費量が増えてきたので，長期的に低下傾向で推移してきた。また，図表９－２のように，他の先進国との比較では，アメリカ 130％，フランス 127％，ドイツ 95％，イギリス 63％となっており，日本の食料自給率（カロリーベース）は先進国の中で最低の水準となっている。

図表９－１　食料自給率推移

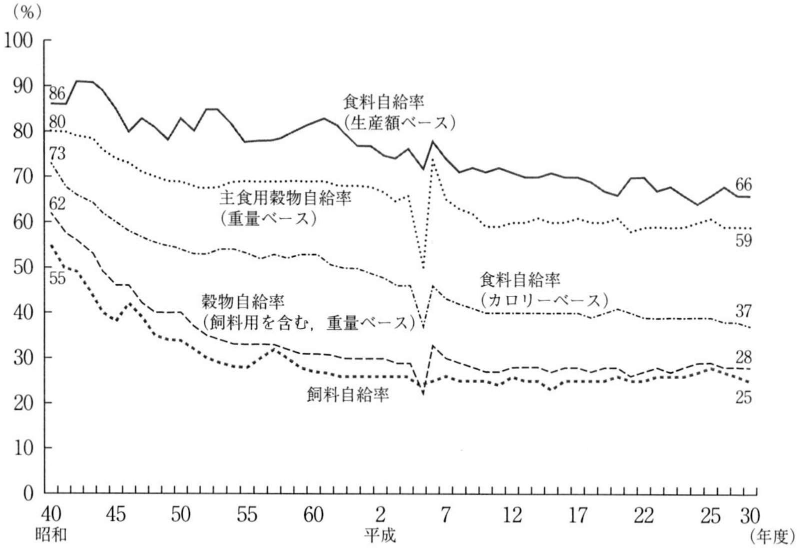

注：
・カロリーベース総合食料自給率

「日本食品標準成分表 2015」に基づき，重量を供給熱量に換算したうえで，各品目を足し上げて算出。これは，１人・１日当たり国産供給熱量を１人・１日当たり供給熱量で除したものに相当する。

平成 30（2018）年度カロリーベース総合食料自給率＝１人・１日当たり国産供給熱量（912kcal）／１人・１日当たり国産供給熱量（2,443kcal）＝ 37%

・生産額ベース総合食料自給率

「農業物価統計」の農家庭先価格等に基づき，重量を金額に換算したうえで，各品目を足し上げて算出する。これは，食料の国内生産額を食料の国内消費仕向額で除したものに相当する。

平成 30（2018）年度生産額ベース総合食料自給率＝食料の国内生産額（10.6 兆円）／食料の国内消費仕向額（16.2 兆円）＝ 66%

・飼料自給率

畜産物に仕向けられる飼料のうち，国内でどの程度賄われているかを示す指標である。「日本標準飼料成分表等」に基づき，TDN（可消化養分送料）に換算したうえで，各飼料を足し上げて算出する。

平成 30（2018）年度飼料自給率＝純国内産飼料生産量（619TDN 万トン）／飼料需要量（2,452TDN 万トン）＝ 25%

出所：農林水産省。

図表９－２　先進国食料自給率比較

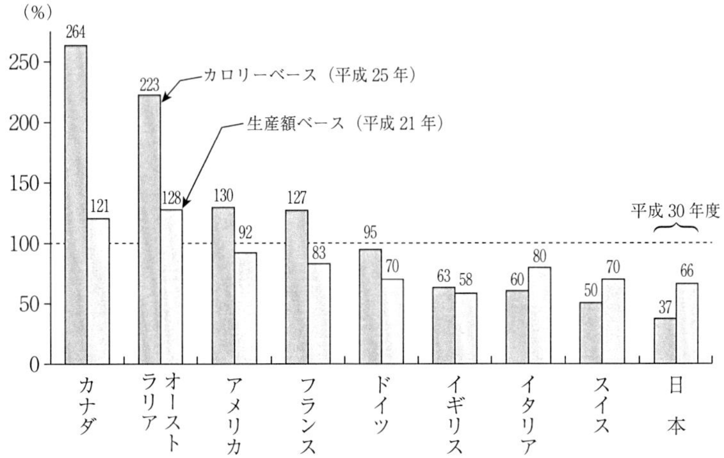

注１：数値は暦年（日本のみ年度）。スイスおよびイギリス（生産額ベース）については，各政府の公表値を掲載。
注２：畜産物および加工品については，輸入飼料および輸入原料を考慮して計算。
資料：農林水産省「食料需給表」，FAO “Food Balance Sheets” 等を基に農林水産省で試算（アルコール類等は含まない）。

（２）農業従事者と農地面積推移

基幹的農業従事者の人口と平均年齢は，昭和 40（1965）年は 894 万人（平均年齢不明）で，平成 7（1995）年は 256 万人（59.6 歳）であったが，図表９－３のように平成 30（2018）年は 145 万人（66.6 歳）と大きく減少し，同時に 7 歳高齢化している。また，農業総産出額は，平成 6（1994）年は 11 兆 3,100 億円であったが，平成 27（2015）年には 8 兆 8,000 億円と 22% 減少し，中でもコメの落ち込みが大きい。農地面積は，ピーク時の昭和 36（1961）年の 609 万ヘクタールから，平成 27（2015）年には 245 万ヘクタールへと 28% も減少している。

長年の自民党政権のもと，農業保護の名目で，特に米価を維持するために減反という生産調整をとり，農地への優遇税制，所有・利用規制などの保護政策を背景に，小規模・零細な兼業農家が残ってしまった。これが，ほかの産業では当たり前である効率や収益向上を目指すビジネスの概念のない日本農業を作

図表9－3　農業就業人口および基幹的農業従事者数[1)]

（単位：万人，歳）

	2014年	2015年	2016年	2017年	2018年
農業就業人口	260.6	209.7	192.2	181.6	175.3
うち女性	130.0	100.9	90.0	84.9	80.8
うち65歳以上	160.5	133.1	125.4	120.7	120.0
平均年齢	65.8	66.4	66.8	66.7	66.8
基幹的農業従事者	205.1	175.4	158.6	150.7	145.1
うち女性	90.3	74.9	65.6	61.9	58.6
うち65歳以上	125.3	113.2	103.1	100.1	98.7
平均年齢	66.1	67.0	66.8	66.6	66.6

注1：「農業就業人口」とは，15歳以上の農家世帯員のうち，調査期日前1年間に農業のみに従事した者または農業と兼業の双方に従事したが，農業の従事日数の方が多い者をいう。

注2：「基幹的農業従事者」とは，農業就業人口のうち，ふだんの主な状態が「仕事が主」の者をいう。

資料：農林業センサス，農業構造動態調査（農林水産省統計部）。

り出してきた[2)]。

3．安倍政権の農業改革

（1）「強い農業」政策

第二次世界大戦後のGHQによる農地改革以降，長期間にわたって「農業は保護するもの」と位置付けてきた農業政策のおかげで，弱体化してしまった日本農業にメスを入れなければ，地方創生は達成できない。平成24（2012）年に発足した第2次安倍政権は，TPPを契機に「強い農業」を成長戦略の柱の1つとした。これは，「農業改革」であり，①コメの生産調整（減反）の見直し，②農地の大規模化推進，③企業の農業生産法人への出資要件の緩和の3つの規制改革。そして，④かつて自民党の最大の支持母体であった農協組織の改革とそれに続いて⑤農業者の所得向上施策である[3]。

この施策は，「オランダの奇跡」と言われる同国の農業政策を手本としている。

（2）お手本になるオランダの農業政策[4]

安倍政権の農業政策に大きな影響を与えているのが，オランダの先進的な農業である。1970年代，日本とオランダの農作物の輸出額はほとんど同額であったが，今は10倍以上の開きがある。なぜオランダの農業は大きく成長したのであろうか。

オランダは，九州と同じくらいの狭い国土にもかかわらず，最先端の農業技術を駆使して国際競争力を高め，最近の20年間ほどで大きく輸出額を増加させた。その輸出額は「グローバルノート国際統計・国別統計」によると，2017年度は，1位アメリカ合衆国の137,822米ドルに続いて，108,307米ドルと2位に位置し，農業が外貨を稼ぐ主要産業となっている[5]。

ここに至るまでには，1980年代にEC（欧州共同体）が進めた貿易の自由化により，スペインやギリシャなどからの安価な農産物に押され，農業が壊滅的な打撃を受けたことがあった。当時のオランダ政府は，農業を産業と位置付けて農業保護を止め，競争力のある農家が生き残る市場原理に基づいた支援体制を採った。これにより，小規模農家が統廃合され農家が大型化し，農業法人による農業経営が主流となった。

このような変化の中で，起業家が農業をビジネス化し，世界で勝つために栽培する農作物を，収益性の高いトマト，キュウリ，パプリカの3品種に絞り，マーケットを海外に広げた。この少品種大量生産の農業は，大規模なハウス栽培で行われ，「スマートアグリ」と呼ばれるIT化，機械化により大きなコストダウンを成功させている。

（3）農業改革の内容について

「強い農業」政策の①コメの生産調整（減反）の見直しについては，平成30(2018)年にコメの生産調整を廃止した。これは，オランダのように農業を産業と位置付けて農業保護を止め，競争力のある農家が生き残るようにする第一弾である。オランダは，これにより，小規模農家が統廃合され農家が大型化し，農業法人による農業経営が主流となった。②農地の大規模化推進については，都道府県ごとに「農地中間管理機構」を設置し，点在する農地を借り上げて，生産者に貸し出す仕組みである。これを推進するために，企業の農業生産法人への出資要件の緩和を行った。企業の参入や事業規模拡大を後押しするために，農地を所有できる農業生産法人への企業の出資比率の上限を原則50%未満まで引き下げたのである[6)]。

（4）農業競争力強化プログラム

④農協組織の改革については，全国農業協同組合中央会（JA全中）の一般社団法人化と監査権限の廃止などが決まった。全国700の農協（単協）の司令塔＝意思決定システムの頂点にあるJA全中の力をそぎ，地域農協や農家に自立と経営努力を促すのが狙いである。JA全中を司令塔とする生産調整（減反）の推進と農産物や資材取引のグループ内集中によって高価格を維持してきた農政に抜本的な改革を迫る内容である[7)]。

図表9－4　農協改革の内容

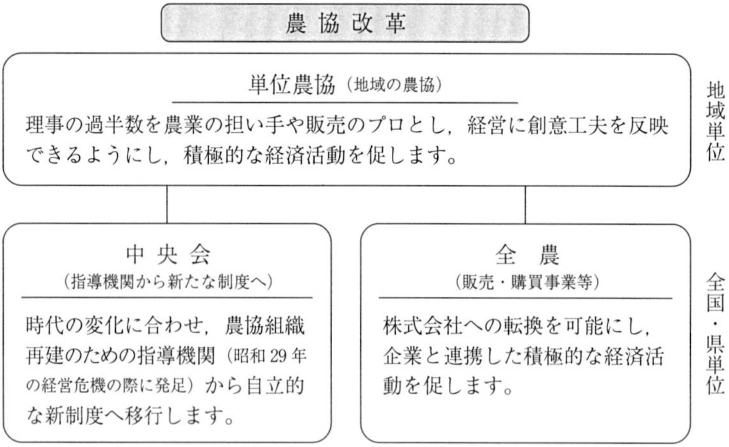

農協改革
単位農協（地域の農協）
理事の過半数を農業の担い手や販売のプロとし，経営に創意工夫を反映できるようにし，積極的な経済活動を促します。
地域単位
中央会
（指導機関から新たな制度へ）
時代の変化に合わせ，農協組織再建のための指導機関（昭和29年の経営危機の際に発足）から自立的な新制度へ移行します。
全農
（販売・購買事業等）
株式会社への転換を可能にし，企業と連携した積極的な経済活動を促します。
全国・県単位

出所：首相官邸ホームページ。

首相官邸のホームページでは，「60年ぶりの農協改革で，地域の独自性を発揮！　地域の農協が自立し，創意工夫を発揮できるようになり，農業の成長産業化により一層貢献します。」との説明とともに図表９－４が掲載してある[8)]。

⑤農業者の所得向上施策については，生産資材価格の引き下げや，農作物の流通加工構造の改革に着手した。そして，全国農業協同組合連合会（JA全農）を改革するために，農業改革内容を平成28（2016）年11月に政府が決定したのが，「農業競争力強化プログラム」である。全農が扱う資材の品目を絞り込み，購買事業の陣容を縮小した。これらは，農業者の手取りアップを狙っている。

このプログラムの概要は以下の通りである。

農業競争力強化プログラム（概要）[9)]

農業者の所得向上を図るためには，農業者が自由に経営展開できる環境を整備するとともに，農業者の努力では解決できない構造的な問題を解決していくことが必要である。

このため，生産資材価格の引下げや，農産物の流通・加工構造の改革をはじめ13項目について以下のとおり取り組み，さらなる農業の競争力強化を実現する。

１．生産資材価格の引下げ（肥料，農薬，機械，飼料など）

⑴　生産資材価格の引下げ

○国際水準への価格引下げを目指す

○生産資材業界の業界再編の推進

○生産資材に関する法規制の見直し

○国の責務，業界再編に向けた推進手法等を明記した法整備を推進

⑵　全農改革（生産資材の買い方の見直し）

全農は，

○農業者の立場に立って，共同購入のメリットを最大化

○外部の有為な人材も登用し，資材メーカーと的確に交渉できる少数精鋭の組織に転換

○入札等により資材を有利に調達

○農協改革集中推進期間に十分な成果が出るよう年次計画を立てて改革に取り組む

2．流通・加工の構造改革（卸売市場関係業者，米卸売業者，量販店など）

(1) 生産者に有利な流通・加工構造の確立

○効率的・機能的な流通・加工構造を目指す

○農業者・団体から実需者・消費者に農産物を直接販売するルートの拡大を推進

○中間流通（卸売市場関係業者，米卸業者など）について，抜本的な合理化を推進し，事業者の業種転換等を支援

○量販店などについて，適正な価格での販売を実現するため，業界再編を推進

○国の責務・業界再編に向けた推進手法等を明記した法整備を推進

(2) 全農改革（農産物の売り方の見直し）

全農は，

○中間流通業者への販売中心から，実需者・消費者への直接販売中心にシフト

○必要に応じ，販売ルートを確立している流通関連企業を買収

○委託販売から買取販売へ転換

○輸出について，国ごとに，商社等と連携した販売体制を構築

○農協改革集中推進期間に十分な成果が出るよう年次計画を立てて改革に取り組む

3．人材力の強化

○新規就農者が営農しながら経営能力の向上に取り組むために，各県に「農業経営塾」を整備

○法人雇用を含めた就農等を支援

○外国人技能実習制度とは別の外国人材活用スキームの検討

4．戦略的輸出体制の整備

○平成31年の1兆円目標に向けて，本年5月の「農林水産業の輸出力強化戦略」を具体化

○日本版SOPEXAの創設（農業者の所得向上に繋がるブランディング・プロモーション，輸出サポート体制）

５．原料原産地表示の導入

消費者の選択に資するため，全ての加工食品について

○重量割合上位１位の原材料について，国別の重量順に表示することを基本

○実行可能性を考慮したルールを設定

６．チェックオフ（生産者から拠出金を徴収，販売促進等に活用）の導入

○チェックオフを要望する業界における検討手順（推進母体・スキーム・同意要件）を定め，一定以上の賛同で法制化に着手

７．収入保険制度の導入

○適切な経営管理を行っている農業経営者の農業収入全体に着目したセーフティネットを導入

・青色申告している農業経営者が加入

・農業収入全体を対象

・過去５年の平均を基準収入とし，収入減の一定部分を補てん

・保険方式と積立方式とを併用

○併せて，現行の農業共済制度を見直し

・米麦の共済制度の強制加入を任意加入に変更

８．土地改良制度の見直し

○農地の集積・集約化を進めるため，農地集積バンクが借りている農地のほ場整備事業について，農地所有者等の費用負担をなくし，事業実施への同意を不要とする

９．農村の就業構造の改善

○農村に就業の場を確保するため，工業等に限定せず，サービス業等についても導入を推進

10．飼料用米の推進

○多収品種の導入等による生産コスト低減，耕種農家・畜産農家の連携による畜産物の高付加価値化を図る取組等を推進

11．肉用牛・酪農の生産基盤強化

12. 配合飼料価格安定制度の安定運営

○肉用牛・牛乳乳製品の安定供給を確保するため，繁殖雌牛の増頭，乳用後継牛の確保，生産性の向上，自給飼料の増産等を推進

○配合飼料価格安定制度の安定的な運営

13. 生乳の改革

○生産者が自由に出荷先を選べる制度に改革

○指定団体以外にも補給金を交付

○全量委託だけでなく，部分委託の場合にも補給金を交付

（５）「新たな市場の創出～農業はより大規模に！より自由に！」[10)]

これまで述べてきた農業改革の内容を，首相官邸のホームページでは，わかりやすい言葉で説明している。

大きな農地で，大きく稼ぐ！

やる気のある担い手は，コスト競争力のある大規模農業に取り組めるようになります。

政府の主な取組　各都道府県に設置される「農地集積バンク」が，分散した農地を集約し，やる気のある担い手に貸し付けます。すでに，全国47都道府県で組織を立ち上げました。農地の売買・貸借の許可等を行う農業委員会（市町村に設置）の業務を

担い手への農地の集約化等に重点化するとともに，その任務を全うできるように委員の選出方法を見直します。農地中間管理機構の設立（農地中間管理機構関連法）

企業のノウハウで，付加価値向上！

企業は農業に参入しやすくなり，農業者と連携して生産・加工・販売を繋げるビジネスチャンスが広がります。

政府の主な取組　農地を所有できる法人の要件を緩和し，出資企業がより多くの議決権（原則1/4→1/2未満）を持てるようにします。農林漁業の生産・加工・販売を一手に担う高付加価値ビジネス（6次産業）を官民ファンド（A-FIVE）が資金面で支援します。

すでに，57件の出資を決定しました（2015年4月末時点）。

米の生産調整（いわゆる減反）の見直しを含む農政改革で，農業の競争力強化へ！

農家が自由に作物を選択し，競争力を強化できるようになります。

政府の主な取組　40年間続いてきた米の生産調整※を見直し，2018年産を目途に自由に作付できるようにするとともに，生産性が高く，高付加価値な「戦略作物」を振興します。

※政府が生産数量目標を自治体等を通じて各農家に配分する制度

米の直接支払交付金※の単価を2014年産から半減し，2018年産から廃止する一方，意欲と能力のある担い手に限定した直接支払（経営所得安定対策）を実施します。

※米の生産数量目標に従って生産を行う農家に対して支払われる交付金

60年ぶりの農協改革で，地域の独自性を発揮！

地域の農協が自立し，創意工夫を発揮できるようになり，農業の成長産業化により一層貢献します。

4．農業をビジネス化する

長年の保護政策で弱体化している日本の農業を改革し，ビジネス化していくためには，AIやIoT，ビッグデータ，ロボット技術の活用，マーケットインによる消費者が求める品種の栽培，大きなマーケットとしての海外市場開拓，6次産業化による多角化・高付加価値化が必要である。

（1）AI や IoT，ビッグデータ，ロボット技術の活用

ソフトバンクグループの孫正義氏は，『近い将来，人間が生み出した人工知能による「超知性」が，人間の知的能力をはるかに超えていく，一度超えると，もう人類が逆転できないほどの差が開いていく。』と述べている。第4次産業革命が到来し，旧態依然とした農業界の破壊と再編が近づいている。これまでに起きた産業革命においては，蒸気機関による第1次産業革命でイギリス，第2次産業革命は電気エネルギーでアメリカやドイツ，第3次産業革命はコンピューターによる自動化で日本というように，産業革命が起きるたびに世界の覇権を握る国は，移り変わってきた。現在，各国が第4次産業革命をめぐって熾烈な争いをしている理由がここにある。AI や IoT，ビッグデータ，ロボット技術の活用で「農業版インダストリー 4.0」を成し遂げられるかどうかは，農業の成長産業化を掲げる我が国においては，最重要課題となる[11)]。

政府は，平成28（2016）年6月の「日本再興戦略2016」において，AI や IoT，ビッグデータ，ロボット技術を活用した第4次産業革命によって30兆円の付加価値を創出することを明言しているが，農業については，同年4月に経済産業省が，「新産業構造ビジョン」の中で，第4次産業革命を実現できれば，農業の GDP は毎年 2.7% ずつ成長する，現状約5兆円の農業の GDP が10年後には6.5兆円まで30%増加すると試算している[12)]。

農家の高齢化と離農による労働者不足を補い生産性を飛躍的に向上させるために，「農業版インダストリー 4.0」を推進する必要性がある。IoT の普及で農業がデジタル化すると，これまで異業種であったIT 企業が参入してくると考えられる。農業とテクノロジーを掛け合わせてイノベーションを起こす「アグリテック（AgriTech）」は，農業による地方創生を可能にする切り札になるだけでなく，日本の産業構造をも変える力になる。まず，農業を産業化するためには，目標通りの収穫量と品質を確保できるようにしなければならない。気象，土壌，水など農作物の生育環境に関する環境情報，種子，肥料の時期，肥料をまいた時期や量，農業機械を使った時期と時間などのマネジメントに関する管理情報，農作物の大きさ，糖度や酸度など農作物の生育状態に関する生体情報の3つのデータを集め，蓄積したビッグデータを解析して，科学的な農業を構

築する。

日本は，コンピューターによる自動化でものづくりの国として世界のトップランナーであるが，この工業力を農業に生かすことができる。我が国は，データの収集に活用できるセンサー開発とロボットで世界の約50%のシェアを持つ。例えば，農機メーカーの最大手クボタは，ロボット農機の開発を進めているが，ロボットトラクター，ロボット田植え機，ロボットコンバインにより，無人で夜間で作業が可能になる。これにより，雇用人数を増やすことなく，規模を拡大することができる。

（２）農業マーケティング戦略

他の産業では当たり前であるマーケティングの概念が，農業分野では育っていない。消費者がどんな農産物を欲しがっているのかをリサーチして，品種の選定を行っている農業者は多くない。マーケットインによる消費者が求める品種の栽培を行うことが求められる。また，マーケティングチャネルについては，これまでJA等が牛耳っていたので，新しいチャネルを開拓していく必要がある。最近は，インターネットによる電子商取引の拡大と宅配便や低温輸送技術の普及により，鮮度や品質を維持して消費者が欲しい農産物が提供されることが可能になった。インターネットと流通の進化により「稼げる農業」が可能になっている。

農業マーケティング戦略は，農業従事者はもちろん，起業家にも注目されている。農業は，農産物の生産活動における熟練の技術や知識に加え，それを生かす新しい発想により，多くのビジネスチャンスが生まれている。

（３）直接販売による収益の増加策

従来のマーケティングチャネルにおいては，農産物は，農家からJAなどの出荷団体，卸売市場，仲卸業者，小売業者を経て消費者に届く。しかし，生産者から消費者にたどり着くまでに多くの事業者が関わっているため，中間マージンが高くなってしまうというデメリットがある。各ステップで手数料等が引かれ，生産者が得られる収入が少なくなってしまう。このチャネルでは，農業

図表９－５　従来の農産物のマーケティングチャネル

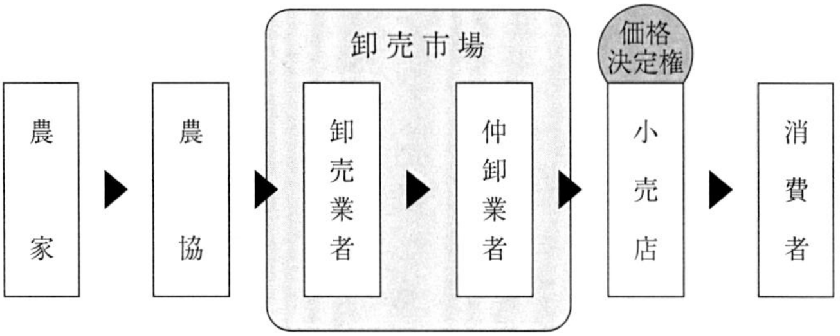

出所：第一次産業ネット「流通ルート拡大で儲かる農家に」。

図表９－６　簡素化した農産物のマーケティングチャネル

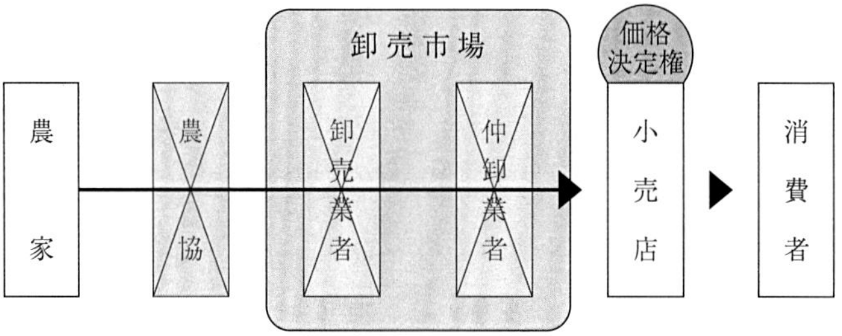

出所：第一次産業ネット「流通ルート拡大で儲かる農家に」。

者は，自分で作った農産物の価格決定権がなかった。そのため，「コストを気にせずこだわりの農産物を生産する」ということは難しかった。卸売市場を経て流通しているのは，野菜類の約76%，くだもの類の約47%とされるが，新しいチャネルを開拓することで，中間マージンを搾取されることなく，農家は収入を増やすことができるだけでなく，コストをかけてより良い農産物を育てることができる[13]。

農業にもマーケティングが必要であり，図表９－５のように農産物を「JAにおろして終わり」ではない。最近は，農産物の流通チャネルが多様化してきており，図表９－６のように，卸売市場を経由せず，流通ルートを簡素化して

図表９－７　市場流通と直売流通

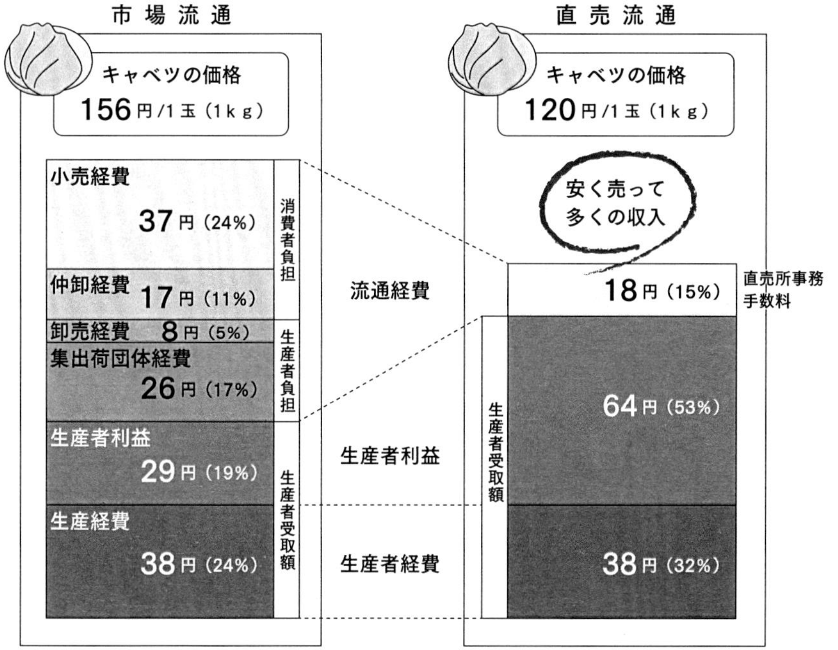

出所：ジブン農業「農業マーケティングの今」。

利益を増やす農家や農業法人が増えている。さらに，顧客との密着を図り，顧客ニーズを把握することで，ニーズにマッチした農産物を生産・販売できる。

図表９－７では，市場流通と直売流通の生産者受取額の差を，キャベツを例にとって説明している。生産者経費38円は同じであるが，市場流通では，流通経費である集出荷団体経費26円，卸売経費８円，仲卸経費17円，小売経費37円の合計88円がかかるため，キャベツの価格は156円となり生産者利益29円である。一方，直売の場合，流通経費は直売所事務手数料の18円（15%）だけなので，キャベツの価格は120円と市場流通と比べて36円安くなるのに，生産者利益64円と収入が35円も増える。また，消費者にとっても，生産者の「顔が見える」という安心感が得られるほか，新鮮でおいしい農産物が購入で

きるので，多くのメリットがある。収入が増えるというだけでなく，“顔の見える”形で生活者に届き，支持されることは，生産者にとってもたくさんのメリットがある。スーパーなどでは除外される規格外野菜も直売所では販売することができ，農業者のこだわりなどもポップなどで紹介されているので，直売所は今大変な人気である。

次に，儲かる農業へのマーケティングチャネルの多様化について説明する。

① インターネットで産直通販する

直売であっても，「産直通販」と呼ばれるネット通販をはじめとした通信販売で農産物を売る方法がある。現在はインターネットの時代であり，アメリカ合衆国のアマゾンや中国のアリババ，日本の楽天のようにネット通販で巨大な企業に成長した事例が多くみられる。農業分野でも，大手のネットショップ・オンラインモールに登録したり，農家が自らWEBサイトを開設したりして，ネット販売を行う農業者も増えている。低予算で始められる反面，競合は多くなるが，販路開拓のチャンスが作れる。価格についても，農業者が独自に設定でき，中間マージンもいらないので，利益を確保することが可能になる。

また，農産物や加工品をインターネットで販売する分野で，新たな起業家や流通業者が現れる。例えば，丹波篠山産の野菜に特化した「れっどびーんず」（http://www.redbeans.jp）というサイトは，女性起業家が立ち上げているが，丹波黒豆や丹波黒豆枝豆などにこだわり人気を博している。大手では，約1,000軒の農家と提携し，有機栽培や特別栽培の野菜，無添加加工食品などをインターネット宅配するオイシックス・ラ・大地株式会社（https://www.oisix.com）である。独特のネーミングで農家や野菜の強みや物語を消費者に届けることで，リピート購入するコアな顧客を抱え，売り上げは約200億円にまで成長している。リアルな店舗でいえば，有機栽培の野菜に特化したセレクトショップのようなジャンルになる。

② 小売業者と契約栽培する

農産物を市場出荷する場合，取引価格は毎日変動するリスクがあり，収入を安定させることは難しいが，小売業者と直接契約し，品目や数量，価格を決めることで価格変動リスクを回避し，収入を安定させることができる。収穫した野菜をスーパーや百貨店で「新鮮野菜」「朝採り野菜」として販売し，他の野菜と差別化を図っているケースもある。新鮮な野菜を求めている消費者が，リピーターになりブランド化につながっている。

③　スーパー・コンビニで直売する

最近，スーパーやコンビニの一角で，野菜の直売コーナーを設けていることがよくある。地元野菜や価格よりも鮮度や安全性を重視する顧客が存在するためである。量や規格などの取り決めがない場合が多いので，農家にとっては出荷しやすい。

④　レストランと契約

有機栽培した野菜や外国料理等で特殊な品種の野菜を求めるレストランと契約栽培を行うことで，安定した収入を確保できる。また，グリーンツーリズムの進展で，自家生産した食材や契約農家が生産した食材を使用した「農家レストラン」が増えている。

（４）大きなマーケットとしての海外市場開拓

政府は，農林水産物の輸出額について，令和２（2020）年までに，１兆円とする目標を掲げた。輸出額の推移を見ると，平成24（2012）年4,497億円，平成25（2013）年5,505億円，平成26（2014）年6,117億円，平成27（2015）年7,451億円，平成28（2016）年7,052億円，平成29（2017）年8,071億円，平成30（2018）年9,058億円であり，順調に目標達成に近づいている[13)]。

輸出先は，１位香港，２位中国，３位アメリカ合衆国，４位台湾，５位韓国である。輸出額と主な品目については，１位の香港は，2,115億円で真珠，なまこ，たばこ，２位の中国は，1,338億円で，ホタテ，丸太，植木，３位のアメリカ合衆国は，1,177億円でアルコール飲料，ぶり，緑茶，４位台湾は，904億円でり

図表９－８　農産物輸出推移

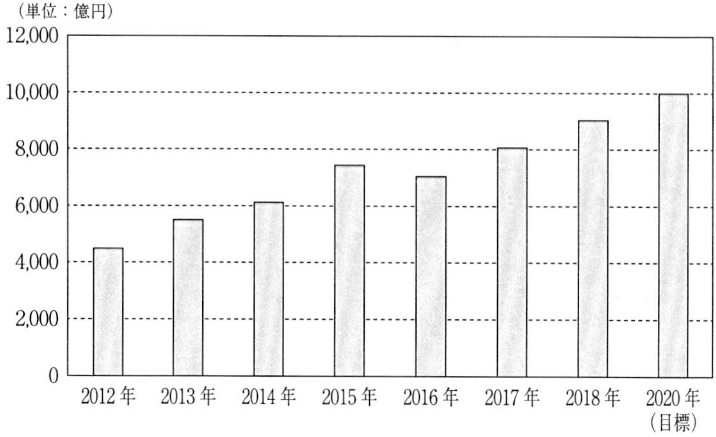

出所：農林水産省資料より。

んご，アルコール飲料，ソース混合調味料，5位韓国は635億円でアルコール飲料，ソース混合調味料，タイである[14)]。

農作物とその加工品だけに限定すると，アメリカと韓国向けのアルコール飲料とされている日本酒（清酒）と緑茶に人気があることがわかる。平成25(2013）年に和食がユネスコの無形文化遺産に登録されて以降，「和食ブーム」で輸出のチャンスが到来している。

平成27（2015）年7月の時点で海外の日本食レストランは約8万9千店舗あり，外食産業の積極的な海外進出で，コメの輸出も増えている。

農林水産物・食品の輸出で必要となるのが，輸出環境の整備である。農林水産物・食品の輸出拡大に当たっては，HACCP（危害分析・重要管理点）等の工程管理システムの導入，動植物検疫上の措置，食品添加物等の使用に係る基準等について，輸出先国・地域の制度に適合させる必要がある。また，欧州を中心に流通・小売の大手企業の取引基準である「グローバルGAP（GLOBAL G.A.P.)」の認証の取得を求められる場合もある[15)]。

グローバルGAPは，国際認証資格であり，東京オリンピック2020でも食

図表９－９　日本酒の輸出先　トップ10.

	国　家	輸出数量　（kl）	シェア
１位	アメリカ	5,780	24.6%
２位	韓　国	4,797	20.4%
３位	中　国	3,341	14.2%
４位	台　湾	1,985	8.5%
５位	香　港	1,806	7.7%
６位	カナダ	710	3.0%
７位	シンガポール	529	2.3%
８位	タ　イ	471	2.0%
９位	オーストリア	444	1.9%
10位	英　国	387	1.7%

出所：国税庁「酒類の輸出金額・輸出数量の推移について」。

材調達の必須の条件の１つである。オリンピックの食料調達基準は，①国際認証を取得していること，②有機食材であること，③障がい者を雇用して生産していることの３つの条件がある。オリンピックはインバウンドであり，海外で受け入れられるためには，グローバルGAPを積極的に推進することが必要条件である。こうした取り組みが輸出の増加につながる。

（５）６次産業化による多角化・高付加価値化

６次産業とは，農業経済学者の今村奈良臣氏が提唱した造語で，１次産業に２次産業と３次産業を掛けて６次産業となる。６次産業は,１次産業の農畜産物，林産物，水産物の生産だけでなく，２次産業である食品加工，３次産業である流通，販売にも農業者が主体的かつ総合的に関わることによって，加工賃や流通マージンなどの今まで２次・３次産業の事業者が得ていた付加価値を，農業者自身が得ることによって農業を活性化させようというものである。

６次産業化ポータルサイト「第６チャンネル」（https://www.6-ch.jp/）では，６次産業について次のような説明がある。地方には，有形無形の豊富なさまざまな

図表９－10　農業経営の多角化・高付加価値化イメージ[16)]

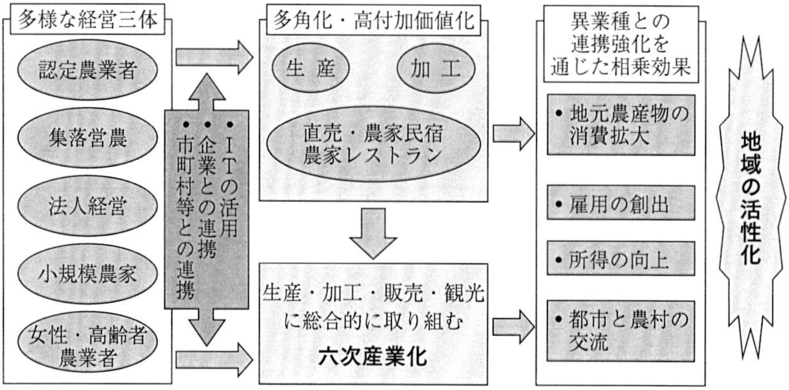

資料提供：農林水産省作成。

資源「地域資源」(農林水産物，バイオマス，自然エネルギー，風景，伝統文化など) に溢れている。6次産業化とは，それら「地域資源」を有効に活用し，農林漁業者 (1次産業従事者) がこれまでの原材料供給者としてだけでなく，自ら連携して加工 (2次産業)・流通や販売 (3次産業) に取り組む経営の多角化を進めることで，農山漁村の雇用確保や所得の向上を目指すことである。こうした経営の多角化・高付加価値化の取り組みは，地域の活性化につながることが期待されている。

農業においては，認定農業者，集落営農，小規模農家，女性・高齢者農業者など多様な経営主体があるが，市町村や企業などと連携し，ICTを活用して集客を行い，直売やグリーンツーリズムで，農家民宿・農家レストランにより6次産業化を通じた多角化・高付加価値化が期待できる。これらは，異業種である食品製造業者や飲食，宿泊業などの観光関連業者と連携することで可能になることが多いと考えられる。異業種との連携強化を通じた相乗効果により，地元農産物の消費拡大，雇用の創出，所得の向上，都市と農村の交流が行われ，地域の活性化につながる。

食品加工の現場では，ビッグデータを活用して，消費者のニーズに対応した商品開発が可能になる。また，ICTやICチップを使ってトレーサビリティも管理できるので，賞味期限や産地偽装を回避することができ，食の安全につながる。

５．農業をビジネス化させたモデル農業者

ここでは，日本で農業をビジネス化した起業家精神に溢れる農業者をモデル農業者として取り上げる。共通するのは，オランダの成功事例にもあるようにマーケットをリサーチして売れる品種を絞り込み，少品種大量生産を行っていることである。また，各社ともビジョン・理念が社員やステークホルダーに浸透しており，価値観を共有した関係になっていることがわかる。そして，人を大切にしていることが共通する。人材育成を積極的に行っている。６次産業化については，取り組み度合いはまちまちであるが，加工により差別化と高付加価値化を生み出しているところが多い。

中でも「レジェンド農家」と呼ばれる伝説として語り継がれるくらいの個性あふれる有力農家があり，山梨県のサラダボウル，京都府のこと京都，茨城県のワールドファーム，長野県のトップリバー，鹿児島県のさかうえ等が有名である。レジェンド農家の共通点は，①明確な経営ビジョンを持ち，成長戦略を描いている。②規模拡大のスピードに見合うだけのマネジメント人材を育成している。③自らの農業経営のノウハウを惜しげもなくオープンにしている。

以下，モデル農家を取り上げ，主力事業，ビジョン，マネジメントの特徴について説明する[17]。

（１）株式会社サラダボウル[18]

・主力事業

山梨県に本社のある株式会社サラダボウルは，トマトを中心に野菜や果実の生産を主力事業としている。行政と組んで日本独占品種の高糖度ミニトマト「スプラッシュ」の栽培にも取り組む。品目・品種を決める時は，マーケティングやセールスプロモーション，ブランディングなどマーケット戦略の中で選定している。

・ビジョン

「農業を地域にとって価値ある産業にしたい」が，金融機関で多くのベン

チャー企業をサポートした経験のある田中進社長の経営理念である。なぜ自分たちがこの事業をするのかという理由で，チームが一丸となって同じ方向に向かっていくために重要であると考えている。

・マネジメントの特徴

強い農業現場を構築するために，10のキー・ファクター「マーケットメイク」「生産工程管理・品質管理」「コストマネジメント」「プライスメイキング」「見える化」「人材育成」「適正規模経営」「事業ポートフォリオ戦略」「情報管理システム・データマネジメント」「多付加価値化」に取り組んでいる。

また，人材育成に関して，「人を育てる人」を育てることを重要視している。平成31（2019）年4月17日，時代をリードしていく社長を選出するためのアワード「Charming Chairman's Club CHAMPIONSHIP 2019」にて，田中社長が初代チャンピオンに選ばれた。全国の社長500名から現役大学生約600名が初代チャンピオンを選んだ。『最も一緒に働きたいと思える社長がいる会社』に選出されている。

（2）こと京都株式会社[19)]

・主力事業

京野菜である「九条ねぎ」を主力にし，特にカットねぎとして加工品をラーメン店中心に販売している。ラーメンブームが起きた2000年代初頭に，ラーメンにすぐのせられるよう加工したねぎを始めて，大きく成長した。

・ビジョン

「美味しさの本質を求めて」私たちは「こと九条ねぎ」のブランドを通して京都伝統野菜である九条ねぎの伝統を守り続けています。「農業生産法人として，人，自然に感謝し，心豊かに社会貢献します。」が経営理念である。

・マネジメントの特徴

経営上の課題を人材育成に置き，年に2回は個人目標に対する達成度合いを評価する面接を実施し，自己啓発に補助するなど社員教育に力を入れている。また，強みを持ち寄ってビジネスをより発展できる相手と組むことを重視し，冷凍加工で岩谷産業と連携している。

（３）有限会社ワールドファーム[20)]

・主力事業

キャベツが主力で，そのほかにブロッコリー，レッドキャベツなどの生鮮野菜と，加工食品として「芯取りキャベツ」，餃子用に「みじんキャベツ」，「冷凍ほうれん草」，「冷凍小松菜」，「冷凍ささがきゴボウ」，「冷凍せんぎりごぼう」がある。加工食品は，すぐに調理ができるよう工夫されヒット商品となっている。

・ビジョン

「日本の農業を未来に繋ぐ」が経営理念である。同社のホームページには，下記のように経営ビジョンが記載されているので紹介する。

農業就業人口の減少，高齢化，担い手不足，耕作放棄地の拡大等，日本の農業は大きな課題を抱えています。これらを解決するためには，新しい農業の形

図表９－11　ワールドファームのアグリビジネスユートピア

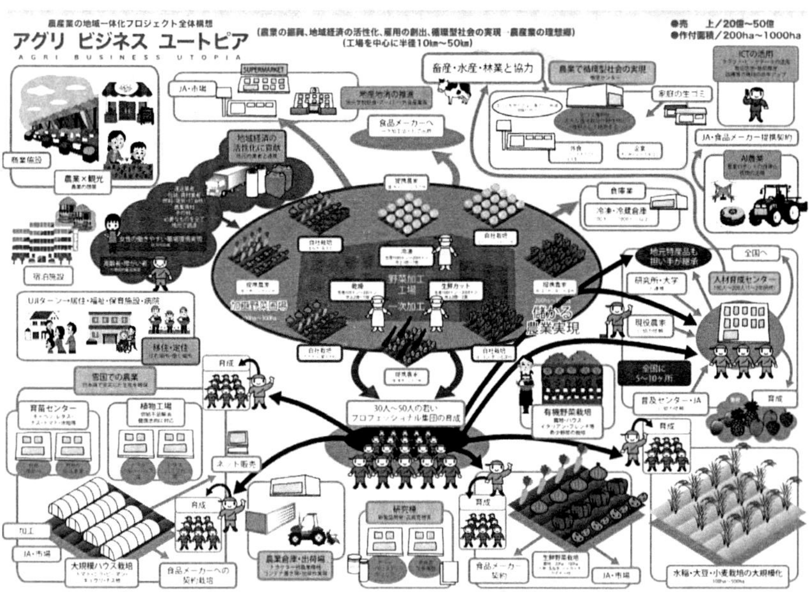

出所：有限会社ワールドファーム HP「経営ビジョン」。

と，儲かる農業の実践が必要不可欠です。ワールドファームは，アグリビジネスユートピア構想を提唱し，実現に向けて地域一体となって取り組んでいます。今までの農業は 4K（きつい，汚い，危険，稼げない）でした。ワールドファームはこれを新 4K（簡単，感動・感謝，稼げる，家族のために）変えていくことで，儲かる農業を実践しながら次世代を担う若者を育て，農業を成長産業として振興して行きたいと思います。

・マネジメントの特徴

キャベツ，ほうれん草，小松菜，ゴボウなどの国産野菜を生産から加工まで一貫体制を採っている。全国 17 カ所に直営農場および提携農場があり，気候差や標高差を利用して，通年を通して栽培できる体制を整えている。また，次世代を担う農業者を育成し，農産物を安定的かつ持続的に供給することを目指している。

（4）有限会社トップリバー[21)]

・主力事業

長野県でキャベツを主力にし，飲食業と提携し契約栽培を行っている。また，JA，行政と組んでレタスの栽培を行う。

・ビジョン

「農業を通じて家族・仲間・地域の人たちを幸せにすること」周囲の人々を幸せにするためには，まず儲けなくてはならない，それで「儲かる農業」を推奨している。

・マネジメントの特徴

業務内容の筆頭に「大規模経営農家育成支援事業」と明記されている。野菜の生産販売だけでなく，新規就農者の育成を事業の主体としている。新規就農者を研修生として受け入れ，研修後には経営を独立させる取り組みを行っている。

（５）株式会社さかうえ[22)]

・主力事業

食品メーカーなどに対して，契約栽培形態で農産物の提供を行っている。栽培作物は，馬鈴薯，青汁用ケール，キャベツ，ピーマン，ドクダミ，キウイである。また，輸入穀物の価格高騰が畜産業界の問題となる中で，国産牧草飼料「サイロール」を，域内で安定供給するために地域循環型生産のスキームを構築している。

・ビジョン

代表者の挨拶には，「私たちの使命は，よりよい地球にしていくこと」，「マーケティングがあり，イノベーションがある。そして，人を，事業を創っていく」とある。

そして，同社のホームページには，次のように理念，ミッション，ビジョンが掲げてある。

理　念

・私たちは，大自然の恵みに感謝し，自己の成長を志し，全ての幸福を追求します。
・私たちは，旬をつかみ，幸せをプランし，自然の豊かさをお客様にお届けします。
・私たちは，新しい『農業価値』を創造し，地域・社会に貢献します。

Mission（使命）

さかうえは農業を介して社会と地球規模の最適化を目指し，幸せ創りに貢献します。

Vision（将来像）

日本の農業生産のリーディングカンパニーであり続ける

・マネジメントの特徴

「農業で幸せ創る」をコンセプトに，契約栽培農産物や国産飼料などを生産する「農産物生産事業」を柱に，「農業コンサルティング事業」，「M&A 事業」の

3事業を展開している。農産物の生産では青汁用ケールなどの契約栽培，国産飼料生産においては，畜産業を守る地域循環型ビジネスモデルを構築している。コンサルティング事業では，従来，暗黙知で行われがちであった農業経営を，工程化・システム化・組織化により形式知化してきた自社のノウハウを基に行っている。M&A事業では，後継者や事業承継の問題で事業継続が困難になるケースが多くなっており，出資や買収を行い地域創生の面から農業を活性化している。

（6）株式会社鈴生[23]

・主力事業

味と品質に厳しいことで知られるモスバーガーにレタスを提供している。レタスは貯蔵がきかないので，輸入が限りなく少なく，輸入自由化のダメージが小さい作物である。モスバーガーとは合弁会社も設立している。また，人気の高い枝豆栽培にも力を入れ「オレ達のえだ豆」というブランドをつけている。

・ビジョン

「おいしさを求めて」を社訓にし，おいしい野菜の前提は，つくり手が一切手を抜かず一生懸命につくること，お客さまが口にしたときに，野菜に真剣に向き合うつくり手の顔が浮かんでくるのがおいしい野菜であるとしている。

・マネジメントの特徴

シフト制を採用し，週1回の休みに加え，隔週で土日を休みに，年に2回の長期休暇の導入など，一般企業と同じような休暇体制を確立，社員旅行や食事会，レクレーションなど，人を大切にする人事制度を導入している。その結果，離職者がゼロになった。

人こそ農業の原点と位置づけ，連携先にも胸を張って出せる人材を競争力の源泉と位置づけ，100人の社長を作ることを目標にしている。ブレークスルーの手法の1つとして，種苗～野菜栽培～加工～消費者まで届けるストーリーを一気通貫させることを提唱している。

また，東京オリンピックに野菜を出したいとの思いで，JGAPを取得し，これをグループ内での野菜の作り方の共有化に活用している。

（７）グリーンリーフ株式会社[24)]

・主力事業

群馬県の「赤城高原農場」をメインフィールドとし，有機こんにゃく芋と有機野菜を生産している。また，農場内の加工場で，こんにゃく，漬物，冷凍野菜も製造している。

・ビジョン

経営理念は，「感動農業・人づくり・土づくり」「化学肥料や添加物を使わず，人の身体に，心に美味しい農作物を届けたい。」としている。この理念のもと，有機にこだわり安全安心な農作物を提供している。

・マネジメントの特徴

採用した人材を，新入社員研修，中堅社員研修などさまざまな外部研修と社内の勉強会，研修プログラムで育成している。また，農業経営者を育成するために，平成 13（2001）年から，これから農業を始めたいという新規就農者を育てる「独立支援プログラム」を提供している。そして，研修と独立後の経営のサポートも一貫して行っている。

（８）セブンフーズ株式会社[25)]

・主力事業グリーンリーフ

熊本県菊池市で養豚業，キャベツ栽培を行う。年間５万頭の豚の出荷と７ヘクタールの農場でキャベツを栽培している。

・ビジョン

「食と環境と人の未来のために」という思いで，「日本の食を守る」「次世代を担う農業界の人材育成に貢献する」「セブンフーズ式農業を通じて，環境保全及び地域に貢献する」という経営理念を掲げている。

・マネジメントの特徴

経営理念を実現する一環として，未利用資源を飼料化し，資源循環型農業を行っている。キャベツを納入している大手食品メーカーの野菜くずを食品リサイクル施設で液体肥料にして，豚の餌にしている。また，豚の排泄物を肥料化施設で有機肥料に再生し，キャベツ栽培の肥料として活用している。そしてこれをまた大手食品メーカーに納入するという食品サイクルのループを構築している。

社員教育にも力を入れ，各種研修制度，資格取得制度を整備し，社員のキャリアプランの構築と女性の活用を積極的に進めている。

(9) 有限会社新福青果[26)]

・主力事業

宮崎県都城市で，ゴボウ，サトイモなどの野菜を生産している。

・ビジョン

「To maximize the Vegetable and Enrich the Family meals」を常に考え，消費者・農業者にとって永続的な相互関係ができるようにお手伝いしていきます。

・マネジメントの特徴

ムリ・ムラ・ムダをなくすためにICTを活用している。「安心・安全・安価」のあん，「本物・本質」のぽん，「単純・簡単」のたんを取って，「あんぽんたんシステム」という，ウェブ，スマホを活用したシステムにより，日常業務の情報を蓄積し，情報の共有化，栽培のノウハウのナレッジ化を図っている。

(10) 馬路村農協[27)]

・主力事業

ゆずジュース「ごっくん馬路村」，ポン酢しょうゆ「ゆずの村」を中心にしたゆずの加工食品を製造販売している。最近，ゆず化粧品も主力商品に育ってきた。

・ビジョン

「農家が作る。馬路村が作る。ゆずだけで作る。」これは，ゆずで生計を立てるためにはどうしたらよいかを考え，馬路村で薫り高いゆずを1から作り，馬路村のゆずを最大限に味わってもらえるように栽培方法にこだわり，素材にこだわってお客様に届けるという村民の気持ちが込められている。

・マネジメントの特徴

「馬路村をまるごと売り込む」販売戦略を立てて，パッケージやデザイン，ポスターは外部企業に委託し，「田舎」をテーマにしたデザインで統一し認知度アップを推進した。販売は通販による直販が主である。

(11) 株式会社舞台ファーム[28)]

・主力事業

レタス生産を主力として始まり，現在はコメや他の野菜も手掛ける。6 次産業化として，カット野菜を大手コンビニエンスチェーンに提供している。

また，アイリスオーヤマと舞台アグリイノベーションを設立して，低温製法で小分けパックのコメを販売している。

・ビジョン

「安心・安全な食品の提供」＝赤ちゃんが食べても，安心・安全な野菜・お米を提供していきます。

「食卓イノベーション」＝消費者の皆さまが笑顔になる，美味しいおかず・ご飯・飲み物を提供していきます。

「アグリソリューション」＝日本農業の課題解決のため，既存の枠組みにとらわれない取り組みを行っていきます。

・マネジメントの特徴

「3.11」で被災し，壊滅的な被害が出たことにより債務超過に陥ったが，同業者・異業者を問わず成功者を徹底的に研究し自社向けにアレンジし，再生した。同社には，社長直轄の MO（マーケティング・アンド・オペレーション）本部があり，毎週，農場，流通，生産の責任者が集まり方向性を決めている。

(12) 中札内村農協[29)]

・主力事業

瞬間冷凍技術を使った「そのままえだ豆」「そのまま黒えだ豆」「えだ豆餃子」など枝豆を使った商品を製造販売している。

・ビジョン

昭和 60（1985）年に「有機農業の村」を宣言し，土から出たものは土に返せを合言葉に循環型農業を推進している。

・マネジメントの特徴

枝豆は収穫後 3 時間を経ると糖度が急速に低下するため，平成 4（1992）年に枝豆の加工場を設置して，その時間内の加工・調理を可能にしている。商談は，組合長のトップセールスで海外市場の開拓も率先して行っている。現在，アメリカ，香港，ロシア，ドバイなどに販路開拓できている。業績好調の結果，組合員の農家の収入は18百万円を超え，北海道平均の約3倍の高い水準になっている。

(13) 株式会社村上農園[30)]

・主要事業

がん予防研究の中で開発されたブロッコリースーパースプラウトなど産業共同研究による科学的な知見に基づき，有用成分を高めた野菜を生産販売している。

・ビジョン

「食べることで健康を維持したい，食べることできれいになりたい，食べることで食卓に笑顔を増やしたい，選ぶ理由がある野菜をつくる，それが村上農園のこだわりです。」

・マネジメントの特徴

平成8(1996)年のカイワレ大根事件で倒産の危機に見舞われたが，リクルート出身の現社長が，エンドウ豆の豆苗の本格展開や，生産設備投資を抑えるために日本になかったルッコラの委託生産に取り組み，収益性の高いビジネスモデルを構築した。そして，抗酸化力を高めるというスルフォラファンが豊富な「ブロッコリースーパースプラウト」や，広島大と共同開発の「マルチビタミンB12かいわれ」などの機能性野菜をヒット商品に成長させている。食の安全と健康志向を追い風に，売り上げを大きく伸ばした。また，マーケティングの観点から，良い商品を作っても売れないことがあるという問題を解決するために，料理レシピの開発や本の発刊，専用サイトの開設などを積極化し，年間100を超えるテレビ局で紹介されるなどパブリシティを積極的に活用して需要を喚起してきた。将来は，AIで誰でも同じ品質を創れる仕組みを海外にライセンス供与する計画で，日本の農業を輸出する計画を立てている。

６．最後に

経団連は，平成27（2015）年１月１日に発表した政策提言『「豊かで活力のある日本」の再生』で，農業分野の変革を成長戦略に取り込めば，農業と食のGDPを合わせて20兆円増やせるとしている。現在，農業のGDPは５兆円であるから，20兆円規模となるという試算であり，これは自動車産業の12兆円をはるかに上回り，インターネット産業や金融保険業に肩を並べる規模となる[31)]。

これからは，「農業をどうするか」より「農業で何ができるか」といった視点がより重要になる[32)]。観光産業を第４次産業と位置づけて，６次産業に加えて10次産業化の新ビジネスモデルを提案している人もいる[33)]。農業分野でイノベーションが起こり，日本の地方を支え，頼りになる成長産業となることを期待する。

【注】

１）「農業労働力に関する統計」農林水産省
　http://www.maff.go.jp/j/tokei/sihyo/data/08.html
２）日経ビジネス『稼げる農業　AIと人材がここまで変える』日経BP社，2017年，p.4.
３）同上，p.6.
４）玉川堂メールマガジン・コラム「伝統新潮流」2018年　第121号「多角的構造改革がもたらしたオランダ農業の成功」
　http://www.gyokusendo.com/column01_dento/5655
５）グローバルノート国際統計・国別統計専門サイト
　https：//www.globalnote.jp/post-3280.hml
６）日経ビジネス『稼げる農業　AIと人材がここまで変える』日経BP社，2017年，p.6.
７）JCASTニュース「農協はもう自民党の最大の支持組織じゃない　農業改革，JAよりTPP重視」2014年　https://www.j-cast.com/2014/06/22207995.html?p=all
８）首相官邸ホームページ「農協改革の内容」
　https://www.kantei.go.jp/jp/singi/keizaisaisei/pdf/ap2019.pdf
９）首相官邸ホームページ　「農業競争力強化プログラム（概要）」
　http://www.maff.go.jp/j/kanbo/nougyo_kyousou_ryoku/attach/pdf/nougyo_kyoso_ryoku-7.pdf
10）首相官邸ホームページ　「新たな市場の創出～農業はより大規模に！より自由に！」

https://www.kantei.go.jp/jp/headline/seichosenryaku/nougyou_kaikaku.html
11) 窪田新之助『日本発「ロボット AI 農業」の凄い未来』講談社, 2017 年, p.17-18.
12) 首相官邸「日本再興戦略 2016」
https://www.kantei.go.jp/jp/singi/keizaisaisei/pdf/2016_zentaihombun.pdf
13) ジブン農業「流通ルート拡大で儲かる農家に」
https://www.sangyo.net/contents/myagri/agricultural-marketing.html
14) 農林水産省「農林水産物・食品輸出額の推移」2019 年
http://www.maff.go.jp/j/press/shokusan/kaigai/attach/pdf/190208-1.pdf
15) 日本食・食文化の魅力発信と輸出の促進
http://www.maff.go.jp/j/wpaper/w_maff/h26/pdf/z_1_1_7.pdf
16) 農林水産省「多様な農業経営の発展に向けた取り組み」
http://www.maff.go.jp/j/wpaper/w_maff/h19_h/trend/1/t1_1_1_07.html
17) 「JA を襲う減反ショック　儲かる農業 2018」『週刊ダイヤモンド』ダイヤモンド社, 2018 年, p.42-44.
18) 日経ビジネス『稼げる農業　AI と人材がここまで変える』日経 BP 社, 2017 年, p.48.
有限責任監査法人トーマツ・農林水産業ビジネス推進室『アグリビジネス進化論』プレジデント社, 2017 年, p.40.
19) 有限責任監査法人トーマツ・農林水産業ビジネス推進室『アグリビジネス進化論』プレジデント社, 2017 年, p.92-108.
こと京都 HP　https://kotokyoto.co.jp/
20) ワールドファーム HP　https://www.world-farm.co.jp/
21) トップリバー HP　https://www.topriver.jp/future/president.html
22) さかうえ HP　http://www.sakaue-farm.co.jp/company/
23) 有限責任監査法人トーマツ・農林水産業ビジネス推進室『アグリビジネス進化論』プレジデント社, 2017 年, p.16-35.
鈴生 HP　http://www.oretachinohatake.com/
24) 日経ビジネス『稼げる農業　AI と人材がここまで変える』日経 BP 社, 2017 年, p.42-45.
25) 同上, p.54-57.
セブンフーズ HP　https://seven-foods.com/
26) 同上, p.114-117.
新福青果 HP　https://www.shinpukuseika.co.jp/
27) 木村俊昭『地域創生　成功の方程式』ぎょうせい, 2018 年, p.100-101.
28) 日経ビジネス『稼げる農業　AI と人材がここまで変える』日経 BP 社, 2017 年, p.64-88.
舞台ファーム HP　http://butaifarm.com/
29) 木村俊昭『地域創生　成功の方程式』ぎょうせい, 2018 年, p.90-91。
下渡敏治「冷凍えだまめの輸出事業への取り組みと課題～北海道 JA 中札内村の事例分析～」
https://vegetable.alic.go.jp/yasaijoho/senmon/1103/chosa02.html

30) 広島企業年鑑　2019年　https://zukan.biz/food/murakami-1/
31) 窪田新之助『GDP4%の日本農業は自動車産業を超える』講談社，2015年。
32) 「農業で解決　日本の課題」『日経ビジネス』日経BP社，2017年，p.42.
33) 牧野義司「新農業モデルは10次産業化　観光農業で消費者引き込む」賢者の選択　時代刺激人 Vol.193　https://kenja.jp/1024_20120801

参考文献

木村俊昭『地域創生　成功の方程式』ぎょうせい，2018年。
窪田新之助『日本発「ロボットAI農業」の凄い未来』講談社，2017年。
日経ビジネス編『稼げる農業　AIと人材がここまで変える』日経BP社　2017年。
有限責任監査法人トーマツ・農林水産業ビジネス推進室『アグリビジネス進化論』プレジデント社，2017年。
「JAを襲う減反ショック　儲かる農業2018」『週刊ダイヤモンド』2018年2月24日号，ダイヤモンド社，2018年。
「農業で解決　日本の課題」『日経ビジネス』2017年11月27日号，日経BP社，2017年。

第10章　地方創生と人材育成
—公益資本主義の視点から—

1．はじめに

読者は「企業の生存率」という言葉はご存知だろうか。中小企業庁の2011年版「中小企業白書」によると，企業生存率は10年後で70%，20年後で50%と記されている[1)]。ただ，この企業の生存率についてはいくつかの数値が世の中に出回っており，某新聞社が数万社を追跡調査して得た結果では，この数値は大きく下がって10年後生存率で6%とのデータもある。海外のデータも同様の数値を示していることが多い。ここではその数値の信ぴょう性や蓋然性を論ずることが目的ではないので議論は省略するが，10年，20年と企業を存続させていくことは容易ではないということがご理解いただけると思う。

では，企業が生存し続けるためにはどうすればいいのだろうか。最近の傾向では，社会価値を創出することが事業目的として最も重要であり，ソーシャルカンパニーが企業存続の最優先条件のように唱えている文書が散見される。確かに，本来，企業とは社会的な存在であり，規模の大小を問わず社会に提供する商品・サービスに責任を持たなければならない。そして，本業そのもので社会に貢献することが，企業の最も正しい在り方と言える。

このように企業の経済性と社会性が一致していることをCSV（Creating Shared Value：共有価値の創造）と呼ぶ。これは，企業の競争原理ばかり唱えていたマイケル・ポーター（Michael E. Porter）が，2011年に提唱した概念である。社会性のある事業で持続可能な経済状態になっている会社こそが，生存率を高め長寿企業になるということである。

筆者が所属する一般社団法人公益資本主義推進協議会（以下，PICC）では，現在の企業や経済社会の在り方に警鐘を鳴らしている。特に米国や中国に多く見られる「今だけ」「自分だけ」「お金だけ」の考え方の経営者と株主（特に投機的思考の投資家やアクティビストファンドなど）が一緒になって会社を短期的利益の追求の場とすることで，自社の継続性を棄損するだけでなく，社会格差の拡大や地球環境の崩壊につながっているからである。PICCではこのような誤った企業の在り方と対立する概念として，「企業は社会の『公器』であり地球環境をも含めたすべてのステークホルダーのためのものである」という考え方，「公益資本主義」を掲げている。この考えに共感する企業経営者が集まり，公益資本主義を学び，それを自社で実践するためさまざまな活動に取り組んでいる。

PICCの会員主体は，日本全国の中小企業の経営者となる。スタートアップの時の課題だけでなく，第二創業期の壁や代替わりの事業承継経営者にも通じる有益な学びの場を提供している。例えば，企業の理念を明確にし，しっかりした動機付けを持つことにより企業経営を簡単に諦めないようにすること，経営のジャッジメントは社会性・独自性・経済性の順で下すことなど，社会価値を創出していくための在り方である。また実践の場として，全国の中小企業経

図表10－1　現在の企業の「在り方」

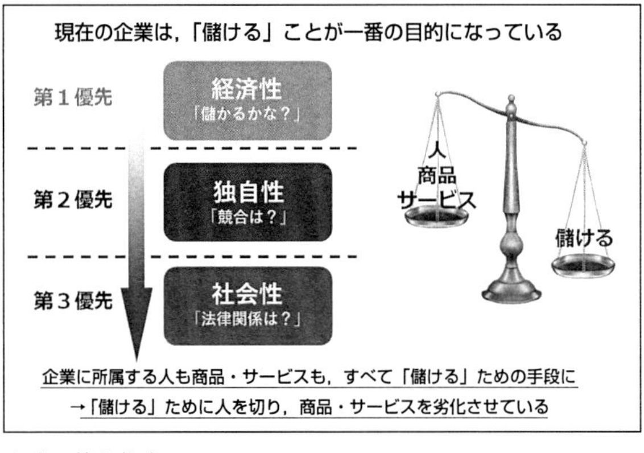

出所：筆者作成。

営者が，自社の事業を通じてお客様はもちろん従業員やその家族，取引先，地域社会に対して広く貢献していくことを目指している。こうしたPICCの取り組みの中で，いくつか地方創生の新たなモデルと言えるものも生まれ育ってきている。

また，事業活動ではどうしても手や声の届かないステークホルダーも存在する。そうした相手には事業と別に，地域の経営者で協力して貢献活動に取り組んでいる。その1つが「マイコミュニティフォーラム」である。主に大学生を対象とする双方向で意見交換するフォーラムを全国6地方（宮城，東京，愛知，大阪，広島，福岡）で毎年1回開催している。このフォーラムに参加したことがきっかけで知り合った学生と中小企業経営者が協力しながら，若者の観点からの地方創生のモデル創りにも挑戦している。

本章では，PICCの活動の一部をご紹介することにより「公益資本主義」の意義や地方創生の新たなビジネスモデルがどのように展開されているか，またこうした活動を展開するために不可欠な人材育成とその課題について事例を踏まえて論述していく。

2．公益資本主義の内容と意義

冒頭から使っている「公益資本主義」という言葉はやや聞きなれない方が多いと思われるため，まず公益資本主義の考え方について簡単に説明することから始める。

初めて説明を聞く方からは「公益資本主義は社会主義に戻るのか」「現在の資本主義からまったく新しいシステムに移ろうとしているのか」という質問を受けることが多くあるが，いずれも違う。公益資本主義は，利益を求める従来の欲望経済を利用しながらも，社会にとって有用な企業を生み出す流れを起こしていくための運動である。その背景には，日本だけではなく世界においても従来型の資本主義の成長モデルは限界を迎えているという話や，持続可能性を失いむしろ格差の拡大を助長するという弊害の方が大きくなっているなどの意見が増えてきていることがある。日本でも格差の拡大が認識されることが多くなるとともに中間層の減少の弊害に関する声が大きくなっている。いまさらながら就職氷河期世代の支援について政府の施策が必要かどうか検討する状況もその一例と言える。このような数々の問題が確認される中，社会における企業の在り方をもう一度問い直すことによって，正しい資本主義の実践を目指しているのが公益資本主義である。

まず，企業と社会の関係について公益資本主義の基本的な考え方を理解してもらうため，公益資本主義のいわば「三本の矢」と言える，三原則について紹介する。

（1）中長期的視点による経営

企業が長く存続していくためには「変えてはいけないもの」と「変えなければいけないもの」がある。

企業はなぜ生まれたのか，企業は社会のさまざまな課題を解決するために存在している。「企業は社会の『公器』である」と言われる意味は，そこに存在価値があるからこそ企業活動は成り立っているということである。企業の商品・サービスを通してどのように社会に貢献するかが重要であり，利益は単にその結果でしかない。社会への貢献を常に忘れないようにするため，企業は未来永劫「変えてはいけないもの」を理念や使命として明確にして活動を継続していくことが必要である。

公益資本主義の一番目の原則は，このように企業の理念や使命を「変えてはいけないもの」として中心軸に据えながら，「中長期的視点による経営」を目指すこととしている。実際，日本には，100年以上続く長寿企業が世界で最も多く存在すると言われており（33,000社とも言われている），そうした企業の多くでは創業の精神が社是や家訓として綿々と受け継がれ，会社の背骨として守られている。

次に「変えなければいけないもの」に第二の原則がある。

（2）企業家精神による改良改善

すべての会社に第一創業期がある。創業経営者は進取の精神や企業家精神を持って自社を設立し，理念に基づいた経営を行うことで事業の拡大を図っていく。しかし，その事業が仮に大成功したとしても，そのまま同じことを続けているだけで未来永劫にわたって成長を続けられるということはない。なぜなら，社会環境や外部環境は常に変化し続けているからである。一時的に第一位のシェアを獲得した企業でも，環境適応を怠るとどこかでピークを迎え，後は衰退の一途となっていくことは必定である。すなわち，常に「企業家精神を持ち続けたイノベーション」にチャレンジし，商品・サービスの価値を高めることにより社会への貢献を継続していくことが公益資本主義の二番目の原則となる。

長寿企業の中には業種業態が創業当時のまま何百年も続いているという素晴らしい企業もあるが，多くの場合は過去に何度かの大きな変節点を迎え，新しい仕組みや価値を創造することにより企業存続を果たしているのである。

最後に，企業活動の実際の運営方法の中に第三の原則がある。

(3) 公正な社中分配

ここではまず企業が正当な活動として得た利益の分配について考えてみたい。

株主至上の考えに基づく「株主資本主義」では，利益とその分配について判断する場合，当然ながら株主中心になっている。例えば，ある海外の航空会社が赤字に陥った際，経営改善のため１万人以上の従業員をリストラした。その結果，株式市場では「経営効率が向上する」と評価され，株主は株価上昇によるキャピタルゲインや配当収入を得ることができた。同時にリストラを実行した経営者は，株主から膨大なストックオプションを手にして会社を去っていく。また，別の事例として，年間利益の何倍もの額の自社株買いを行って株価の上昇を図り，やはり株主から評価を得た経営者もいる。このように，株主や経営者が利益を手にしている一方で，従業員はリストラにより就業機会を喪失してしまったり，将来の企業成長のために必要な内部留保が吐き出されてしまい，従業員，その家族，地域，取引先など株主と経営者以外の多くのステークホルダーは負担を強いられたり，著しくバランスを欠いた利益分配方法が広がっているのである。

一方，日本には古くから「三方良し」という考えがある。これは先に触れた長寿企業の多くが心がけている秘訣でもある。「自分さえ良ければ」「今さえ良ければ」という考えを戒め，商売で得た利益を「自分良し」「相手良し」「地域良し」と広く分配することを訓えている。このように会社の利益は株主だけのものではなく，従業員，家族，顧客，取引先，株主，地域社会そして地球全体等さまざまなステークホルダー（利害関係者）のものであり，そのステークホルダーに公正な配分を行うこと，これを「社中分配」と呼び，公益資本主義の三番目の原則としている。

このように公益資本主義とは，日本古来の「三方良し」「浮利を追わず」「吾唯知足」や「和をもって尊しとなす」という，社会性の概念を持った考え方を経営者のあるべき姿としている。現代の社会的課題となってきた「自分さえ良ければ」や「今さえ良ければ」の考え方をよしとしないことを日本発の「新しい資本主義」の概念として発信し，企業の利益はすべてのステークホルダーに公正に配分しながら企業が持続的に存在することのできる社会の実現を目指している。

しかし残念ながら，この三原則だけでは肝心の目指すべき企業像が抽象的であると言わざるを得ない。「それでは何をどうしたら良いのか」の答えが見えず，観念論から前に進むことができない。次節では，筆者が所属するPICCの事例を紹介しながら，「公益資本主義」をどのように実践していくべきか，地方創生と人材育成の観点から考えていきたい。

最後にこの節のまとめとして，PICCの最高顧問である原丈人氏の講演や著書などで話されている主張について紹介する。これにより公益資本主義の意義をさらに理解いただければ幸甚である。

“「公益資本主義」に基づく経営。それは，「企業は社会の『公器』である」という観点から，会社固有の理念・使命・目的を最大限に実現するため，「中長期的な視点」に立ち，「企業家精神」を発揮して果敢に新しい事業に挑戦し，不断の改良改善を重ねる経営であります。理念・使命・目的をビジョンに落とし込み，そのビジョンを具現化すること，そして，そのビジョンに現実を近づけるために「社中」（経営者・社員，顧客，仕入先，株主，地域社会，地球）が協働する営みです。その成果として創造された価値が全ての「社中」に公正に分配され，結果として「社中」全体が豊かになり，持続可能な社会が実現されます。”

“そもそも，資本主義や会社は，人々が共に幸せになるための仕組にほかなりません。「公益資本主義」はその意味で全く新しい考え方というよりも，会社とは何か，幸せとは何かを問い直し，資本主義の原点に立ち戻るものというべきでしょう。誰もが短期的な金儲けに走り，一握りの人間だけが成功して巨額の富を得て，人が人を信じられなくなるような社会は，変えていかなければなりません。”

3．公益資本主義の地方創生への展開事例

前述した通りPICCでは，全国8カ所の支部や準備委員会を中心に，公益資本主義を支持する企業経営者が集まりさまざまな活動に取り組んでいる。本節では，PICC会員の実践事例を中心に，中小企業経営者としての在り方，事業そのものに対する考え方や事業収益の社中分配の方法，地域との共生へ向けての取り組みなど，公益資本主義をどのように実践しているかを，特に地方創生の観点で紹介したい。

（1）PICC会員企業の活動

① 再生資源回収・リサイクルの興亜商事（愛知県名古屋市，奥村雄介代表）

昭和24（1949）年に創業した企業の三代目・奥村代表が初めてカンボジアを訪れたのは5年前。首都プノンペン周辺で増加するごみや廃棄物の山を見て絶句したという。途上国の社会問題解決に微力でも貢献できないかという思いから平成27（2015）年6月，国際協力機構（JICA）より「廃棄物中間処理技術の普及及び再資源化に向けた事業調査」（カンボジア）を受託した。しかも，うわべだけの調査では意味がないと，調査開始前に現地法人GOMI RECYCLE110を設立。自社の技術をベースにした廃棄物中間処理やリサイクルシステムを実

図表10－2　カンボジアの最終処分場（ゴミ山）

提供：公益資本主義推進協議会。

際に導入するために，現在も足しげくカンボジアに通い続けている。

また，「これだけでは十分とは言えない」と，奥村代表は現地でのボランティアにも力を注いでいる。現地スタッフを学校や役所に派遣し，ごみの分別方法，ごみの環境に与える影響，自然の大切さ，さらには人としての思いやりとは何かなどを教える環境教育や，ゴミ拾いなどの環境保全イベントを定期的に開催しているのである。日本発展の経験を世界で共有し，地球全体の利益を追求すべき時代に入ってきている。

②　美容室チェーン，ラポールヘア・グループ（宮城県石巻市，早瀬渉社長）

創業者である早瀬社長は若い頃から美容関連の仕事に携わり，平成23（2011）年3月に東日本大震災が発災した時は大手美容企業の役員だった。被害状況が明らかになるにつれ「経営者として何とかしなければ」と決断。キャリアを捨て同年7月，職場を失った美容師のため「被災地に　働く美容室を！　復興支援プロジェクト」を石巻市で立ち上げた。そして同年10月，保育士が常駐する無料キッズルームを併設した復興支援美容室を開業した。

図表10－3　美容室に併設されたキッズルーム

提供：公益資本主義推進協議会。

現在21店舗を運営されているが，宮城県内の店舗は約半数にあたる11店。東京や大阪など東北以外にも出店を拡大している。というのも，国内の美容師業界では免許保持者約120万人のうち従事者は約50万人と半数以下に留まるという，社会課題を抱えていたのである。子育てで働けないママさん美容師も数多く，無料で子供を預けて働くことができる美容室は全国的に求められる土壌があった。復興支援を契機に始まった活動は，日本の新たな女性の雇用創出にも貢献している。

「企業の役目は，本業を通じて社会課題を解決すること」という早瀬社長。自治体や協力会社との協業，東北経済産業局の支援を受けキッズルーム内で子供向け無料英語教室を一部店舗で開始するなど，今後もさまざまな取り組みを計画されている。

③　ウェブ制作のリタワークス（大阪市，佐藤正隆社長）

創業平成20（2008）年。企業向けHP制作を行うメディアスイートという社名から平成27（2015）年に現社名に改称している。新社名には「利他の心」を

図表10－4　全社員が参加しての集合写真

提供：公益資本主義推進協議会。

キーワードに，事業を通じて“いい人財”を育成し，社会になくてはならない会社を目指すというメッセージが込められている。

その理念を具現化した新規事業が非営利団体向けの2つのサービス。1つはホームページ制作の助成プログラム「SOCIALSHIP」。大阪府に事務所を置くNPOやNGOなどが抱えるホームページの課題解決のために，リタワークス仕様のウェブ制作を毎年2団体に提供するというもの。金額に換算すると2団体合計で100万円強にのぼる。制作完了後は，各団体が維持運営費を負担する仕組み。今年は合計4社が協働し，8非営利団体のクリエイティブ全般を支援するスキームが整った。もう1つ「CONGRANT」は平成29（2017）年4月から始まったクラウドサービス。非営利団体の広報活動，寄付者などの支援者管理，募金の際のクレジットカード決済機能などを廉価で利用できるプラットフォームを提供している。社会貢献団体の活動をバックアップし，社会をより良くしたいという佐藤社長のリタの精神にブレはない。

④ DM発送代行のタウンズポスト（福岡市，飯田剛也社長）

同社では年間4,000万通以上ものダイレクトメール発送業務を受託し，その規模は西日本最大といわれている。スケールメリットによる低価格とそれに伴う高付加価値サービスで構築されたビジネスモデルは，他の追随を許さない規模にまで成長されている。会社をけん引する飯田社長の名刺は蛇腹折になっており情報量が通常の7倍。個人プロフィール，会社概要の他に，経営理念や社会貢献活動について丁寧に記されている。「絶対理念」として掲げているのは「Be happy everyone !! 」。

会社が持続的に成長するためには社会貢献が何より大切だという信条のもと，"教育"をテーマにさまざまな支援活動を行っている。その1つが，受託した発送物1通あたり2銭（0.02円）を寄付するというCRM（Cause related marketing）活動である。1件あたりの金額は大きくはないが，同社の圧倒的な発送通数で計算すると年間120万円以上もの寄付金額になる。寄付先は主に東南アジアの途上国の教育支援を行う公益財団法人CIESF（東京都渋谷区）。このほか，障がい者の自立推進団体の広報サポートや，子供向け無料学習室への協

図表10－5 PICC福岡支部の経営者・学生と共に

提供：公益資本主義推進協議会。

賛，若手経営者の指導や大学生ベンチャーの支援など，飯田社長の活動範囲は多岐にわたる。

⑤　中古タイヤ・ホイール買取販売のアップライジング（栃木県宇都宮市，齋藤幸一社長）

販売したタイヤ1本あたり2円を途上国に寄付するCRM活動を平成27（2015）年2月より開始。この取り組みに手ごたえを感じ，同年5月にはその金額を20円に増やした。寄付の状況は3カ月ごとに集計し，同社のホームページで報告されている。総額は開始以来，280万円を突破している。寄付先はCIESF，途上国で地雷除去支援や紛争地域の復興支援活動を行っているNPO法人テラ・ルネッサンス（京都市）。

齋藤社長は，小学生と毎朝挨拶を交わす交通安全運動やゴミ拾い活動などのボランティア，栃木県内プロスポーツチームへの各種協賛，小中学生への講話，児童養護施設の支援など，地域の振興にも力を入れている。また，障がい者や外国人留学生，高齢者の雇用にも熱心に取り組まれている。平成29（2017）年には同社でアルバイトするベトナム人留学生が，川で入水自殺を図る40代

図表10－6　優秀事例発表会でプレゼンテーションする齋藤社長

提供：公益資本主義推進協議会。

女性を救って宇都宮市内で話題になった。会社でも勤務態度の良い青年と評判という。ベトナムの勤勉な国民性に加え，齋藤社長の日々の所作が従業員に良い影響を与えていると考える。直近では，バングラデシュでムハマド・ユヌス氏と一緒に新事業にチャレンジするなど活動が広がっている。

⑥　SEKAI HOTEL を運営するクジラ（大阪市，矢野浩一社長）

中古住宅を中心に建築とデザインに不動産仲介を融合させたワンストップリノベーションを行うクジラ株式会社の矢野社長は，「まちごとホテル」という新たな地方創生モデルに取り組む SEKAI HOTEL 株式会社を平成 26（2014）年に設立した。増加する空き家を新たに宿泊施設としてリノベーションし，利用客に提供するというもの。客室以外，通常のホテルで言う食堂や大浴場などの機能は，地域にある既存の飲食店や銭湯などを利用してもらい，町にとっての日常を観光客にとっての非日常として体験してもらう「まちごとホテル」プロジェクト。朝食モーニングを宿泊客に提供する喫茶店経営者はこの企画により閉店を思いとどまったという。1 号店は平成 29（2017）年 6 月此花区西九条にオープン，さらに平成 30（2018）年 9 月には東大阪市の布施に 2 号店をオー

図表 10 − 7　SEKAI HOTEL Fuse の一室

提供：公益資本主義推進協議会。

プンさせた。世界中から注目を集め，これまでに訪問することのなかった外国人観光客や日本人の若者たちが訪問する町に変貌させている。どこでも実践できる汎用性の高いビジネスモデルとして，地方創生の拡大を図る。

以上，PICC会員企業6社の活動事例を紹介した。大手企業はCSR（Corporate Social Responsibility）やCRMなど，この種の活動をPRに利用することで事業への相乗効果を見込むのが一般的だが，中小企業の場合はPR効果があまり期待できない。このように厳しい状況の中でも彼らが活動している共通点は，マーケティングによる“自社の利益”を目的にしているのではなく，社会性を第一に事業に取り組んでいることである。

もちろん経済性，つまり企業としての利潤追求を放棄しているのではない。誰も取り組んでいないが社会に必要とされていることにチャレンジし，企業家精神で改良改善を重ねることで独自性が生み出され，それが競争力となり，ユーザーの支持を集めることができているのである。そして彼らは，「稼いだ利益は社会全体に還元する」という公益資本主義のフィロソフィーを遵守し，地域も含めて活性するビジネスモデルを作っている。成功するビジネスモデルは自発的に活動の輪が広がっている。

このように公益資本主義を実践している会社に共通しているのは，経営者が利益の再分配を地域社会のために率先して行っていること。また，社中分配を公正に行っている会社を訪問すると，経営者と従業員が同じ方向を向いているケースが多く見受けられる。経営者自身が正しい方向を指し示すことにより，経営者の家族が変わり，従業員が変わり，従業員の家族が変わっていく。そして取引先企業や地域へと企業関係者を中心とした心豊かな地域社会（コミュニティ）が出現し，地域そのものに良い変化を生み出す源泉となっているのである。

なお，地方創生がテーマであるため，今回は東京以外の事例を紹介したが，東京はPICC会員が最も多く在籍している。東京においても同様の考え方の経営者が，社中分配を行うためさまざまな企業活動に切磋琢磨していることを付け加えておく。

(2) 若者向け「マイコミュニティフォーラム」の活動

次にPICCの新たな人材育成の取り組みを紹介する。PICCは平成28(2016)年12月から「マイコミュニティフォーラム」をスタートさせている。企業経営者のみならず将来，地域社会の中心になる若者にも焦点を当て，PICCの会員企業経営者と一緒にフォーラムに参加することにより，早期から社会に向けて気付きを持った人材育成につなげていくことが狙い。

この取り組みを開始するにあたっては代表世話人として，元国連大使の大島賢三氏，NEWS ZEROのメインキャスターを務めていた村尾信尚氏，地域活性学会副会長の舘逸志氏にご協力いただきながら，日本各地(宮城，東京，愛知，大阪，広島，福岡の6都市)で定期的にフォーラムを開催している。

マイコミュニティフォーラムの目的は，若者の地域に対する意識のスイッチを“オフ”から“オン”にすること。自分たちの力で「国や未来は変えることができる」ということに気付いてもらうため，まずは自分が住んでいる地域でどのような取り組みが行われているか目を向けてもらい，「私の社会」の実現

図表10－8　マイコミュニティフォーラムin東京の様子

提供：公益資本主義推進協議会。

のために何かできること，参加してみたいと思えることを見つけてもらうためのヒントを提供したい，そんな思いで企画・運営している。

各地域のPICC会員が中心となり，近隣の学校・学生，経営者，NPO，企業，議員等に協力を仰ぎながら，地域ごとにさまざまなテーマ・プログラムを提供してきた。

フォーラムの冒頭に村尾信尚氏から『私の社会をつくるための2つの券』と題した講演があり，「私たちは社会を変える2つの力，投票券と日本銀行券を持っている」ということを若者の意識の海外との比較なども交えながら平易に解説いただいている。その後はテーマに沿ったパネルディスカッションや講演等が行われるのが，基本のフォーマットになっている。回を重ねるたびに，一方的に話を聞くだけではなく，聴衆も一緒に参加できるワークショップ型の取り組みが採用されるようになってきた。

講演を通じて，聴衆に自分と地域・社会との関係性や自分が中心になっている未来について気付きを与えると同時に，自分自身は地域や社会に対してどのようなことができるのかについて考え，発言できる場を提供することで，参加者から平均8.56（10点満点）という高い満足度評価をいただくことができている。平成30（2018）年12月までに全国6都市で16回開催し，延べ1,983名が参加した。

平成30（2018）年のマイコミュニティフォーラムは，学生，特に「大学生」をターゲットに，「働く」＝「社会への貢献」，「会社」＝「社会の『公器』」という考えを伝え，彼らの就職意識や就労意識を未来志向にポジティブに変えていくことをテーマとした。

そして，マイコミュニティフォーラムを①若者が成長できる場，②社会に対する行動力の高い学生同士・社会人が交流できる場，③オフの若者がオンになるための刺激を得られる場，とすることを目指し，そのためのポイントとして次の施策を明示している。

① 若者が成長できる場

✓ 学生プレゼンの強化＝社会人が指導することで若者のプレゼン能力や事業プランを成長させる

✓ 各支部で成長を遂げた若者を代表者とし，全国大会へ招待

② 社会に対する行動力の高い学生同士・社会人が交流できる場

✓ U25（25歳以下の若者）会員制度を新設し，若者がPICC活動へ参加する，反対に若者が主催する社会活動へPICC会員が参加することで交流を促進する

③ オフの若者がオンになるための刺激を得られる場

✓ 従来のフォーマットに加えて全国大会を新設するとともに，2018年 マイコミュニティフォーラムの共通タイトルとして「YouthQuake」を採用する

共通タイトルはyouth + quakeを（earthquakeのように）まとめた合成語で，平成29（2017）年のオックスフォード英語辞書「今年の英単語」として選ばれた言葉である。半世紀前から使われているが，近年，複数のニュースメディアで使われるようになるなど，急速に注目が高まっている。日本でも今後，その影響を受けて広がることが予想される。「若者による社会的地殻変動」という意味合いで使用され，マイコミュニティフォーラムが目指す方向性ともマッチしているため，世話人からのアイディアで平成30（2018）年からマイコミュニティフォーラムの共通タイトルとして採用している。

また，この活動を通してU25という新たな会員制度を始めた。U25会員とは，25歳未満の若者を対象に，経営者でなくてもPICCの活動に参加できるようにした特別会員制度。各地で年1回開催するマイコミュニティフォーラムだけではその場限りの気付きで終わってしまうため，PICCの活動に定期的に参加することや，反対に若者が主催する社会活動へPICC会員が参加したりすることで交流を促進し，早期に社会との接点を増やし継続的にフォローできるようにすることが狙い。また，U25会員として入会してもらうことで，若者は

マイコミュニティフォーラムの運営や集客に関わることが可能になる。イベントの企画や当日のスタッフなど，さまざまな実務に企業経営者と一緒に携わることで，通常のアルバイトや学業では得ることのできない経験の場を提供することができている。

試験期間や帰省等で活動できない時期がある，就職活動や卒業を契機に世代交代が行われる等，学生ならではの課題も多々存在するものの，経営者や社会人にはない発想や行動力が会の運営に良い影響を与え始めている。今後は双方にとってより有意義な関わり方を模索しながら，U25の輪を広げていくことで，これから日本や世界を支えていく世代にも公益資本主義の考え方をしっかり伝え，人材育成を果たしていきたいと考えている。

4．公益資本主義による地方創生の鍵

(1)「在り方」による人材育成

これまで述べてきたように地方創生を短期的な経済面の成功だけにとどめるのではなく，中長期にわたり持続的かつ安定的に発展させていくためには，「公益資本主義」をベースとした正しい「在り方」を理解させるための「人材育成」，正確に言えば能力と同時に人間性を高める「人物育成」が必須であるとPICCは考える。

なぜ幕末や戦後の混乱期に個性的なリーダーが生まれ，日本の成長を牽引してきたのかを考えると，その背景には家庭教育と地域教育がしっかりしていたことがあげられる。日本に学制が発布されたのは明治5（1872）年。それまで寺子屋などで読み書き算盤を習わせる習慣はあったが，現在のような義務教育の制度はなかった。その代わりに地域や家庭での「社会教育」が機能しており，その教育の中心となったのが人物育成であると思う。

つまり，自分の父母，祖父祖母や先祖の立身出世話や失敗談といったファミリーヒストリー，あるいは地域のために尽力した地元の偉人にまつわる伝承など，こうした身近な人たちの生き様，人生観といったものは，対象が非常にリ

アルであるがために，感情移入しながら心に刻み付けることができる。それは，1人の人間が成長していく過程で，極めて大きな影響を与えるものであり，かつての日本では，そういうことが普通に行われていた。

昔と同じことを行うのは難しくても，「在り方」を学ぶ機会を作っていかなければいけないことを否定する方はいないと考える。その観点から見た場合，世界および日本において企業活動は現状のまま進んで行って良いのか。

先進国，特に米国を中心として「株主資本主義」への著しい偏りが蔓延している。一方で中国の「国家資本主義」も儲けるためならなりふり構わずの状態となっており，経済成長はできても幸せな社会の構築には向かっているとは言えない。こうした考えに基づく企業活動は，企業の正しい「在り方」と言えるのか。逆に，南北格差の固定化，先進国内での貧富の格差拡大，テロの温床となる国家秩序の破壊など，各種社会問題の一因となっていると考えられる。

公益資本主義は，企業の在るべき姿を明確に定義し，その実践をもって経営者自らが人材育成し，さらには人物育成まで補完するものである。単に儲けるための「やり方」，顧客を増やすための「やり方」ではなく，企業とは本来どうあるべきかという「在り方」，経営者としての「在り方」，人間としての「在り方」を追求し，実践している。

（2）バランスを理解する人材育成

公益資本主義の三原則のところでも述べたが，日本では古くから商人の間で「三方良し」，売り手も，買い手も，そして地域も，すべての人に喜んでもらおうという考えが大切にされてきた。他にも，「和をもって尊しとなす」という聖徳太子の教え，「平等」という仏教の考え方，松下幸之助氏も実践された「共存共栄」，渋沢栄一氏の「右手にそろばん，左手に論語」など，先達が残してくれた素晴らしい言葉・教えがたくさんある。そこに共通するのは，いずれもバランス感覚の大切さを私たちに伝えてくれるのだと考える。

いま私たちの周囲で行われている商売は，会社，お客様，取引先，社員，社会とのバランスを見た時に，どこか一方に偏っていることが多い。近年，問題になっている商品・サービスの偽装や，社員を使い捨てにするブラック企業などは，こうしたバランスが明らかに偏っているのである。

しかし，日本で教育を受け，育ってきた経営者であれば，自社の経営の「在り方」を改めて見直すことでバランスを取り直すことは十分できることだと思う。昔と比べて教えの場は減ってはいるものの，さまざまな場でまだその名残が確認できる。それは，先人たちの教えを大切にし，守ってきた日本だからこそできることである。今のこの行き詰まりつつある資本主義社会に対して，新しい資本主義の在り方をリードできるのは，日本，中でも経営者である，と確信している。それは我々の義務であり，日本が世界に貢献することができる大きな可能性なのである。

さらに，我々はいま，それを実行していくことをはっきりと決断しなければならない。なぜならば，このまま中国，これに続くアジアやアフリカの途上国が，今のような成長・発展を前提とした競争を続け，物質文明に入っていった時，間違いなくさまざまな面で限界を迎えるからである。まず食糧危機が起きるだろうし，工業化が進めば確実に地球環境に悪影響を及ぼすようになるはずである。

これまで経済の発展は，人間の欲望が大きな原動力となってきた。しかし，もはや地球環境そのものが「これ以上は無理」と悲鳴をあげている。地球温暖化も，多発する異常気象による災害も，すべてがその兆候である。これからは世界中が，地球全体の利益，「地球益」を考え，「三方良し」「吾唯知足」，このようなバランスを取る考え方を持たなければ，おそらく地球は長くはもたない。私は，このことを唯一発信できる国が，この日本ではないかと考える。なぜなら，日本にはバランス感覚に富んだ素晴らしい教えが脈々と息づき，伝えられているからである。

人も，企業も，国も，「自分はこれでもう十分だ」という気持ちで相手に対して施す，分け前をシェアすることができるから良い関係を築くことができる。縮小する経済においては，今のように単純に「成長すればいい」「利益を取ればいい」という考えはもちろん，「人のものでも，何でも，力が強い方が奪い取って構わない」という行き過ぎた考えやゼロサムゲームは，全体のバランスを大きく乱すことになる。

これから縮小する経済の時代が来るということは，言い換えると「どう分かち合うか？」の経済が来るということである。その時に，価格競争を超えた価値観を持てる人材をより多く育成していかなければならない。

（3）地球益を考える人材育成

先進国の一部や特に日本では，これからは減る一方の社会，「シュリンク社会」を迎える。今までのやり方では，社会が成り立たなくなるということである。

先述した通り，今の経済は「成長・発展」を大前提に，すべて右肩上がりで仕組み作りが行われている。例えば年金がこれだけ問題視されているのも，人口が増え続ける前提で制度が作られているからである。しかしご存知の通り，これから日本の人口はどんどん減る一方となる。支え手となる若者が減ってしまうのだから，当然，年金も減らしていくしかない。これから年金以外にも，多くの分野で似たような問題が噴出してくることだろう。

「シュリンク社会」と言ったが，地球全体の人口は今後も増加し続けていき，100億人になることを想定しなければならない。かつての途上国が工業化により国内に中間層を多く抱えることができ，国家として経済成長していくことは間違いない。ただし，労働力が多く賃金が低い国に生産拠点を移していく経済のビジネスモデルは未来永劫は続かない。世界全体としても新しい価値を創造するイノベーションが必要な時を迎えている。

資源に限りのある小さな島国・日本では，古くから農耕が人々の生活の支えとなっていた。農民たちは互いに協力し合うことで収穫を確保し，災害などから身を守り生活してきた。多くの日本人は自然と，「実るほど頭を垂れる稲穂かな」という謙虚な心，「吾唯知足」精神を持つようになったのである。だから，東日本大震災直後の窮状でも，被災者はパニックになることもなく，少ない食べ物を分け合うことができたのだろう。企業においても，倒産の危機に直面したとき，誰一人リストラすることなく，全社員の給与を少しずつ引き下げることで危機を乗り切るということが，普通に行われている。

こうした考え方は，欧米ではあまり馴染みが無いことだと思う。とにかく勝つか負けるか，儲かるか儲からないか，という極端な判断が中心になっているのである。

このような日本の持つ良い考え方を，私たちはもっと積極的に成長途上の国に教えるべきだと考える。これから成長していく国が，いつまでたっても「足るを知る」ことをせず，欧米諸国や中国の企業のように「金のためなら何でもやるぞ」となってしまったら，それこそ地球は終わってしまうであろう。この地球の食糧も水も空気も環境も，すべて限りあるものである。今後，途上国が経済成長し，人口がさらに増えた時，先進国と同じレベルで資源を使いたいというところまできた時，全世界が「吾唯知足」を理解・実行しなければ，世界の食糧も，資源もすぐに枯渇してしまうことだろう。当然，日本をはじめとした先進国も「吾唯知足」を率先し，持っているものを後進に分け与える動きが必要となることは言うまでもない。

これからの世界では，今までのように「成長」という価値観だけに目を向けているような国や企業というのは，地球の終焉を早めるだけの存在にしかならないということである。

もちろん，「成長」自体を否定するつもりは毛頭ない。しかし，単に数字だけを追い求める成長，地球環境もお構いなしで，自分がいかに勝つかということだけを考えた成長，このような考え方で会社を動かしている経営者は，「在り方」がないと言わざるを得ない。今までは許されたのかもしれないが，そういう経営者（もちろん国の指導者も同様）を放置していたら，我々の子どもや孫の時代には，この地球は滅茶苦茶になってしまうことだろう。

今ですらもう，有害な太陽の紫外線を吸収し，我々生物を守るバリアーの役割をしてくれていたオゾン層に穴が開いてしまっていて，皮膚がんや白内障など，さまざまな健康被害に遭う人が急増している。砂漠化も急速に進行している。北極や南極の氷が溶けていくことで，海水面が上昇するなど，地球全体の生態系にさまざまな影響を及ぼすようになっている。さらに世界中に広がったプラスチック製品の廃棄問題もマイクロプラスチックとして地球生物や人類の未来に悪影響があることが次第に明らかになってきている。このような形で，どんどん環境破壊を進めていくと，あと5年，10年，50年経った時に地球環境はどうなってしまうのだろうか。

ぜひ皆さん，このままでいいのか，一度考えてみてほしい。そして何か「おかしい」と気付いたことがあれば，どこから直すべきかを皆で考え，皆で議論し，そして皆でできることからもう一度，あるべき姿へと直していきたい。PICCの経営者はそれを実践している。このような価値観を持つ人材を育成することが，いま生きている我々の責務であり，我々にしかできないことなのではないかと考えている。

（4）まとめ

綺麗事ばかり言うつもりはない。企業は当然，利益を出さなければならない。これはあたりまえのことだと思っている。しかし，事例として紹介した

図表10－9　経営者に「在り方」を教えるPICC・大久保秀夫会長

提供：公益資本主義推進協議会。

PICC会員企業のように，社会に貢献しながらきちんと利益を出している企業はたくさん存在している。決して会社を大きくすることばかり考えなくても，ずっと増収増益を続けている会社も山ほどあるのだ。

こうした企業は，他社との価格競争ではなくお客様から最高の満足を得ることができる商売をすることで，安売りをしなくても，むしろ一般的な価格より高い値付けがされていても，お客様が離れないのである。それはなぜか。私は，そこにこそ商売の本質が隠れていると思っている。

日本には何百年も続いている老舗がたくさん存在する。十分な利益を出すことができているからこそ，それだけ長く続けることができているのである。長寿企業の多くは「いたずらに会社を大きくするよりも，今のお客様や地域を大切にしたい」「この地域にしっかり根差し，これからも続けていきたい」と考えている。

このようにして，決して派手でも，特別大きくなくてもきちんと続く会社，こういう会社を作らなければいけない。そのためには，こうした企業の事例を研究し，「商売の本質はどこにあるか」という原点に，もう一度立ち返るべきだと考える。

最後に，このようなことを言っているのは日本だけではないという事例を紹介したい。ブルームバーグの記事によると，「世界最大の資産運用会社ブラックロックのラリー・フィンク最高経営責任者（CEO）は2019年の年頭の書簡で投資先である世界の企業トップに対し，利益の追求だけに注力するのではなく，社会や政治の問題の解決に向けてより大きな役割を果たすよう促した」とある。英文ではBlackRock's Fink tells CEOs to pursue purpose beyond profitと書かれている。投資のリターンを誰よりも求めているはずの世界最大のアセットマネジメント会社のトップが，世界大手企業のCEOに対して，利益よりもあなたの会社の目的を追求するように求めているのである。

今回紹介した6社だけでなく，地域社会に貢献している企業は多く存在する。同じ考え方を持つ経営者をさらに増やし続け，それらの企業が中心となって地域社会を創出することがPICCの目指す地方創生であり，人材育成である。PICCでは，社中それぞれのステークホルダーからいただく「ありがとう」

の総和こそが，各企業の企業価値として認められていく社会を創出するために活動している。

こうした正しい「在り方」を理解し，実践する中小企業経営者がまずは日本各地で経済的な成功も収め，一人でも多くのベンチマーク，世界に向けたロールモデルとなっていく状況を作っていくことが，いま PICC に求められる社会的使命であり，最終的には地球益につながっていくと認識して活動している。

【注】

1） ただし，国としての正式な統計がなく大手信用調査会社の情報を一部加工したデータ。また，比較的規模の大きな企業の情報に偏っていることや，開業後早期に廃業した企業のデータが含まれないため，この生存率は高めになるとの注釈がつけられている。

参考文献

大久保秀夫（2016）『みんなを幸せにする資本主義—公益資本主義のすすめ』東洋経済新報社，p.82-85，209-211.

原丈人（2013）『増補 21 世紀の国富論』平凡社，p.21.

原丈人（2017）『「公益」資本主義 英米型資本主義の終焉』文藝春秋，p.161-167.

本章で事例として紹介した PICC 企業

興亜商事株式会社	http://www.koua-shouji.co.jp/
株式会社ラポールヘア・グループ	http://www.rapporthair.com/
リタワークス株式会社	https://ritaworks.jp/
株式会社タウンズポスト	https://www.towns-post.co.jp/
有限会社アップライイジング	http://www.eco-uprising.com/
クジラ株式会社	http://www.kujira-mall.co.jp/

索　　引

タ

ナ

ハ

マ

ヤ

ラ

ワ

《編著者紹介》

橋本行史（はしもと・こうし）

1953年兵庫県生まれ。
京都大学法学部卒業。神戸大学大学院経営学研究科修了。
博士（経営学）。
神戸市総務局職員部主幹を経て，甲子園大学助教授・同教授，京都女子大学教授。現在，関西大学政策創造学部・ガバナンス研究科教授。日本地方自治研究学会会長，地域活性学会理事・関西支部（エリア）長。

（検印省略）

2020年3月10日　初版発行　　略称 — 新地方

地方創生
—新たなモデルを目指して—

編著者　橋本行史
発行者　塚田尚寛

発行所　東京都文京区春日2-13-1　株式会社 創成社

電　話 03（3868）3867　FAX 03（5802）6802
出版部 03（3868）3857　FAX 03（5802）6801
http://www.books-sosei.com　振替 00150-9-191261

定価はカバーに表示してあります。

ISBN978-4-7944-3206-3 C3033
Printed in Japan

組版：トミ・アート　印刷：エーヴィスシステムズ
製本：エーヴィスシステムズ
落丁・乱丁本はお取り替えいたします。